NICHOLSON BAKER

SO GEHT's

ESSAYS

Aus dem Englischen
von Eike Schönfeld

Rowohlt Taschenbuch Verlag

Die Originalausgabe erschien 2012
unter dem Titel «The Way the World Works»
bei Simon & Schuster, New York.

Veröffentlicht im Rowohlt Taschenbuch Verlag,
Reinbek bei Hamburg, Juli 2016
Copyright © 2015 by Rowohlt Verlag GmbH,
Reinbek bei Hamburg
«The Way the World Works»
Copyright © 2012 by Nicholson Baker
Umschlaggestaltung any.way, Hamburg, nach einem Entwurf
von ANZINGER|WÜSCHNER|RASP, München
Satz aus der Apollo MT, InDesign
Gesamtherstellung CPI books GmbH,
Leck, Germany
ISBN 978 3 499 26949 3

Das für dieses Buch verwendete Papier ist FSC®-zertifiziert.

Inhalt

BIBLIOTHEKEN UND ZEITUNGEN

TECHNIK

KRIEG

LETZTER ESSAY

Vorwort

1982, da kam ich gerade als Schriftsteller in Schwung, rief mich William Whitworth, der Herausgeber von *The Atlantic*, an, um mir zu sagen, er stelle eine Ausgabe zum 125. Jubiläum zusammen und ob ich nicht etwas Kurzes fürs Editorial der Zeitschrift beitragen könne. Geschmeichelt schrieb ich etwas Nachdenkliches, aber auch (hoffte ich) Knackiges namens «Meinungsänderungen». Weitere Texte folgten, und ich hatte zunehmend das Gefühl, dass ich meinen kleinen Beitrag zur Rückkehr des aus der Mode gekommenen persönlichen Essays leistete. Zu meinen Helden gehörten G. K. Chesterton, Christopher Morley, Alice Meynell, William Hazlitt, William James und Samuel Johnson. 1996 hatte ich dann genug für eine Sammlung, *Wie groß sind die Gedanken*. Jetzt haben wir 2012, und wie es aussieht, wird es Zeit für eine zweite, etwas unfänglichere Lese. Der erste Abschnitt dieses Buches, LEBEN, besteht aus mehr oder weniger chronologisch angeordneten autobiographischen Schnipseln, es folgen Meditationen über das LESEN und das Vorgelesenbekommen. Dann erzähle ich, wie ich einmal eine öffentliche BIBLIOTHEK verklagte, und spreche über die Schönheiten und Wunder alter ZEITUNGEN, und schließlich kommen ein wenig TECHNO-Journalismus und Schriften über den KRIEG und die Leute, die gegen ihn sind, gefolgt von einem LETZTEN ESSAY übers Rasenmähen, den ich für den *American Scholar* schrieb. Ich mähe gern Rasen, und ich fand es nicht ganz richtig, das Buch mit einem impressionistischen Artikel über meine erfolglosen Bemühungen zu beenden, eine Reihe brutaler Videospiele zu beherrschen. Hierin werden Sie Sachen über Drachenschnur, E-Reader, Ohrstöpsel, Telefone, Münzen in Brunnen, Papiermühlen, Wikipedia, Kollektaneenbücher, Flugzeugtragflächen, Gondeln, das OED, *Call of Duty*, Dorothy Day, John Updike, David Remnick und Daniel Ellsberg finden. An manchen Stellen habe ich einen Titel geändert oder einen Satz oder Absatz, der entfernt wurde, damit etwas passte, wieder eingefügt. Ich hoffe, Sie stoßen auf ein paar Themen, die Sie interessieren.

Bedanken möchte ich mich bei Jofie Ferrari-Adler von Simon & Schuster sowie bei den sorgfältigen, freundlichen Redakteuren, mit denen ich an diesen Texten gearbeitet habe, besonders bei Deborah Garrison, Henry Finder, Alice Quinn und Cressida Leyshon vom *New Yorker*, bei Anne Fadiman und Sandra Costich vom *American Scholar*, bei Robert Silvers und Sasha Weiss vom *New York Review of Books*, bei Jennifer Scheussler und Laura Marmor von der *New York Times* sowie bei James Marcus von *Harper's*.

—— **LEBEN** ——

Schnur

Ich war zwei Jahre alt, als wir nach Rochester, New York, zogen, in eine Wohnung an einer Straße, die nur einen Block lang war, und sie hieß Strathallan Park.

Mit ihrer Kürze war die Straße perfekt, dachte ich: Sie hatte zwei Enden und nicht viel Mitte, wie ein Stock, den man gedankenverloren aufhebt, um damit an einen Zaun zu klopfen, oder wie ein Stück Schnur, das die Leute in der Lebensmittelabteilung von Sibley's, dem Kaufhaus im Zentrum, von an der Wand befestigten Spulen abschnitten, um eine Schachtel mit einem kleinen Kuchen darin zu umwickeln. Man konnte von unserem Ende der Straße, das in der Nähe der University Avenue lag, bis ganz zum prachtvolleren Ende an der East Avenue rennen, ohne zum Verschnaufen anhalten zu müssen, fast jedenfalls, und wenn man dann an dieser Ecke angekommen war und sich umdrehte, keuchend, die Hände auf den Knien, konnte man den ganzen geraden Gehweg entlangblicken, vorbei an den Karomustern der Einfahrten und den perspektivisch verkürzten Rasenstücken bis zu der Stelle, wo man losgelaufen war. Alles in meiner Straße fiel sogleich ins Auge.

Einige Rasenflächen in der Strathallan Park, wenngleich klein, waren penibelst gepflegt – leuchtend grün und flauschig, und sogar gerändert waren sie: Mittels eines stumpfen Handschneiders am Ende einer Stange hatten die Rasenpfleger schmale, fast verborgene Tröge oder Rinnen in den Rasen am Rand von Gehwegen oder Pfaden gegraben und damit ihr Territorium markiert, als umrahmten sie einen Comic. Das sah sauber aus, aber in den Rinnen konnte sich ein kleinfüßiger Mensch, der nicht auf seine Schritte achtete, den Knöchel verstauchen, und auch für den Dreiradverkehr bargen sie Gefahren: Versuchte man, mit Höchstgeschwindigkeit einen anderen Dreiradfahrer links zu überholen, wobei die Knie wirbelten wie die Fingerknöchel eines Pianisten beim letzten furiosen Triller einer Kadenz, konnte man mit dem Rad in eine Rinne geraten und umkippen oder das Rennen verlieren.

Einige Abschnitte des Gehwegs in der Strathallan Park bestanden aus Schieferplatten, die über den ausgreifenden Wurzeln von Ulmen anstiegen und abfielen (eine Ulme hatte eine tödliche Wunde im Stamm, aus der, wie Blut, schwarzes Sägemehl und Hunderte eingeringelter Larven flossen), und manche Abschnitte des Gehwegs bestanden aus gealtertem Beton, in den Fugen geschnitten waren, damit er sauber brach, sollte ein wachsender Baum es von ihm verlangen. Diese Fugen erinnerten mich an die eingedrückte Linie, die auf der Mitte eines Bazooka-Kaugummis verlief, den man in einem winzigen Süßwarenladen im Souterrain eines Mietshauses in der Nähe unserer Wohnung kaufen konnte: Der schweigsame Mann dort verlangte für jeden Kaugummi, maschinell in Wachspapier gewickelt, das an den Enden zum Dreieck gefaltet war, einen Penny. Mitverpackt war ein Innenblatt mit einem Comic darauf, den wir mit großem Interesse lasen, über den wir aber niemals lachten. Für denselben Penny konnte man aber auch zwei uneingewickelte rote Bonbons kaufen, die wie römische Münzen geformt waren. Sie waren kaubar, und wenn man sie gegen die Sonne hielt, fiel das Licht hindurch, doch eine rote römische Münze leistete nicht, was ein harter, pinkfarbener Bazooka-Klotz konnte, wenn er sich unter der gewaltigen Stampf- und Quetschkraft des ersten Kaudrucks verformte: Sie sorgte nicht dafür, dass sich die Augen saftig in den Höhlen drehten, auch nicht, dass alle Speichelbrunnen auf einmal sprudelten.

Zog man einen Teil eines gut durchgekauten Kaugummis aus dem Mund, wobei man das Ende mit den Zähnen festhielt, verlängerte er sich zu durchhängenden Fasern, die feiner und blasser als ein Faden waren. Und in jenen Strathallan-Jahren dachte ich ziemlich oft über Faden, Schnur und Zwirn nach — Zwirn ist ein schönes Wort —, namentlich über Fadenspulen, umso mehr, als ich die Sache mit der Nähmaschine raushatte, die ich wie ein Auto fuhr, wobei ich auf das elektrische Wimmern des Fußpedals, unmittelbar bevor das Rad mit dem silbernen Knubbel sich zu drehen begann, horchte und es hinauszögerte und dann den Nascar-Stofffetzen um einen anspruchsvollen geschlossenen Rundkurs aus Schlingen und S-Kurven steuerte. Trat man das Singer-Pedal voll durch, hob und senkte sich der herabsausende Hebel seitlich an der Maschine so schnell, dass zwei Geisterhebel daraus wurden, der eine am oberen Wendepunkt, der andere am unteren, und die geruckte Spule obendrauf reagierte, indem sie auf ihrer Spindel hüpfte und wirbelte und ihr eng gewickeltes Leben wegwarf.

Manchmal erlaubte mir meine Mutter, dass ich die Spule von der Nähmaschine nahm und das ganze Wohnzimmer mit dem Faden durchzog, wobei ich mit einem kleinen Ankerknoten an einem Schubladengriff begann und sie um Beistelltische, Türknaufe, Lampensockel und Schaukelstuhlarmlehnen herum abspulte, bis sich alles miteinander verband. Wenn ich dann mit diesem Netz fertig war, konnte man das Zimmer nur noch verlassen, indem man sich unter die Fadenschicht duckte und hinauskroch.

Vor der Nadel der Nähmaschine nahm ich mich in Acht – mein Vater erzählte mir, meiner Großmutter sei einmal eine Nähmaschinennadel durch den Fingernagel gegangen, nahe am Knochen, und ebenso wenig mochte ich die langen, blitzenden Spritzennadeln namens «Booster» in Dr. Ratabaws Praxis einen Block weiter in der Goodman Street. Eines Morgens, ich hatte gerade gebadet und trug nur T-Shirt und Unterhose, stieg ich in den Lichtschacht eines Souterrainfensters hinten an unserem Haus und scheuchte dabei ein paar Wespen auf, die dort eine Siedlung von Eigentumswohnungen errichtet hatten, und da bekam ich mehrere Dutzend kürzernadelige Booster-Spritzen auf einmal und sah, wie sich erboste, in der Sonne schimmernde Wespenunterleibe auf den Arm meiner Mutter setzten, während sie sie von mir abwischte. Danach bemühte ich mich, in Dr. Ratabaws Praxis mutiger zu sein.

Das war also meine erste Straße, Strathallan Park. Dort lag alles ganz nah, aber manchmal schweiften wir auch weiter in die Ferne, zum Beispiel in die Midtown Plaza, wo ich einen Mann sah, der in der dortigen Clock of All Nations eine Tür öffnete und in ihre blaue Mittelsäule stieg. In der Clock of All Nations steuerten dicke Zöpfe aus bunten Drähten jeweils eine andere Pappfigur, die damals, in der

Zeit vor dem Niedergang der Midtown Plaza, wonach die Uhr stehenblieb, noch alle tanzten. In der Parkleigh-Apotheke kauften wir einen Drachen und Schnur und gingen damit auf die Rasenfläche hinter der Memorial Art Gallery, wo es drei, vier riesige Bäume und viele bumerangförmige Samenschoten gab, die wie Rumbakugeln rasselten. Es herrschte nicht genug Wind, um den Drachen steigen zu lassen, also gingen wir damit in einen Park, wo er sich in einem Baum verfing und zerriss. Mein Vater reparierte ihn an Ort und Stelle, und obwohl er nun eine Narbe aufwies und vom Kreppband schwerer geworden war, brachten wir ihn noch einmal kurz in die Luft, bis er sich ein zweites Mal im selben Baum verfing. Da lag der Ursprung meines Interesses am Drachensteigenlassen.

Dann, als ich sechs war, zogen wir – das heißt außer mir noch meine Schwester Rachel, mein Vater und meine Mutter – in ein Haus in der Highland Avenue. Dort gab es vorn am Geländer der Treppe einen Pfosten, der sich ideal dafür eignete, die Diele und das Wohnzimmer mit Fäden zu durchziehen, was ich mehrmals tat, und es gab einen Portikus auf der Einfahrt und sechs Badezimmer, von denen einige auch benutzbar waren, und in der Flurkammer gab es ein altes Holztelefon, das zu einem anderen Telefon in einem Raum in der Garage ging. Das Telefon war tot, wie meine Schwester und ich verifizierten, indem wir an den jeweiligen Enden unhörbare Fragen schrien, aber um sein Kabel waren Fäden mit einem interessanten Hahnentrittmuster gewoben, und da das Telefon nicht viel benutzt worden war, waren die Fäden auch nicht ausgefranst.

Wie sich zeigte, war auch die Highland Avenue ein ideales Stück Straße, genau wie die Strathallan Park, nur umgekehrt: Sie war nämlich endlos. In der einen Richtung fiel sie am Cobbs Hill Drive vorbei ab, in den ich auf meinem Schulweg immer links abbog, dann ging sie an dem Rasen- und Gartengeschäft vorüber, wo mein Vater jeden Sonntag prähistorischen Mauerpfeffer kaufte, und schließlich einfach immer weiter. In der anderen Richtung verlief sie entlang der Häuser unserer Nachbarn, der Collins, der Cooks, der Pelusios und der Eberleins, und eines vorstädtisch wirkenden Hauses auf der linken Seite, und dann wurde sie zu einer ziemlich schmalen Straße ohne Gehwege, die sich einfach immer weiter erstreckte, wer weiß schon, wohin. In der Strathallan hatten wir die Hausnummer 30 gehabt, jetzt hatten wir 1422, was bedeutete, dass es in unserer Straße über tausend Häuser geben musste. Und dann hieß sie auch nicht einmal Street, sondern Avenue. Avenues waren, wie ich dachte, stärker befahren und daher wichtiger als Straßen – Monroe Avenue, East Avenue, Lyell Avenue, Highland Avenue –, sie führten bis in umliegende Bezirke und Länder, und da die Welt rund war, trafen sich ihre Enden alle auf der anderen Seite. Ich freute mich sehr, Teil von etwas so Unendlichem zu sein.

Bald nach unserem Einzug schenkten meine Großeltern uns eine Hängematte aus grüner und weißer Schnur. Wir hängten sie an zwei Haken auf der vorderen Veranda, und ich legte mich hinein und schaute auf das Fragment der Highland Avenue, das ich durch das straffe Gitterwerk der Schnüre sah. Ich hörte einen Wagen nahen, lange bevor ich ihn sah, und während er vorbeifuhr, rauschte sein Geräusch über die Einfahrt zu mir herauf wie eine Welle auf den Strand. Und dann zählte ich. An einem Tag zählte ich in dieser Hängematte tausend Autos. Das dauerte ungefähr eine halbe Stunde – tausend war doch nicht so nahe an der Unendlichkeit, wie ich geglaubt hatte.

Und der Cobb's Hill Park, einen halben Block von uns entfernt, war, wie ich herausfand, eines der besten Gelände der Stadt, um Drachen steigen zu lassen. Mein Vater brachte sogar einen Kastendrachen in die Luft, was ich nie schaffte; stand er erst oben, war er wie ein Stein, reglos, am Himmel festgenagelt. Der Schlüssel zum Drachensteigen war, so stellte ich fest, dass man oft den Finger anlecken und in die Luft halten musste, und immer musste man sich mehr Schnurrollen kaufen, als man dachte, denn die Schnurhersteller schummelten, indem sie ihr Produkt in einem offenen Kreuzmuster um einen leeren Pappzylinder wickelten – es sah so aus, als hielte man einen kilometerlangen Ballen Schnur in der Hand, während sie tatsächlich nur dreihundert Meter maß, was gar nichts war. Wie auch immer, uns ging ständig die Schnur aus.

Um abends einschlafen zu können, begann ich, an Drachen zu denken, die nie herunterkommen müssten. Ich würde mehr Schnur geben, ein halbes Dutzend Rollen, und wenn ich wüsste, dass der Drachen ruhig in der Luft stand, würde ich das Ende an einen schweren Ring im Boden binden, der nicht ausreißen konnte, und dann würde ich mit Stöcken in der Tasche die Drachenschnur hinaufklettern. Ich stiege ein ganzes Stück hinauf, machte dann eine Schlinge um einen Fuß, die einen Teil meines Gewichtes trug, und knüpfte aus der Drachenschnur, an der ich hinge, eine Art Baumhaus. Dabei würde der Drachen ein Stück heruntergezogen, aber ich wäre so hoch am Himmel, dass der Höhenverlust nicht weiter ins Gewicht fiele, und die Stöcke, die ich mitgebracht hätte, würde ich als Klammern oder Leisten benutzen, um die ich die Schnur wickelte, wobei ich die Struktur der Hängematte imitierte, bis ich schließlich ein kleines, windabweisendes Krähennest wie der Korb eines Heißluftballons geschaffen hätte. Ich verbrächte die Nacht dort oben, und am nächsten Morgen, wenn Leute mit ihren Drachen in den Park kämen, würden sie zu mir heraufzeigen und wären beeindruckt.

Aber das war nur zum Einschlafen; mein größter echter Moment des Drachensteigens auf dem Cobbs Hill kam um 1966, als ich neun war. In dem Jahr hatte ich einen Fledermausdrachen geschenkt bekommen. Er traf aus England via Bermuda in einem langen Pappkarton ein, auf dem «Fledermausdrachen» stand. Die Flügel bestanden aus schwarzem, leicht dehnbarem Vinyl, mit vier Holzdübeln zur Verstrebung, einem Kreuzstück aus Fiberglas und einem Dreieck aus Vinyl, darin ein metallener Führungsring, an den die Schnur gebunden wurde. Er war vollkommen schwarz, ein schöner Drachen, aber ich schaffte es nicht, ihn mehr als ein paar Minuten in der Luft zu halten, weil er so schwer war.

An einem Wochenende gingen dann mein alter Dreiradrivale Fred Streuver und ich auf den Cobbs Hill, als ein kräftiger, stetiger Wind von der Pittsfield Plaza her wehte, und der Fledermausdrachen ging hoch und blieb oben. Wir waren baff. Was hatten wir richtig gemacht? Wir gaben Schnur nach. Anscheinend wollte der Drachen am Himmel bleiben. Nichts, was wir taten, konnte ihn stören. Er war hungrig nach Schnur und zog und zog, wollte weiter hinauf, über den Weg bei den Tennisplätzen. Ich band eine weitere Schnur daran und achtete darauf, dass ich einen Kreuzknoten machte – so einen, der immer enger und fester wird, je mehr man daran zieht. Unsere schwarze Fledermaus war jetzt jenseits der Fliederbüsche bei der Culver Road, sie stand hoch, hoch in der Luft, war von ganz Rochester aus zu sehen – von Hunderten von Menschen –, und dann banden wir eine weitere Rolle daran, und nun war sie *jenseits* der Culver Road und wollte immer noch mehr Schnur.

Ich bekam es fast schon mit der Angst – da hielt ich etwas fest, was lebte und flog und dennoch ganz weit weg war. Nun, da ich mich weit in die leere Luft hinausgedacht hatte, wo der Drachen war, vergaß ich beinahe, auf dem Gras von Cobbs Hill das Gleichgewicht zu halten. Nicht einmal die Kreuzknoten, die wir geknüpft hatten, waren noch zu sehen – die Schnur wurde mit jeder Minute unendlicher.

Dann, wie immer, ging sie uns aus. Aber wir wollten mehr. Wir wollten, dass unsere Fledermaus eine volle Meile hinausging. Fred hielt die Schnur, und ich las ein Stück Schnur auf, das schon gegangene Drachenleute zurückgelassen hatten; ich band es daran, obwohl ein Nestknäuel darin war, in dem ein Zweig steckte; und der Drachen zog weiter. Ich fand eine weitere weggeworfene Schnur, aber da waren Fred und ich dann zu hastig beim Knotenbinden; inzwischen lachten wir wie die Irren, wir waren müde, und keiner von uns überprüfte, was der andere gemacht hatte. Wir schickten die neue Schnur hinauf, aber erst als sie schon ein Stück weg war, sah ich eine winzige, unerfreuliche Bewegung in dem Knoten. Es war ein gewundenes, irgendwie verstohlenes Ruckeln. Ich sagte: «Nein, hol ihn runter!», und packte die Leine, doch der Drachen zog zu kräftig, und der fehlerhafte Knoten schüttelte den Rest

seiner Schlaufen ab – es war ein, das sah ich nun, Altwei-
berknoten gewesen. Die Schnur, die wir hielten, wurde
schlaff, und die Schnur auf der anderen Seite des schlechten Knotens wurde ebenfalls schlaff und trieb seitwärts
davon.

Weit jenseits der Culver Road erfuhr der Drachen auf
einen Schlag die Wahrheit: Er warf sich wie gestoßen oder
erschossen ein paar Meter zurück, und seine Fledermaus-
flügel flatterten wie schlaffe Segel, und dann sauste er aus
dem Himmel in Bäume, die hinter anderen Bäumen waren,
die hinter Häusern waren, die hinter Bäumen waren.

Wir gingen ihn suchen, doch er war weg. Er war irgendwo in ein Viertel mit kurzen Sträßchen gefallen, in
eines von hundert kleinen Gärtchen.

(2003)

Münzen

1973, da war ich sechzehn, bekam ich einen Job bei der Gebäudewartung in der Midtown Plaza, damals Rochesters florierende Shoppingmall im Zentrum. Ich verbrachte einen Tag damit, Nägel aus Kanthölzern zu ziehen – dabei laut Ravels Bolero pfeifend, damit die Sekretärinnen merkten, dass ich das eine oder andere über französische Musik wusste –, und dann steckte mich Rocky, der Boss, ein schmucker Mann mit Schnurrbart, zu dem Faktotum der Mall, Bradway. Bradway brachte mir bei, wie man Aktenschränke richtig verschiebt (man geht damit abwechselnd über Eck, als tanzte man langsam mit ihnen, und wenn man einen von ihnen halbwegs an seinem Platz in der Reihe hat, legt man einfach den Fußballen an eine Ecke und tritt nach unten, worauf der Schrank wie von einem Magneten gezogen an seinen Platz gleitet); und er brachte mir bei, wie man eine Kreideschnur schnalzen lässt, wie man in eine Rigipsplatte Kurven schneidet, wie man ein Loch für ein Halteverbotsschild gräbt, wie man die hydraulische Spannung an einer automatischen Tür einstellt, wie man korrekt einen Vorschlaghammer benutzt und wie man die Leuchtstoffröhren an der Decke eines Fahrstuhls auswechselt. Er trug eine komische Brille, und er sang den Sekretärinnen «Pretty, Pretty Paper Doll» vor, was ihnen und mir peinlich war, aber er war ein anständiger Mensch und ein guter Lehrer. Aus Gründen, die ich noch heute nicht verstehe, mochte ihn einer aus der Wartungsabteilung nicht; er nannte ihn immer einen «Proktologenspaß».

Eines Nachmittags gab mir Bradway einen Piepser und meinte, er wolle mir auch zeigen, wie man die Pennys im Brunnen auffege. Der Brunnen der Midtown Plaza hatte eine fünf Meter hohe, nach innen geneigte Fontäne, und an einer Seite waren vier oder fünf niedrige, von unten beleuchtete Pilzbrunnen; das Wasser lief um eine Treppe, die auf die zweite Ebene der Mall führte, herum und darunter hindurch. Vom Treppenabsatz und vom Geländer auf der zweiten Ebene, vor allem aber, wenn sie daran vorbeigingen, warfen Leute Pennys hinein. Auch ich hatte schon Pennys hineingeworfen. Wenn man den Penny mit einem Wunsch belegte, musste man ihn sehr hoch schnippen – je mehr Zeit er in der Luft verbrachte, desto mehr Gelegenheit hatte er, ein wichtiger Penny zu werden, ein einmaliger Glückspenny – und dann zusehen, wie er ins Wasser klatschte und auf den gefliesten Beckenboden trudelte. Man musste sich merken, wo er gelandet war. Es war der Penny mit den zwei sehr fleckigen Pennys links daneben – oder halt, war es nicht einer von denen in einer ganz ähnlichen Konstellation einen halben Meter weiter? Jeden Tag konnte man nach seinem Penny schauen oder nach dem, den man zu seinem Penny erklärt hatte, um zu sehen, wie es ihm ging, ob er schon wunscherfüllende Kräfte ansammelte.

Als Bradway dann sagte, ich – eine Wartungskraft, die zwei Dollar fünfzig die Stunde verdiente – solle alle Pennys auffegen, überkam mich ein selbstgefälliger Schauder. Wir gingen in den Souterrain und holten ein Paar Gummistiefel wie zum Fliegenfischen, einen schwarzen Eimer mit ein paar Löchern drin, eine Kehrschaufel und einen Gummiwischer mit Stiel. Bradway zeigte mir den Schalter, mit dem die Pumpe für die Brunnen abgestellt wurde. Ich drückte. Es klackte.

Als wir wieder oben waren, lag das Wasser nahezu still. Ich trat über den Marmorrand hinein, bekam den langen Stiel mit dem Gummiwischer gereicht und machte mich daran, anderer Leute Glück herumzuschieben. Der Beckenboden war mit kleinen blauen Fliesen bedeckt und auch ein wenig glitschig, sodass die von dem Gummiwischer herumgeschobenen Pennys plane Kupferplatten bildeten, deren Teile sich so arrangierten, dass sie in die angrenzenden Rundungen der anderen passten, bis sich schließlich eine Reihe Pennys aufwarf, Gipfel bildete und zurückklappte, dabei eine zweite Schicht entstehen ließ, worauf sich eine weitere bildete, bis in einer Ecke des Beckens schließlich ein abgesunkenes Riff aus Kleingeld entstanden war – darunter auch Nickels und Dimes, aber keine Quarters. «Genau so, feg sie einfach da zu dem Haufen hin», sagte Bradway. Er gab mir den schwarzen Eimer mit den Löchern, dann rollte ich die Ärmel so hoch es ging, schöpfte das Kleingeld mit dem Kehrblech auf und schüttete es, ganz unter Wasser, in den Eimer. Es klang wie Ankerketten auf dem Meeresboden. Indem wir so viel wie möglich unter der Wasseroberfläche machten, behandelten wir die Penny-Entfernung ein wenig diskret.

Bradway ging weg, während ich in größerem Umkreis fegte, und ich bedachte die Vorübergehenden mit einem überheblichen, aber müden Blick: Ich war der Wartungsmann, der im Wasser stand, sie waren lediglich Fußgänger in einer Mall. «Behältst du das ganze Geld selbst?», fragte mich ein Mann. Ich sagte, nein, das komme zu einer gemeinnützigen Stiftung. «Ich bin eine prima Stiftung, Mensch», sagte er. Am kniffligsten war es, um die Pilzbrunnen herum zu fegen (die bei abgestelltem Wasser nur Stiele waren), aber selbst das war nicht besonders schwierig, und als ich die versprengten Münzen auf den offenen Fliesen hatte und das Kleingeld in einer blassen Schlammwolke vor mir her schob, kam ich mir vor wie ein wettergegerbter Cowboy, der seine Herde nach Hause treibt.

Bradway kam wieder, und gemeinsam zogen wir den schwarzen Eimer heraus, wobei das Wasser aus den Löchern lief. Er war extrem schwer. Wir stellten ihn auf eine zweirädrige Karre. «Spürst du den Schleim?», sagte Bradway. Ich nickte. «So nimmt die Bank das Geld nicht an.» Wir fuhren mit dem Lastenaufzug in das Souterrain, wo er mir einen Raum zeigte, in dem eine alte gelbe Waschmaschine stand. Gemeinsam kippten wir das Geld hinein, dann drehte Bradway die Scheibe auf Normalwäsche; die Münzen durchliefen einen Kreislauf, der irgendwie matschig klang. Nach dem Mittagessen schöpfte ich das saubere Geld heraus und rollte es zur Bank. Wie aufgetragen, fragte ich nach Diane. Diane führte mich zum Tresor, wo ich den schwarzen Eimer neben ein paar schmutzigen Säcken mit Quarters von der Karre schob.

In jenem Sommer reinigte ich den Brunnen jede Woche. Jede Woche gab es neues Geld aufzufegen. Ich selbst schnippte weitere Münzen hinein; einen Nickel ließ ich absichtlich ein paar Wochen liegen und schob sämtliche Pennys um ihn herum, damit mein Wunschgeld mehr Zeit hatte, Fahrt aufzunehmen. Beim nächsten Mal fegte ich ihn allerdings mit den anderen weg, versuchte dabei jedoch, seinen Weg zu verfolgen, während sich eine Masse Münzen an dem Gummiwischer aufreihten wie Ferkel an der Sau. Es gab immer wieder Kollisionen und Kippungen, und auch die kleinen Wellen des Wassers trugen zu dem Durcheinander bei. Meine Münze rutschte über eine andere und fiel nach rechts, und dann, als ich sie alle in den Eckhaufen schob, stürzte eine Münzlawine darüber, und sie war nicht mehr zu sehen.

Einmal geriet ich an eine Münze, die sehr lange – vielleicht Jahre – ungefegt unter der Treppe im Wasser gelegen hatte. Sie war schwarz und voller Kraft. Ich schob sie zu den anderen in den Haufen, kippte sie in die Waschmaschine und lieferte sie bei Diane in der Bank ab.

(2001)

Wie ich meine Frau
kennengelernt habe

Sie kam eine Treppe in einem Studentenwohnheim herauf, ich trug mein Fahrrad die Treppe hinab. Ich hörte das
Klicken des langsam sich drehenden Reifens, als ich mich
vorstellte.

Ich stand in ihrem Zimmer, die Hände in den Hosen-
taschen, während sie ihre Italienisch-Hausarbeiten machte.
Sie saß auf dem Fußboden, gegen das Etagenbett gelehnt,
und trug saubere, verknitterte T-Shirts in verschiedenen Farben. Sie war mit ihrer Kleidung unzufrieden, und
mehrmals täglich zog sie sich um. Wenn ein Lied kam, das
sie mochte, bewegte sie fast umerklich den Kopf. Sie besaß keinen BH, auch wenn ihre Mutter sie bestürmte. Sie
mochte einen, der auf dem Flur wohnte; und ich mochte es,
wie sie errötete, wenn er vorbeischaute. Bei unserem ersten Date trug sie einen wunderschönen Kaschmirmantel,
den sie in einem Secondhandladen gekauft hatte. Er hatte
einen Schalkragen aus Lammwolle, der gut zu ihren weichen, nachdenklichen Lippen passte. Ich wollte, dass wir
auf der dünnen Schneeschicht auf dem Gehweg vor dem
Verwaltungsgebäude Schuh-Ski machten, aber sie wollte
nicht. An jenem Abend schneite es immer wieder große
Designerflocken. Sie erzählte mir von einem Kätzchen, das
sie in einem der Foren Roms gefunden habe und das zu

einer mächtigen, arroganten, freundlichen Katze herange-
wachsen sei. Einmal, sagte sie, sei die Katze vom Balkon
ihrer Wohnung im fünften Stock an der Piazza Paganica gefallen und habe sich beim Aufprall die Nase gebrochen; seit
diesem Sturz schnurre sie besonders laut und schallend.

(1993)

La Mer

Nach der Schule, als ich dreizehn war, sagte mir mein Fagottlehrer, die Philharmoniker von Rochester, bei denen er das zweite Fagott spielte, probten ein Musikstück namens *La Mer*. *Mer* heiße nicht «Mutter», sagte er – es heiße «Meer», und das Besondere an *La Mer* sei, dass es auch wirklich nach Meer klinge. Er spielte mir etwas aus der Partitur vor, während ich mein Instrument zusammensteckte. Was er da spielte, klang für mich nicht nach Meer, aber das war keine Überraschung, weil auf dem Fagott nichts nach Meer klingt. Einige Monate später kaufte ich mir eine Platte, auf der Pierre Boulez und die New Yorker Philharmoniker *La Mer* spielten. Ich setzte den schweren, gepolsterten Kopfhörer auf, der für jedes Ohr wie ein aufblasbares Rettungsfloß war, und ich hörte Debussys seitwärts wogende Wasserhänge, von deren Kämmen kalte Gischt wehte, und ich sah die jähe Weite des Meereshorizonts, die auf den Sturm folgte, und ich registrierte verblüfft, wie sehr das alles wie das flüssige Leben war. Es war genauso gut wie Joseph Conrads «Taifun», damals eine meiner Lieblingserzählungen – vielleicht sogar besser.

Später, nachdem ich mich an der Musikhochschule beworben hatte, kaufte ich die Taschenpartitur von *La Mer* und versuchte herauszubekommen, wie Debussy das gemacht hatte, aber die Partitur war keine große Hilfe. Woher bezog Debussy das Selbstbewusstsein, eine halbe Melodie zu nehmen und sie dann, nachdem er sie kurz betrachtet hatte, wie einen zerfetzten Brocken Seetang wegzuwerfen? Wie machte er aus einem Orchester, einem stacheligen Ballen Pferdehaare und einer alten Maschine etwas, was spritzte und brandete, das Gleichgewicht verlor und es wiederfand? Es mag Dinge an *La Mer* geben, die ein wenig unbefriedigend sind – an manchen Stellen wird vielleicht zu viel mit der Ganztonskala gearbeitet (damals etwas Neues, heute von Fernsehkrimimusik ausgelutscht), und Debussy machte, glaube ich, auch einen Fehler, als er die Blechfanfare am Ende wegnahm –, aber dieses Stück enthält so viele Naturwunder, dass man an den tristen Momenten einfach vorbeirauscht, als wären es Supermärkte, ohne sie weiter zu beachten, während man die Gezeitenwunder betrachtet.

Debussy beendete *La Mer* – änderte die Orchestrierung und korrigierte die Fahnen – während eines Monats in England im Sommer 1905, in Eastbourne, einem spätviktorianischen Badeort, wohin er mit Emma Bardac gefahren war. Emma war da noch mit einem gut situierten Bankier verheiratet und hochschwanger mit Debussys einzigem Kind. Als ich vor ein paar Jahren in einer seiner Biographien blätterte, hielt ich bei einem Foto Debussys inne, wie er auf der steinernen Balkonbrüstung des Grand Hotels von Eastbourne stirnrunzelnd in den Sucher einer Kamera blickt. Die Kamera war auf den Kanal gerichtet. Zu der Zeit lebte ich in Ely, nördlich von Cambridge, aber nachdem ich eine Karte und ein Kursbuch befragt hatte, erkannte ich, dass ich mit Leichtigkeit an einem Tag nach Eastbourne und wieder zurück fahren konnte.

Eines Morgens im März fuhr ich mit der quietschenden, altersschwachen Lokalbahn los; ich ging in die Stadt, dann in ein Antiquariat, in dem es nichts von Debussy gab, und schließlich zur Touristeninformation, wo eine freundliche Frau ein rotes Notizbuch mit dem Titel *Famous People* hervorzog, in dem es Texte über Wordsworth, Tennyson, Swinburne (der ganz in der Nähe, auf dem Beachy Head, «An eine Seemöwe» schrieb), König Arthus und Debussy gab. Die Frau wies mich in die Richtung des Grand Hotels, und als ich es endlich fand, nachdem ich auf der Küstenstraße falsch abgebogen war, sagte man mir, die Debussy-Suite sei die 227, allerdings könne ich nicht hinein, um aus den Fenstern der Suite hinauszuschauen, da es jetzt fast Anmeldezeit sei und die Übernachtungsgäste jeden Moment eintreffen könnten.

Also setzte ich mich in den Garten auf eine weiße Bank, mit dem Rücken zum Meer, und schaute zu dem Balkon hinauf, wo Debussy und Emma vor gar nicht so vielen Jahren über den Kanal hinweg auf ein unsichtbares Frankreich geblickt hatten. Der Balkon befand sich genau über dem Haupteingang, unter den Lettern «Grand Hotel». In dem fahlen Sonnenlicht zeichnete ich die Fassade mit ihren blicklenkenden Beaux-Arts-Urnen und -Voluten (1876 von R. K. Blessley entworfen); mir schien, dass Debussy, der oft mittellos war und einen leichtsinnigen Umgang mit Geld pflegte, sich hier, als er sein überschäumendes Seegedicht abschloss, arbeitsam und reich vorgekommen war, vielleicht zum letzten Mal. Ein paar Monate später, wieder in Paris, schoss sich seine verlassene und verzweifelte Frau am Herzen vorbei, und auch wenn sie wieder gesund wurde, hatte sich damit für alle das Leben verändert.

Ich ging wieder ins Hotel und die Feuertreppe hinauf in den ersten Stock. (Die Treppe hatte hübsch geschnitzte Geländerknubbel.) Es war eines jener Gebäude, in denen die Treppen und die Anordnung der Fenster nicht synchron sind; im Treppenhaus war das obere Ende des Fensterrahmens dicht am Boden, sodass ich mich tief bücken musste, wobei mir der Kopf hämmerte, um einen guten Blick zu bekommen. Mir blieben nur noch ein, zwei Minuten, bis ich wieder zum Zug musste. Außen auf der Scheibe war getrockneter Regenstaub, dennoch blickte ich übers Wasser und sah, dicht am Ufer, ein unerwartetes Spiel grüner, goldener und türkisfarbener Wellen – eigentlich nicht Wellen, weil sie so winzig waren, aber doch kleine Manifestationen flüssiger Subenergie. Die Wolken sahen aus wie ein Glas mit Ausspülwasser, wenn man ein Aquarell malt – langsam sich verdünnendes schwarzes Gewoge in dem weißen Wasser, das man vorher gemacht hat, als man die weiße Farbe aus dem Pinsel wusch. Doch an dem Tag wollte das Meer die Wolken nicht reflektieren; es hatte seine eigene Stockenten-Palette, deren feine Abstufungen mit den Hängen der vom Wind strukturierten Dünung variierten. Durch das schmutzige Fenster glaubte ich einen Augenblick lang zu sehen, was Debussy gesehen hatte.

(2001)

Warum ich das Telefon mag

Als ich klein war, spielte ich oft mit dem Telefon. Ich mochte die körperliche Empfindung des Wählens und wie mein Finger in seinem Ziffernloch (erst war es aus schwarzem Metall, dann aus bequemerem, durchsichtigem Plastik) den Bogen eines perfekten Kreises entlanggeführt wurde, als wäre er ein Stift in einem Spirographen. Manchmal ließ ich ihn schnell zurückfahren und spürte dabei, wie sich das Mittelrad leicht dagegenstemmte.

Auch trug über einen Zeitraum von mehreren Jahren, als ich heranwuchs, kein Familienmitglied eine Armbanduhr, und im ganzen Haus gab es keine verlässlich gehende Uhr. (Auf dem Kaminsims stand eine antike, aber die ließen wir oft ablaufen.) Meine Aufgabe war es, häufig mehrmals täglich die Zeit- und Temperaturansage, die von der Sparkasse von Rochester gesponsert wurde, anzurufen und in Erfahrung zu bringen, wie spät es war. Ich machte diese Anrufe sehr gern. Mit den anderen Telefonnummern, die ich mir gemerkt hatte, erreichte ich lediglich Leute meines Alters (z. B. meinen Freund Fred, GI2–1397, und meinen Freund Maitland, CH4–4158), die Zeit- und Temperaturansage hingegen verband mich mit einer wirklicheren, küchenlosen Welt der Atomuhren, Zinseszinsen und des absoluten Nullpunkts, mit Zeiten und Temperaturen, die erregend unhinterfragbar waren, bestätigt, wie es schien, vom National Bureau of Standards und der FDIC, einem Einlagensicherungsfonds. Am Tag nach der Zeitumstellung war die Zeit- und Temperaturansage immer besetzt, ein Zeichen für eine simultane stadtweite Aktivität, so eindeutig wie der Abfall des Wasserdrucks in den Werbepausen bei der Superbowl.

Später lernte ich den Trick, mich selbst anzurufen: Man wählte eine kurze Nummer (war es die 811?), dann tippte man genau zum richtigen Zeitpunkt auf die Gabel, und wie durch ein Wunder klingelte daraufhin das eigene Telefon, das Telefon, das man berührte – ein Ergebnis, das in jenen Jahren vor der Entdeckung anderer einsamer selbstgewählter Freuden exotisch, schockierend und lohnend schien.

Ich gehe nicht zu weit, wenn ich sage, dass ich in *Vox*, meinem Telefonsexroman, das romanhafte Äquivalent dieser frühen telefonischen Zerstreuungen gestaltet habe: Ich beschwor oder nutzte die, wie ich hoffte, dem Niveau des National Bureau of Standards entsprechenden Wahrheiten der Interessen und Koketterien zweier typisch gesprächiger Telefonierer, die für mich wie auch füreinander zunächst Fremde waren und daher als bloße Stimmen vom absoluten Nullpunkt ihrer anfänglichen Verbindung zum hohen Fahrenheit-Bereich ihrer liebevoll verbalisierten Orgasmen gelangen mussten. Zugleich ließ ich natürlich mein eigenes Telefon klingeln.

(1994)

Was am 29. April 1994 geschah

Ein Beitrag zu: «240 Ecrivains Racontent
Une Journée du Monde», einer Anthologie des *Nouvel
Observateur* zu den Ereignissen des 29. April 1994

Ich brachte meine Tochter zur Schule und schrieb dann im Büro eine E-Mail über Bibliothekskataloge, obwohl ich eigentlich einen Roman besprechen sollte. Ein Faktenchecker von einer Zeitung rief an, um zu erfragen, ob ich siebenunddreißig sei und ob es korrekt sei zu sagen, ein Buch von mir sei an einem bestimmten Tag 1992 erschienen. Ich aß mit meiner Frau und dem schlafenden fünf Monate alten Sohn in einem chinesischen Restaurant zu Mittag. Wir sprachen über einen Artikel über Obdachlosigkeit, den sie im *New York Review of Books* gelesen hatte. Danach schrieb ich noch mehr über Bibliothekskataloge. Als ich nach Hause kam, trug meine Tochter eine neue Pfadfinderinnenuniform. Sie war stolz auf ihre langen Strümpfe mit den blauen Troddeln, und von ihrem Stolz traten mir die Tränen in die Augen, teils aber auch deshalb, weil ich müde war, nachdem ich den ganzen Tag über Bibliotheken geschrieben hatte.

Auf der hinteren Veranda legten wir Kreppband zur Bestimmung der Ausmaße eines zweiten Badezimmers aus, das möglicherweise in der Waschküche entstehen sollte. Stühle standen für Waschbecken und Toilette; der Raum erwies sich als zu klein, um auch noch eine Dusche unterzubringen.

Ich kaufte fürs Abendessen Hamburger und lieh *Arsen und Spitzenhäubchen* aus, um es mit der ganzen Familie anzusehen (die es noch nicht kannte), aber meine Tochter bekam davon Angst, sodass wir das Band anhielten. Ich brachte meinen Sohn zum Lachen, indem ich ihm mit meinem Bart die Fußsohlen kitzelte und an seinen Rippen Kaugeräusche machte. Als beide Kinder schliefen, sah sich meine Frau den Rest des Films an, ich hingegen döste, um fünfundvierzig Grad zur Seite gekippt, auf dem Sofa. Dann ging ich in mein Arbeitszimmer und sortierte die Post, die ich beantworten sollte, zu vier Stapeln. Zwar beantwortete ich keinen Brief, hatte aber das Gefühl, schon durch das Sortieren vorangekommen zu sein. Eines der Poststücke, die ich mir ansah, war ein Fax vom *Nouvel Observateur*, und da sah ich, dass heute ja der Tag war, über den ich schreiben sollte, und dass ich mir bis dahin keinerlei Notizen gemacht hatte. Also schrieb ich ein paar auf den Rand des Faxes, die auf dem glänzenden Papier verschmierten, aber noch leserlich blieben.

Als Letztes, bevor ich mich schlafen legte, steckte ich eine Diskette zwischen die beiden Hälften meiner Brieftasche, damit ich nicht vergaß, sie nach Phoenix, Arizona, mitzunehmen, wohin ich am nächsten Morgen flog, um dabei zu sein, wenn ein Freund von mir eine groß gewachsene Frau heiratete, die einmal in einem Jeep-Werbespot mitgewirkt hatte. Beim Einschlafen streichelte ich den Verlobungsring meiner Frau.

Jetzt, mehrere Monate später, ist das Badezimmer fertig. Die Streifen Kreppband, die wir nach Abschluss unserer architektonischen Planung an jenem Abend nicht mehr abgepellt hatten, sind nun unauslöschlich auf den grauen Dielen der hinteren Veranda festgebacken. Eigentlich sind sie die einzigen fassbaren Überreste dieses Tages.

(1994)

Sonntags auf der Müllkippe

Es ist Sonntagnachmittag in South Berwick, und ich bin an der Müllkippe, wo ich auf einem weißen Plastikliegestuhl sitze. Die Mülltage sind Mittwoch, Samstag und Sonntag; die meisten Leute gehen sonntagnachmittags hin. Am meisten Betrieb ist kurz vor sechs, wenn die Müllkippe schließt: Kommt man zu spät, hockt man bis Mittwoch auf seinem Müll, und wenn es Mittwoch wird, vergisst man es wahrscheinlich. In unserer Stadt gibt es keine Müllabfuhr – jeder muss sich hier selbst kümmern. Kurz vor dem Wahltag zeigen sich die Kandidaten für den Gemeinderat hier, schütteln Hände und machen Wahlkampf – nur hier an der Müllkippe hat ein Kandidat die Chance, einen Wähler aus jedem Haushalt zu erwischen. Viele Bewohner setzen kaum einen Fuß in die kleinen Geschäfte in der Hauptstraße, auch das Postamt suchen sie nicht oft auf, ihre Lebensmittel kaufen sie in Supermärkten jenseits der Grenze in einem anderen Staat, die Kinder werden mit dem Bus zur Schule gefahren. Aber zur Müllkippe kommt jeder. «Hier ist mehr los als im Rathaus», sagte Jim zu mir. Jim ist der Leiter der Müllkippe – ein stämmiger, stark von der Sonne geröteter Mann in den Zwanzigern. Nachdem ich ungefähr eine halbe Stunde auf meinem Plastikstuhl gesessen hatte, im Schatten am Rand des Parkplatzes, kam Jim zu mir, um sich davon zu überzeugen, dass ich auch keine illegalen Giftstoffe in die Büsche kippte. Ich sagte ihm, ich schriebe über die Müllkippe, weil die meisten Leute glücklich seien, wenn sie hierherkämen. Tatsächlich lächle ich jetzt gerade, während ich diesen Satz tippe, mit Blick auf die sonnenbeschienenen Autos und Pick-ups und die langen, rechteckigen Container, die jeweils unterschiedliche Müllarten aufnehmen. Darunter ist ein schöner roter Container, frisch gestrichen, groß wie ein Eisenbahnwaggon, an der Seite eine Leiter, vorn dran ein Schild mit der Aufschrift: «Nur für Schindeln».

Zwar sagen wir Müllkippe dazu, aber streng genommen ist es gar keine: Es war nur einmal eine Deponie. Hinter dem Hauptgebäude ist ein steiler künstlicher Berg, über und über bedeckt mit gelben Wildblumen, aus dem zwei T-förmige Gebilde herausragen. Das sind Lüftungsklappen; sie geben eingesperrte Gase aus dem Haufen ab. Und der ganze Müll, den wir heute hierherbringen, geht auf Lastwagen ins nahegelegene Städtchen Biddeford, wo er verbrannt wird. Die Einwohner von Biddeford klagen über den Gestank; aus unbekannten Gründen haben die Biddeforder ihre Verbrennungsanlage mitten in den Ort gebaut. Ich sagte zu Jim, dem Leiter, unsere Müllkippe sehe in letzter Zeit so sauber aus. Als Jim vor einem Jahr die Stelle antrat, war sie ein einziges Chaos; jetzt ist alles in Ordnung, und es riecht auch nicht. «Jeden Abend reinigen wir sämtliche Recycling-Tonnen mit einer Mischung aus Simple Green, Bleiche und Wasser», sagte Jim. «Wir haben hier keine Bienen mehr. Als ich hier anfing, gab's noch eine Menge Bienen.»

Die Agamenticus Road führt zur Müllkippe. Agamenticus heißt ein Berg in der Nähe; da soll es seltene Pflanzen geben, die ausschließlich auf dem Agamenticus wachsen, aber ich habe sie noch nie gesehen. Oben auf dem Agamenticus ist auch ein Steinhaufen. Angeblich erinnerten hier die Indianer an eine heilige Begräbnisstätte, indem sie einen großen Steinhaufen errichteten; heute bringen auch Besucher des Berges Steine mit. Auf dem Agamenticus war ich nur einmal, bei der Müllkippe Hunderte Male, oft mit meinem Sohn. Man biegt am Bürgerkriegsdenkmal nach rechts in die Agamenticus Road ab, fährt an ein paar Häusern und einem Friedhof vorbei und dann, gleich nach dem Eisstand und dem Blumengeschäft, biegt man links ab und befindet sich auf einer asphaltierten Fläche vor dem Hauptgebäude der Deponie, einem braunen Schuppen. Daneben ist eine klaffende Öffnung – eine Art doppelt hohe Garagentür –, in die die Leute ihre durchsichtigen Mülltüten werfen. Eine der Freuden macht hier das Werfen aus: Heute habe ich jede Tüte aus dem Unterarm heraus geworfen, sodass sie einen letzten, vielfarbig wirbelnden Moment in der Luft hatte, bevor sie in die Verdichtungsgrube fiel. Manchmal kippe ich die ganze Mülltonne (die ich hinten in meinem Van hergefahren habe) um und schüttele ihren Inhalt heraus, indem ich sie hoch über der Schulter halte: Die Tüten kommen langsam, leise zischend heraus, zurückgehalten von dem Vakuum, das ich mehrere Tage zuvor geschaffen hatte, indem ich sie fest in die Tonne stopfte, um den Deckel schließen zu können. Die Tüten für Normalmüll müssen durchsichtig sein, damit die Müllleute sich davon überzeugen können, dass man nichts Verbotenes hineinwirft, etwa Katzenstreu. Katzenstreu kommt in einen anderen riesigen Container, der abseits von dem großen steht, ein Behältnis, das ausschließlich Matratzen, alten Sofas und Katzenstreu vorbehalten ist.

Im Hauptgebäude sind drei Öffnungen – eine ist mit «Braun» etikettiert, an einer steht «Grün», an einer «Durchsichtig». Früher waren die Öffnungen mit Schwingklappen aus Plexiglas versehen, doch die Klappen sind jetzt entfernt – eine Verbesserung. In diese Öffnungen werfen wir Flaschen und Gläser. Wenn die Flaschen in die Tonnen auf der anderen Seite der Schwingklappen fallen (oder jenseits davon, wo die Schwingklappen waren, als es noch Klappen gab), ist das Geklirr, das sie dabei machen, schmerzhaft laut. Es ist eine Erleichterung, wenn die Flaschen zerbrechen: Zerbrechen ist merklich weniger laut als intaktes Klirren. Warum? Vielleicht weil etwas von der kinetischen Energie durch das Zerbrechen verbraucht wird und es keine zerbrochenen inneren Flaschenhohlräume gibt, die den ausstrahlenden Lärm ersticken.

Einen Hang links vom Hauptgebäude hinunter stehen zwei dunkelgrüne Container, jeder so groß wie ein Campingwagen. In den einen kommen Zeitungen und Zeitschriften, in den anderen kommt Pappe. In den Container für Pappe kann man Pizzakartons wie Frisbees schleudern und hoffen, dass sie oben auf dem Haufen landen, ganz hinten im Dunkeln. Oft rutschen die Kartons wieder heraus. Ich kippte mehrere Tüten mit Zeitungen in den Container für Zeitungen und Zeitschriften. Drinnen ist auf der Hälfte eine Trennwand, damit die anderthalb Meter hohe Papierflut nicht nach vorn rutschen kann. In diesem Nachrichtengelass ist es düster und warm: Die Hochglanz-Werbebeilagen machen glitschig-wispernde Geräusche, wenn man sie aus der Tüte entlädt.

Das Aufregendste an der Müllkippe ist der kleine Schuppen mit dem Zementboden und dem Schild darüber, auf dem «Tauschladen» steht. Darin lassen die Leute ihren funktionsfähigen Schrott zurück. Im Tauschladen sind mir heute drei Toaster, zwei Tischbacköfen, ein Fahrrad, ein Lehrbuch für Chirurgie, viele Paar Schuhe, zwei Tonbandgeräte und ein Kleinkindersitz fürs Auto aufgefallen. Ein Mann mit einem großen hochsitzenden Bauch lud eine grün-weiße Swimmingpool-Liege ab, die er nicht gebrauchen konnte, eine halbe Stunde später sah ich eine Großmutter damit weggehen und ihren Enkel mit einer Spielzeuggarage.

Mein Sohn und meine Frau brachten mir aus dem Tauschladen einmal ein Fahrrad mit: Es hat zwei Platten, aber sonst ist es noch gut in Schuss. Ein andermal entdeckten wir dort einen alten Rodelschlitten. Unsere Freunde, die Remicks, haben einen Heimtrainer, eine Tretmühle, mehrere Verlängerungskabel und einen Campingkocher, alles vom Tauschladen. Meine Beute war eine komplette Ausgabe der *Golden Book Encyclopedia* mit Trompe-l'Œil-Gemälden auf den Umschlägen – meine geliebte Kindheits-Enzyklopädie. Seitdem habe ich hier noch weitere solche Enzyklopädien gesehen – anscheinend schmeißen momentan Familien im ganzen Land die ihren raus. Heute Nachmittag habe ich mir ein Fünfzigerjahre-Taschenbuch von Lao-Tse und ein Buch über die Tschechoslowakei 1968 ausgesucht. (Lao-Tse sagt: «Regiere ein großes Land so, wie kleine Fische gegart werden.») Die Bücherregale sind im hinteren Teil des Schuppens – manchmal bereitet es mir ein seltsames Vergnügen, die Reihen der Reader's-Digest-Sammelbände auszurichten.

Gerade geht eine ungefähr achtzigjährige Frau mit frischer weißer Dauerwelle zielstrebigen, aber manchmal unsicheren Schritts zum klaffenden Maul der Müllkippe. Sie trägt eine blaue Freizeithose und hat eine kleine durchsichtige Tüte mit sauberem Alte-Leute-Müll dabei. Sie wirft die Tüte hinein und beobachtet, wie sie ihren Platz unter den Beiträgen aller anderen einnimmt. Vielleicht wegen der Durchsichtigkeit der Tüten erscheint die Müllkippe wie ein Ort für Vertraulichkeiten – jeder kann sehen, was der andere nicht mehr will.

Jeden Sonntag fährt einer der Mitarbeiter die gezahnte Schaufel eines Baggers tief in den mit Pappe angefüllten Container, um sie zusammenzupressen: Mit heulendem Motor verschwindet der sinkende Arm des Geräts in das Gewirr der Kartons, die nach oben wie auch nach hinten gedrückt werden, und zieht sich wieder zurück wie eine Hand, die bei einer Tombola in einen Korb voller Lose greift, um den Gewinner zu ziehen.

(2000)

Mit Ohrstöpseln schreiben

Vor ein paar Jahren kaufte ich mir bei earplugstore.com eine Industrie-Spenderbox mit 200 Paar Mack's Ohrstöpseln. Meistens kaufe ich sie aber im Drugstore. Seit kurzem bietet Mack's sie in Orange an, was weniger eklig ist als weiß.

Ich kann überall sitzen, an jedem lauten Ort, und arbeiten. Alles geht sieben Meter weiter weg, als es tatsächlich entfernt ist. Jene tschilpende, bellende, klingelnde Kassenlade, die die Welt darstellt, ist außer Reichweite und daher kostbarer.

Man braucht eine gute Abdichtung. Löst man den Daumen von einem hineingestopften Stöpsel, stößt das Trommelfell einen winzigen, stummen Schmerzensschrei aus, wie ein Wort auf Arabisch. Dann weiß man, dass man eine gute Abdichtung hat.

(2007)

Eines Sommers

Eines Sommers wohnte ich in einem Haus, das gerade re-
noviert wurde, in einem hellgelben Zimmer mit einer Ma-
tratze auf dem Boden. Ich erwachte spät und versuchte, im
Bett zu tippen. Ich arbeitete an einer Geschichte über einen
Mann, der zufällig auf der Straße seinem Gehirn über den
Weg läuft. Sein Gehirn trägt ein flottes Hütchen und hat
es eilig. Es hat irgendeinen Verkaufsjob. Abends ging ich
in ein Restaurant namens Gitsis Texas Hots, bestellte zwei
Hot Dogs und eine Tasse Kaffee und sah mein Tagwerk von
«Mein Gehirn» durch. Die Geschichte wurde nie fertig.

Eines Sommers fuhr meine Familie mit einer anderen Familie in einem Boot über die Georgian Bay. In dem Boot war
ein Mädchen, das mit offenen Augen schlief.

Eines Sommers machten ein Freund und ich eine Fahrradtour. In einer Kleinstadt im Staat New York öffnete jemand
eine Autotür, und wir beide stießen dagegen und stürzten
auf die Straße. Und uns war nichts passiert. Später versammelte sich in dem Baum über unseren Schlafsäcken am
frühen Morgen eine Schar Vögel.

Eines Sommers in Kalifornien besaß ich hundert Aktienanteile der Kopfhörerfirma Koss Corporation. Ich kaufte mir eine Zeitung und stellte fest, dass der Wert der Aktie sich verdoppelt hatte. Ich verkaufte alle meine Anteile und kaufte mir einen Motorroller Honda Passport. Meine Freundin saß hinten drauf, einen roten Helm auf dem Kopf, und ich hatte einen blauen, und es machte jede Menge Spaß, außer dass sie sich am Auspufftopf das Bein verbrannte und in die Notaufnahme musste.

Eines Sommers verlobten meine Freundin und ich uns, dann gingen wir zu Jordan Marsh und kauften uns eine Matratze samt Boxspring bei einem Verkäufer namens Sam. Sam sagte, seine Frau bevorzuge eine weichere Matratze, er dagegen eine härtere. Er führte uns zu einer Matratze, die hart und weich zugleich war. Mit dieser Matratze sei es so, erklärte er, dass wir beide darauf «bis zum Rand schlafen» könnten. Bei einer billigen Queensize-Matratze, sagte er, bekomme man eigentlich doch bloß eine normal große Matratze, weil man darauf nicht bis zum Rand schlafen könne. Wir kauften die Matratze, die Sam empfahl, und zwanzig Jahre später schlafen wir noch immer bis zum Rand darauf.

Eines Sommers strich ich Fußboden und Decke eines Zimmers an einem einzigen Tag. Allerdings hielt die Farbe auf dem Fußboden nicht sehr gut.

Eines Sommers versuchte ich, über einen Mann namens Pavel Moroz zu schreiben, den ich interviewt hatte. Mr. Moroz hatte etwas erfunden, was er Mikrozentrifuge nannte. Er nahm winzige Kugeln mit einer Flüssigkeit darin und drehte sie mit der höchsten Geschwindigkeit, die er erreichen konnte, wobei er einen Zahnarztbohrer benutzte. Anscheinend dreht sich nichts schneller als ein Zahnarztbohrer. Mr. Moroz glaubte, die Ultrazentrifugierung verwandle Materie in neue Zustände von Reinheit und Erleuchtung. Doch niemand beachtete ihn. Als ich mit ihm sprach, machte er gerade einen Kurs für die Masseurlizenz.

Eines Sommers hatte ich ein Paddleboard, mit dem fuhr ich eine große Welle hinauf bis ganz nach oben. Dann war ich unter der Welle und blickte hinauf auf ihren sonnenbeschienenen Kamm. Dann wurde ich noch weiter gedreht, und ich sah Sand und Kies, die am Boden eine kleine Polka aufführten. Ich hatte keine Ahnung, dass in einer Welle so viel los war.

Eines Sommers gab es mehrere Autos mit eingebauter Fanfare, die «La Cucaracha» spielte.

Eines Sommers hörte ich jemanden nebenan auf einer elektrischen Schreibmaschine tippen, während ich draußen in der Sonne saß. Ich horchte auf das Schlagen der Tasten und dachte, wie selten dieses Geräusch geworden war. Ich riss einen Artikel über den Bankrott von Smith Corona aus der Zeitung aus.

Eines Sommers saß ich mit Donald Barthelme, dem Short-Story-Autor, an einem Tisch. Er trank eine Bloody Mary und sagte, er überlege, sich eine neue Stereoanlage zu kaufen. Ich empfahl ihm Infinity-Boxen.

Eines Sommers arbeitete ich bei einer Firma, die Modems herstellte. Anfangs arbeitete ich zwölf Stunden täglich. Morgens, bei der Fahrt zur Arbeit, hielt ich den Kaffeebecher zwischen den Zähnen, wenn ich einen Doughnut auswickelte. Einmal, als ich einen Lkw überholte, vergaß ich, dass der Becher da war. Ich schnellte mit dem Kopf herum, um sicherzugehen, dass auf der Spur neben mir kein Auto fuhr, und kippte mir den Kaffee über das Hemd und den Sicherheitsgurt. Ein anderes Mal explodierte im Handschuhfach eine Dose Seven Up. Danach roch es in dem Wagen, einem Dodge Colt, angenehm süßlich.

Eines Sommers nahm meine Großmutter mich mit zu einem Besuch bei einer blinden Frau, die am Meer lebte. Die Frau erzählte uns, wenn sie schwimme, horche sie auf ihren Hund, der belle, wenn sie sich zu weit vom Strand entferne. Einmal habe sie Besorgungen gemacht und sei erst sehr spät nach Hause gekommen. Ihr Hund habe in seiner Not unter ein Nippesbord gemacht, abseits davon, wo sie gehe, was sie sehr rücksichtsvoll fand. Wir stimmten ihr zu.

Eines Sommers machte ich eine Fahrradtour durch Quebec und Maine, wobei ich täglich vier Sandwiches mit Erdnussbutter und Marmelade aß. Die Straßen in Quebec sind sehr gerade und eben.

Eines Sommers arbeitete ich in einer Firma, in der alte Kopiergeräte gelagert wurden. Ich lernte, Gabelstapler zu fahren, und ich fuhr damit zwischen den alten Kopiergeräten herum, wobei ich hupte, was ein gequetschtes «Miep-miep» machte. Das Obergeschoss stand voller Metallschreibtische, und wenn Pause war, ging ich hinauf und las Spionageromane. Einer der Leute, mit denen ich dort arbeitete, lief zwischen den Schreibtischen herum und trank eine klare Flüssigkeit aus einer Flasche. Der trinkt ja schon eine ganze Menge Wasser, dachte ich. Er zog die Schubladen der Schreibtische auf und zu, um nachzusehen, ob etwas von Wert darin gelassen worden war. Ich horchte auf das Geräusch der auf- und zugezogenen Schubladen, weit weg und näher dran, und schlief ein.

Eines Sommers klebte eine Rosine auf einem Blatt Papier, auf dem ich schrieb, also zeichnete ich ihren Umriss nach und schrieb: «Hier hat eine Rosine geklebt – Sunmaid.»

Eines Sommers fuhr ich mit meiner Freundin und ihrer Familie nach Italien. Der Onkel meiner Freundin hatte lösliche Kapseln dabei, die Zirkustiere aus Schaum enthielten. Jeden Abend zur Cocktailzeit ließen wir eine Kapsel in ein

Glas Wasser fallen. Bei jedem Schaumbein, das herauskam, sagten wir: «Da ist wieder ein Bein!»

Eines Sommers fanden zwei Freunde von mir und ich eine lose Tür. Wir hievten sie aufs Garagendach und fixierten sie mit Streben, damit wir uns auf die Tür setzen und in die Welt schauen konnten. Waren wir da oben, gab es nicht viel zu tun, außer Cracker zu essen, und die Teerpappen-Dachschindeln waren, wie wir merkten, weich und rissen leicht, wie Pfannenpizza. Sie überlappten sich unnötig, verschwenderisch, also rissen wir eine ganze Menge davon ab und schmissen sie runter. Sie glitten wie Frisbees. Meine Eltern waren nicht so begeistert, weil sie nun das Dach neu decken mussten.

Eines Sommers kauften mein Freund und ich uns Corgi-Autos, ungefähr fünfzehn, und bauten ihnen ein Parkhaus aus Klötzchen. Dann bekamen wir Streit, und mein Freund ging mit den Corgis, die ihm gehörten, nach Hause.

Eines Sommers arbeitete ich als Kellner in einem schicken Restaurant, das einem bekannten Mafioso gehört hatte. Der Mafioso hatte das Restaurant für einen Haufen Geld dem Chefkoch verkauft. Aber viele, die in das Restaurant gekommen waren, waren Freunde und Kollegen des bekannten Mafioso gewesen – als er nicht mehr hinging, gingen sie auch nicht mehr hin. Also lief das Geschäft schlecht, und ich stand da in meinem Rüschenhemd mit schwarzer

Fliege und schaute auf die leeren Tische. Einmal sagte eine Bedienung zum Koch, ein Gast wolle ein einfaches Hühnersalatsandwich. Der Koch, dessen Spezialität Kalbsgerichte waren, war brüskiert. «Hühnersalat?», sagte er. «Sag ihm, er soll mir seinen Schwanz herbringen, dann mach ich ihm einen hübschen Kükensalat.»

Eines Sommers konvertierte ich meine alten Textdateien, die auf einem Kaypro-Computer geschrieben waren, zu DOS. Und das war lustig.

Eines Sommers regte sich ein Mann ein paar Häuser weiter darüber auf, dass manche Leute ihre Hunde jeden Tag vor seinem Garten kacken ließen. Er nahm weiße Plastikgabeln und steckte sie in die Hundewürste. Da sahen sie aus wie kleine Segelboote.

Eines Sommers hatten wir oben in den Schlafzimmern vier Ventilatoren aufgestellt. Dann begann einer der Ventilatoren zu qualmen, und unser Wachhund bellte, um uns Bescheid zu geben. Danach hatten wir noch drei Ventilatoren.

Eines Sommers las ich häufig den Wissenschaftskatalog von Edmund und malte mir aus, ein Walkie-Talkie zu besitzen und mich damit mit meinen Freunden zu unterhalten. Aber die kosteten hundert Dollar.

Eines Sommers stand ich im Begriff, mir ein Mortadella-sandwich zu machen. Ich hatte die Tomate in der Hand und schon die Kühlschranktür geöffnet und blickte auf ein Glas Mayonnaise im untersten Fach, und da dachte ich: Nein, jetzt keine Mortadella. Und schloss die Kühlschrank-tür. Ich konnte der Mortadella widerstehen und sie mir aus dem Kopf schlagen.

Eines Sommers las ich mit großer Faszination eine alte Aus-gabe der *Bekenntnisse eines englischen Opiumessers*.

Eines Sommers stellte mein Vater in unserem Garten eine Tarzanschaukel auf. Mein Freund und ich nahmen als Ab-sprungpunkt einen alten Kühlschrankkasten, und damit es höher wurde, stellten wir noch zwei Kisten drauf. Wir schaukelten so hoch, dass wir einen Ast einer Fichte pa-cken und uns daran festhalten konnten. Einmal brach der Ast, und mein Freund fiel hinunter. Er lag auf dem Rücken und machte «Aah-aah». Ich bekam es mit der Angst und holte meine Mutter. Sie sagte, er kriege gerade keine Luft mehr, werde sich aber erholen. Und er erholte sich auch wieder.

Eines Sommers verknallte ich mich in ein Mädchen, das elf war. Auch ich war damals elf.

Eines Sommers legte mein Vater in unserem Garten eine Rabatte an. Ich half ihm, das Zypressenkraut einzupflanzen und das Torfmoos dazwischenzumischen. Unter der Woche ging er nach dem Abendessen hinaus und goss sie im Dunkeln, sodass ich, wenn ich zu ihm hinausging, nur den Strahl des Schlauchs sah, der das Licht von der Veranda zurückwarf, und ihn pfeifen hörte.

Eines Sommers ging ich mir mit zwei Frauen, die Harfe spielten, einen neuen Film namens *Der Stadtneurotiker* ansehen. Der einen Harfenistin gefiel er nicht, der anderen Harfenistin gefiel er überhaupt nicht, mir aber gefiel er sehr.

Eines Sommers verbrachte ich viel Zeit in meinem Zimmer und lernte den Handstand. Aber eines meiner Handgelenke war nicht biegsam genug.

Eines Sommers entwarf ein Fotograf eine Anzeige für eine Bank und brauchte dafür eine Frau, die ein komisches Gesicht machte. Er rief meine Mutter an, weil er gehört hatte, dass sie komische Gesichter machen konnte. Die beiden gingen auf die vordere Veranda, wo er zu ihr sagte: «Also gut, dann machen Sie jetzt mal ein komisches Gesicht.» Sie zog Grimassen und lachte. Er sagte: «Versuchen Sie, nicht zu lachen. Gut. Und jetzt blasen Sie die Backen auf.» Sie blies die Backen auf. Die Anzeige, mit der ein höherer Zinssatz für Sparkonten beworben wurde, erschien in der Zeitung. Das Bild sah meiner Mutter überhaupt nicht ähnlich. Ich verbrachte viel Zeit vor dem Spiegel und machte komische Gesichter, für den Fall, dass mich einmal ein Fotograf anrief.

Eines Sommers ging ich in ein Wissenschaftscamp namens Camp Summersci. Wir wurden in einem gebrauchten Leichenwagen zu wissenschaftlich interessanten Orten gefahren. In Herkimer, New York, meißelten wir Quarzkristalle namens Herkimer-Diamanten aus einem felsigen Berghang. Einer aus dem Lager war ein Junge, der mehr als ich über den *Herrn der Ringe* wusste. Stundenlang unterhielten wir uns hinten in dem Leichenwagen über den *Herrn der Ringe*.

Eines Sommers brachten mein Vater und ich einen Basketballring an der Garage an, und ich spielte eine Woche lang allein Basketball und dann nie wieder.

Eines Sommers fand ein neuer Freund, wir sollten zu Hause Taxidermie lernen. Er bestellte die erste Lektion. Das Lehrbuch wies uns an, nach toten Eichhörnchen zu suchen, um sie auszustopfen. Ich sagte dem Freund, ich wisse nicht, wo es tote Eichhörnchen gebe. Er war schon im Stimmbruch, ich noch nicht. Er lachte: «Hi, hi.» Ich lachte nervös zurück. Er schüttelte den Kopf und sagte: «Siehst du, ich hab gewusst, dass du lachen würdest. Ich muss bloß so tun, als würde ich lachen, und schon lachst du.»

Eines Sommers wurde meine Freundin sauer auf mich, als wir zum Dinner aus waren, weil ich die Zwiebeln mit den Fingern aus meinem Salat zog und mit einem Klecks Salatsoße auf den Brotteller legte. Später sprang ich vom Tisch auf, um eine kurze Prügelei zwischen einem Kellner und einem Gast zu beobachten. Ich sagte, es tue mir leid, und sie verzieh mir.

Eines Sommers lernte meine Tochter, wie man das Wort «Missverständnis» schreibt.

Eines Sommers fuhr ich auf einen Berg hinauf und dann ohne zu treten hinunter, und der Wind strich mir in den Nacken und unter mein Hemd und kühlte mich ab. Das war sehr schön. Es war irgendwo in West Virginia, auf dem Fahrrad.

Eines Sommers gingen mein Freund Steve und ich ins Kino. Er machte da gerade seinen Abschluss in Medizin. Er schlug vor, im Super Duper Käse zu kaufen. Das fand ich gut. Wir kauften zwei große Stücke Mozzarella, setzten uns in sein Auto, aßen sie und unterhielten uns über den gegenwärtigen Zustand der Science-Fiction.

Eines Sommers hatte ich einen Job, bei dem wir Hunderte von Jalousien in einem hohen Metallbecken reinigen mussten, das in einem lauten Raum neben den Lüftungsventilatoren stand. Wir tauchten die Jalousien in das Seifenwasser in dem Becken, dann zogen wir sie immer wieder hoch und runter. Durch das Eintauchen sollte der Staub von den Lamellen weggehen, doch der Staub hatte sich mit dem Lack verbunden und blieb hängen. Also sagte der Vorarbeiter, wir müssten die Lamellen per Hand waschen, mit einem Lappen. Davon ging die weiße Farbe ab. Wir hängten alle Jalousien wieder an die Fenster, obwohl sie verbogen waren, abblätterten und schlimm aussahen. Später schlug ich mit einem Vorschlaghammer auf ein großes Stück Zement.

Eines Sommers ging ich in das Fitnesscenter Nautilus im Hotel Americana in Rochester. Ich machte an den Geräten verschiedene anstrengende Sachen, dann überquerte ich die Straße zu McDonald's und bestellte zwei Big Macs. Meine Hand zitterte so sehr von den Übungen, dass ich es kaum schaffte, den Strohhalm durch das kleine Kreuz im Plastikdeckel meines Rootbeers zu stoßen.

Eines Sommers bauten mein Sohn und ich beim Kompost ein Baumhaus. Wir strichen es grün an. Ein paarmal aßen wir dort auch zu Abend.

Eines Sommers, nachdem meine Frau und ich den ganzen Tag Kartons gepackt hatten, träumte ich, ich hätte eine gespaltene Persönlichkeit entwickelt, die mich anknurrte und ansprang wie ein Polizeihund. Ich wachte auf und lag ganz reglos da, und ich fürchtete mich zu sehr, um die

Augen zu schließen oder das Licht anzumachen. Nach mehreren Minuten bewegungsloser Sehnsucht nach der Zeit, als ich noch ein gesunder Mensch gewesen war, berührte ich schließlich meine Frau und sagte: «Liebes?» Sie machte tief im Schlaf ein Fragegeräusch. Ich sagte: «Entschuldige, dass ich dich wecke, aber ich habe irgendwie so einen ungewöhnlichen Panikanfall.» Sie sagte: «Das tut mir leid, Baby.» Ich sagte: «Es ist echt schlimm, ich habe vor allem Angst, sogar davor, Licht zu machen.» Sie sagte: «Ich halte dich fest. Alles ist gut. Schlaf jetzt weiter.» Sie hielt mich fest, und ich legte mich anders hin, und da löste sich die Angst auf, und ich schlief wieder ein. Als ich aufwachte, ging es mir gut.

Eines Sommers ließ ich eine Schale mit heißem Fudge, den ich in einer Mikrowelle erhitzt hatte, auf dem Küchenboden eines Howard Johnsons fallen und verbrannte mich.

Eines Sommers buddelten mein Freund und ich in seinem Garten herum und schossen mit Hilfe eines Schlauches tiefe Löcher in die Erde. So ließen wir eine Reihe kleiner Tümpel und Sümpfe entstehen. Die Mutter meines Freundes war nicht begeistert, weil die Wasserrechnung sehr hoch ausfiel.

Eines Sommers aßen meine Familie und ich in einem Restaurant zu Abend, in dem es eine Maschine gab, die Salzwasser-Taffy machte. Die Maschine hatte zwei doppelt gegabelte Zinken, die die Taffy-Kugel faltete und dehnte, bis es unvorstellbar viele Schichten ergab. War das Taffy oft genug gedehnt und gefaltet, rollte ein Mann es zu einem Laib und gab es in eine Maschine, die den Laib zerschnitt und die geschnittenen Teile in Wachspapierchen wickelte. Das Gerät, das die Papierchenenden drehte, lief zu schnell, als dass man es mit bloßem Auge hätte sehen können. Der Taffy-Mann sah zu uns her, ohne uns wahrzunehmen oder zu lächeln. Er hatte keine Privatsphäre – er war wie ein Tier im Zoo. Er hatte einen kleinen Schnurrbart.

Eines Sommers zogen wir von Boston, Massachusetts, in den Staat New York. Ich fuhr den alten braunen Wagen, meine Frau den neuen roten die Routes 5 und 20 hinunter. Der Himmel war weit, heiß und blau, die Bäume riesig. Ich kurbelte das Fenster ganz herunter. Sogleich fegte der Wind eine Karte des Staates New York vom Armaturenbrett. Im Rückspiegel sah ich die blasse, gefaltete Form einen Augenblick lang in der Luft schweben, als überlegte sie sich, was sie tun sollte. Dann legte sie sich auf die Windschutzscheibe meiner Frau, von wo sie sie hereinholte. Sie winkte.

Eines Sommers, als ich vierzehn war, hütete ich eine orangefarbene Katze in einem Haus, das zwei minimalistischen Malern gehörte. Alle Wände waren knallweiß, und sie hatten viele ihrer Gemälde aufgehängt – lange, schmale Bilder, auf die von der Seite her silberne Metallic-Farbe gesprüht war, die auf subtile Weise herabtropfte. Die einsame Katze durchstreifte miauend das minimalistische Haus. Ich las etliche Ausgaben von *Artforum*, die säuberlich auf dem Couchtisch gestapelt waren. Darin war ein Artikel über einen Künstler, der ein leeres Zimmer mit einem schrägen Holzboden kreiert hatte. Der Künstler masturbierte unter dem schrägen Boden, während in dem Raum darüber Besucher herumliefen. Ich fütterte die Katze, masturbierte und fuhr mit dem Fahrrad nach Hause.

Eines Sommers schrieb ich «Die Wahrheit trägt Sonnenbrille» in mein Notizbuch.

(2005)

—— LESEN ——

Thorin, Sohn des Thrain

Ich lernte lesen – in dem Sinn, dass man erfährt, wie man einer Geschichte mit Freude folgt, während sie sich über viele Kapitel aufbaut –, indem mir vorgelesen wurde. Meine Mutter las uns (meiner Schwester und mir) vor, was ihr als Kind gefallen hatte, dazu einiges andere mehr: Sie geleitete uns durch den *Hobbit*, *Schloss Malplaquet*, Tove Janssons *Mumin*-Bücher, Lears «Pelican Chorus», *Der Wind in den Weiden*, *Pu der Bär*, die Dr.-Dolittle-Serie, ein paar Sachen von Kipling, mehrere *Tim und Struppi*-Bücher und Hawthornes *Wonder Book*. Sie verstand es hervorragend, die Verzwicktheiten der Hawthorne'schen Diktion bruchlos durch einen verständlichen Satz zu ersetzen, was ich aber erst merkte, als ich selbst lesen und ihre Version mit dem Text vergleichen konnte. In ihrer Schulter war ein Knochen, an dem angenehm meine Schläfe ruhte; ich hatte den Eindruck, dass ich von jedem Buch etwas durch diesen Schulterknochen hörte. Und mich interessierte, wie unterhaltsam sie manche Szenen fand: Wie sehr ihr beispielsweise das Bild des Kröterichs gefiel, der verzückt am Straßenrand neben seinem umgekippten kanariengelben Schindelkarren hockt und bei dem schwindenden Anblick des Automobils, das gerade vorbeigerauscht war, «Tut-tut!» murmelt. Das wurde erst lustig, als sie lachte.

Doch mein aufwühlendstes frühes Leseerlebnis war der erschütternde Tod von Thorin Eichenschild in *Der Hobbit*. Damals hatte ich noch keine Übung mit den Konventionen von Charakterfehlern und den Handlungssignalen, die solche Fehler liefern, und daher gaben mir Thorins Gier und wie brüsk er Bilbo behandelte keinen Hinweis darauf, dass er, Thorin, Sohn des Thrain, des Königs unter dem Berg, sich nicht mehr von den Wunden aus der Schlacht erholen würde, auch wenn meine Mutter versucht hatte, mich sachte darauf vorzubereiten. Ich weinte heftig, bis ich einschlief. Meine Mutter wollte das Buch abbrechen, weil es mich so mitnahm, aber am folgenden Abend überzeugte ich sie davon, dass ich auch leise weinen konnte, und sie las es bis zum Ende vor. Es wurde eines meiner Lieblingsbücher.

Zwei *Tim und Struppi*-Bücher – *Das Geheimnis der «Einhorn»* und *Der Schatz Rackhams des Roten* – waren die ersten, die ich richtig gern allein las. Damals erschienen einige *Tim und Struppi*-Bücher bei Golden Books, und die hatten den Text leicht amerikanisiert: Haddocks Ahnensitz hieß Hudson Manor statt Marlinspike Hall wie in den anderen *Tim und Struppi*s, die wir uns später aus England kommen ließen wie Gläser Marmelade. Ich mochte das haiförmige Einmann-U-Boot und Tims dreiste Angewohnheit, in seinem Taucherhelm Selbstgespräche zu führen, während ihn der echte Hai belauerte, und die Szene, in der die beiden Schulzes so erschöpft sind, dass sie vergessen, die Luftpumpe zu kurbeln, die nach unten führt. Nach einer kurzen Post-Tim-Lehrzeit mit einigen *Freddy the Pig*-Bänden war meine erste Kleindruck-Lektüre *Die wunderbare Reise des kleinen Nils Holgersson mit den Wildgänsen*:

reizvoll deshalb, weil es eine demonstrativ dicke Ausgabe war, auf der eine verheißungsvolle Gänserittszene in großer Höhe prangte und in der es um einen Menschen ging, der ähnlich hieß wie ich. Nach ein, zwei Kapiteln konnte ich der Handlung aber kaum mehr folgen, und ich las *Nils* freudlos zu Ende, aus purem Stolz. Das zweite dicke Buch war *20 000 Meilen unter dem Meer*, was wir in einer alten Übersetzung mit schicken marmorierten Deckeln hatten. Die Vorstellung, volle 20 000 Meilen hinabzusteigen, erschien mir gruselig erwachsen. Und das phosphoreszierende Unterwasserleuchten der Nautilus, wenn sie sich nachts einem Schiff näherte oder davor floh, war derart, dass ich seitdem beim Lesen immer danach Ausschau halte.

(1996)

Eng liniert

Wenn ich in einem Buch auf etwas stoße, was mir richtig gefällt, mache ich am Rand einen kleinen Punkt. Kein Häkchen, keinen Doppelstrich – das wäre pedantisch –, sondern einen einzelnen, fast unsichtbaren Tipper oder Stupser mit der Kulispitze, der beinahe ein dunkler Fleck im Papier sein könnte. Und tatsächlich fällt manchmal mein Blick, wenn ich ein Buch durchblättere, das ich Jahre zuvor genau gelesen habe, auf einen Papiermakel, den ich für eines meiner Billigungspünktchen halte, und dann lese ich langsam eine durchschnittliche Passage, auf Schönheit vorbereitet – manchmal liegt die Schönheit auf der Hand, manchmal nicht –, und halte die Seite nahe an die Augen, prüfe das Pünktchen und merke, dass ich mich getäuscht habe.

Am besten, man macht nicht zu viele Pünktchen – nicht mehr als, na, zehn oder fünfzehn pro Buch. Verglichen mit Unterstreichungen oder Hervorhebungen in Gelb oder Pink ist die Pünktchenmethode unauffällig – das ist einer ihrer großen Vorteile. Ich kann ein Buch, das ich hier und da gepünktelt habe, noch einmal lesen und mich von den Kennzeichnungen meiner damaligen Entdeckungen dennoch nicht allzu sehr ablenken lassen. Und ich kann mich in dem Wissen sicher fühlen, dass andere, wenn sie müßig meine Bücher aufschlagen, nicht auf den ersten Blick sehen, was mich interessiert hat – dann sagen sie sich nicht: *Das* hat der gut gefunden?

Aber meine Methode dient nicht nur zur Markierung der Passagen, die mir gefallen. Zusätzlich schreibe ich noch die Zahlen der markierten Seiten hinten hinein. Dann – und das ist das Wichtigste – schlage ich zu einem späteren Zeitpunkt, manchmal Jahre später, die Seitenzahlen nach, lokalisiere die Pünktchen und übertrage die Passagen, die meine Rückkehr erwartet haben, in einen Spiralblock. Vor ungefähr fünfzehn Jahren geriet ich damit in Rückstand – ich besitze Dutzende, womöglich Hunderte Bücher mit einer Liste von Seitenzahlen hinten auf dem Nachsatz, deren ansprechende Inhalte ich noch nicht transkribiert habe. Manchmal vergehen viele Monate, ohne dass ich etwas in mein Schreibheft eintrage. Aber das ist das Einzige, was ich vom Scheck-Ausstellen einmal abgesehen handschriftlich tue, und wenn ich dann zum eifrigen Stift greife und anfange, macht es mich zu einem glücklicheren Menschen: Meine stacheligen Hirnigel der Sorge schmelzen im kräftigen Lösemittel von anderer Leute Grammatik.

Mein erstes Notizbuch datiert von 1982, da war ich fünfundzwanzig. Auf Seite zwei steht ein Satz aus Boswells *Dr. Samuel Johnson. Leben und Meinungen*: «Ich habe viele Stunden mit ihm verbracht, wovon ich in meiner Erinnerung lediglich noch finde, dass ‹viel gelacht› wurde.» Damals, in Boston, schrieb ich viel in der Mittagspause heraus und an den Wochenenden in einem dunklen Restaurant in der Nähe der Park Street Station namens Mug 'n Muffin, wo ich Kaffee und einen Blaubeermuffin bestellte, der nach zwei Minuten in der Industrie-Mikrowelle brutzelnd kam,

zu heiß, um ihn aus seinem kannelierten Papier zu nehmen, und dann, während ich selbstvergessen transkribierte, langsam zu Stein wurde. An Tischen in der Nähe führten Bibelschüler von der Kirche in der Park Street lange,
heisere Gespräche über die Liebe Gottes, kopfschüttelnd
über seine Gnade, während sie ihre Zigaretten ausdrück-
ten. Alle paar Monate lag im Mug 'n Muffin ein dichter,
fast schon schokoladiger Geruch nach einem umfassenden
Insektizid. Es war der ideale Ort für Langschrift.

Seitdem habe ich sieben Bücher gefüllt − nicht viele,
zugegeben, aber sie spielen eine große Rolle. Es sind allesamt Spiralblöcke: die Spirale selbst ein inspirierendes
Element, ein wenig verchromte Kursivheit, die sich durch
ansonsten leicht verstreubare Blätter windet und sie vereint, so wie ein handschriftliches Manuskript das, was auf
der Seite des Buches eine unverbundene Abfolge separater
Buchstaben ist, zusammenfügt. Im Lauf der Jahre bin ich
versehentlich auf einige der Notizbücher getreten, sodass
ihre Seiten sich jetzt weniger frei blättern lassen als vorher:
Es ist ebenso schwierig, eine verbogene Spiralbindung zu
reparieren wie ein überdehntes Slinky. 1983 sickerte salz-
haltige Kontaktlinsenlösung in die Seiten eines Notizblocks
in meiner Aktenmappe und löschte Teile von Passagen von
Bacon, Anthony Powell, Darwin, Johnson und F. Scott Fitzgerald, dazu das Wort «Gedächtnis» in einem Satz aus Martin F. Tuppers *Proverbial Philosophy* (1852), das ich bei der
Lektüre des Eintrags über das Wort *rote* [auswendig] im
OED gelesen hatte: «Gedächtnis ist nicht Weisheit: Auch
ein Idiot kann ganze Bände auswendig lernen.» Aber trotz
dieser Versehrungen ist das Umblättern wie auch das Lesen
weiterhin äußerst befriedigend.

In der Regel transkribiere ich die Arbeit von Leuten, die vor langer Zeit geschrieben haben. Es ist eine Art und Weise, sie vorübergehend wiederzubeleben, langsam ihre sentenziellen Leichentücher abzuwickeln; es ist die einzig sichere Art, ihre Idiosynkrasien zu spüren. Manchmal flüstere ich die Worte beim Abschreiben vor mich hin. Am 5. Dezember 1994 schrieb ich etwas von Richard Porson (1759–1808) heraus, einem Altphilologen, der weite Teile von Smolletts *Roderick Random* auswendig hersagen konnte, aber zu viel trank und sich sein Leben ruinierte. «Jeder könnte ein ebenso guter Kritiker werden, wie ich einer bin», sagt Porson, «unterzöge er sich bloß der Mühe, sich dazu zu machen. Ich habe mich zu dem, was ich bin, durch intensive Arbeit gemacht; manchmal habe ich, um mir etwas einzuprägen, es ein Dutzend Mal gelesen und sechsmal transkribiert.» Das fiel mir schon auf, bevor ich es übertrug, aber erst beim Übertragen bemerkte ich die unaufdringliche Gelassenheit des «sich dazu zu machen». Porson verbrachte Jahre in Armut; von ihm transkribierte ich auch den Satz: «Ich lag häufig die ganze Nacht wach und wünschte mir eine große Perle.»

Meine Notizbücher sind 19,7 Zentimeter hoch und 12,7 Zentimeter breit; sie enthielten original 80 Blätter. (Bei manchen habe ich hinten Seiten rausgerissen.) Sie sind alle «eng liniert». Auf den Umschlag des ersten ist eine Postkarte aus der National Gallery von Bellinis *Hieronymus* geklebt – ich wollte die Wörter *university note book* überdecken, die da in kleinbuchstabiger Achtziger-Moderno standen. Bellinis Hieronymus ist ein alter Mann in verknoteten Lumpen, der vor einem fantastischen Thesaurus von Felsformationen ein großes rotes Buch liest. Neben ihm schläft ein Löwe. Auf einem neueren Notizbuch klebt eine Postkarte von Dürers *Hieronymus* – das Licht durch die Butzenscheiben in Dürers Interpretation von Hieronymus' Studierzimmer wirft Schattenreihen an die Wand, die schematischen Zeichnungen von Pflanzenzellen oder weichen, spiraligen, auf Tabletts arrangierten Zimtrollen ähneln, und von einem Haken in einem Dachbalken hängt ein herrschaftlicher Kürbis. Die geringelten Ranken dieses Gemüses haben nichts, worum sie sich schlingen könnten; sie frohlocken über ihre in der Luft hängenden Flexionen und selbstverursachten Spiralheftungen. Mein Dürer-dekoriertes Notizbuch beginnt mit dem Vokabelwort *phlyctenule*, das ich im *Webster's New Collegiate Dictionary* (1975) fand: eine Phlyktäne, wie es deutsch heißt, ist, für diejenigen, die es wissen wollen, ein kleines Knötchen in der Hornhaut. Mich interessierte das angewiderte «flick» [Schnipsen], mit dem es beginnt, und zwar deswegen, weil es die Abscheu vor dem eigenen Gegenstand einschloss – Wörter mit exotisch nicht kennbaren ausländischen Wurzeln überdauern manchmal, weil wir gewöhnliche Bedeutungen darin hören.

Am 15. Januar 1988 und wieder am 7. Juni 1994 (ich hatte vergessen, dass ich es schon einmal gemacht hatte) transkribierte ich George Saintsburys Beurteilung eines bestimmten Werkes von Erasmus. Es stammt aus einer posthumen Sammlung Saintsburys mit dem Titel *A Last Vintage*:

Vielleicht das Beste daran (schreibt Saintsbury) kommt aus dem Mund des schamlos ungebildeten und nichtsnutzigen Abts, wenn er sagt: «Mit immenser Arbeit wird Gelehrsamkeit erlangt: Und dann muss man sterben», was im ursprünglichen Latein noch besser ist: «Immensis laboribus comparatur eruditio: ac post moriendum est»; und das ist und bleibt – wenn nicht originell, so doch vollkommen und unwiderlegbar.

«Vollkommen und unwiderlegbar» (eine Wendung, die langsam dreimal vor sich hin zu flüstern sich lohnt) enthält eine gewisse autobiographische Tiefempfundenheit: Saintsbury arbeitete hart und intensiver als die meisten viel lesenden Dachstubenbewohner daran, eine produktive Menge an Büchererinnerungen anzusammeln und in gutem Zustand zu halten. Jeden Morgen vor dem Frühstück verschlang er einen französischen Roman, aber das war nur die Vorspeise. Den ganzen Tag lagen seine Lesezeichen griffbereit, für den Fall, dass er Seiten zu markieren hatte, und nach dem Abendessen war er noch immer dabei, las und schrieb mit gelehrsam strotzendem Charme und Geplauder über das Gelesene, mit dem Ergebnis, dass es nur wenige französische, englische, griechische oder lateinische Schriftsteller von mehr als antiquarischem Interesse gibt, bei denen er nicht irgendein Charakteristikum, eine Pointe oder Eigenheit entdeckte, die es wert war zu loben. Er ist der größte Lober in der Geschichte der Literaturkritik – wirklich alles, was er liest, reizt ihn zu schriftlicher Anerkennung in Form eines Rezensionsessays mit Danknotiz, und jeder Schriftsteller, dem er begegnet, füttert seinen genialen Stil, ohne ihn fehlzuleiten oder zu überladen.

Viele Passagen Saintsburys sind in meine Notizbücher eingegangen und auch einiges von William James, ein bisschen Olivia Manning, ein bisschen Iris Murdoch, ein bisschen Dryden, ein bisschen Updike, ein bisschen Philip Sidney. Hier eine Musterpassage von Olivia Manning aus *The Great Fortune*:

> Man hatte ihnen eine kräftige Gänseleberpastete serviert, von Trüffeln dunkel und garniert mit geklärter Butter. Inchcape verschlang sie in großen Happen und redete durch sie hindurch, als wäre sie ein geschmackloses Hindernis bei seiner Selbstdarstellung.

Hier ein weiterer Auszug aus *The Spoilt City*:

> Yakimov, beunruhigt von dem Gefühl, einen Vorteil verloren zu haben, starrte ein Weilchen in sein leeres Glas, bis ihm einfiel, dass er über die Mittel verfügte, das Interesse an ihm wieder neu zu wecken. Er zog aus der Gesäßtasche den Plan, den er in Guys Schreibtisch gefunden hatte. «Ich hab hier was», sagte er. «Könnte dir eine Ahnung geben ... soll ja nicht damit herumwedeln, aber unter alten Freunden ...»
>
> Er reichte Freddi das Papier, der es lächelnd entgegennahm, darauf schaute und dann nicht mehr lächelte.

Bei der Abschrift (1985) sah ich mich gezwungen, jeden Bindestrich, jeden beobachtenden Blick zu berücksichtigen. Ich wurde Olivia Mannings Handlanger, ihr Amanuensis, ihr Zuarbeiter, und praktisch sagte ich in der Zeit, die es eben brauchte, ihre Worte aufs Papier zu fädeln, zu ihr: *Wohin du auch gehst, ich folge dir*. Eine solche Arbeit ist auf nützliche Weise demütigend, weil sie einen in die dritte Klasse zurückversetzt, als man Sachen von der Tafel abschrieb und auf die kleine Bootsform im letzten Strich des kursiven großen «B» achten musste, aber sie ist nicht mechanisch oder phantasiehemmend, weil der Transkribent zwischenzeitlich heimlich seinen eigenen nadelgestreiften Gedanken nachhängen kann.

Und ebenso hilfreich ist, dass jeder ansprechende Höhepunkt, den man mit flüchtiger Freude liest, durch Banalisierung bloß durchschnittlich werden kann: Er ist nicht mehr das Juwel, das er war, als man ihn aus der getrockneten Salzmarsch seiner Seite herausgestemmt hat, sondern ist nun seinerseits zu der Urmaterie geworden, aus der einzig das eigene Schreiben zu erheben und zu erlösen vermag – man wird, selbst textuell, zu Sir Thomas Brownes Amphibie, «gezwungen, in geteilten und verschiedenen Welten» zu leben – zwischen der magenkribbelnden Welt emsiger Lehrzeit und der nackt herumspringenden Zweifüßerwelt der Selbstdarstellung. So schrieb Bach Buxtehudes und Vivaldis Musik ab, um ihre Geheimnisse zu erfahren, blieb bis spät in der vergitterten Musikbibliothek seines Bruders, obwohl ihm das verboten war; so schrieb Wallace Stevens ab, was D. J. Bach in seinem Kollektaneenbuch (mit dem Titel *Sur Plusieurs Beaux Sujets*) über Schönberg zu sagen hatte; so schrieb E. M. Forster in seinen mittleren Jahren Tennyson und Macaulay ab, so auch Gibbon Pascal und Giannones *Geschichte des Königreiches Neapel*:

Diese vielfältige Lektüre, welche ich nun nach Ermessen durchgeführt habe, ward gemäß der Richtschnur und Übung Mr. Lockes zu einem größeren Kollektaneenbuch verdaut; eine Übung gleichwohl, die ich nicht nachdrücklich empfehle. Die Bewegung der Feder wird zweifellos dem Geist ebenso wie dem Papier einen Gedanken aufdrücken, doch bezweifle ich sehr, ob der Nutzen dieser mühsamen Methode der Zeitverschwendung adäquat ist, und ich muss wie Dr. Johnson sagen (*Idler*, Nr. 74), «dass jenes, welches zweimal gelesen, gemeinhin besser in Erinnerung bleibt als jenes, welches transkribiert ist».

Aber das stimmt doch gar nicht. Gibbon hätte seinen Stil – jene einzigartige Schaufensterauslage aus Teetassen und Sarkophagen – nicht ausbilden können, ohne sich Wort für Wort im künstlich gehemmten Tempo des Schreibens per Hand voranzutasten, beispielsweise durch etliche Gedichte von Gray und Pope. Vielleicht erinnerte er sich an Johnsons *Idler*-Essay, weil er sich einmal veranlasst gesehen hatte, ihn selbst zu kollektanieren.

«Zu kollektanieren» – ist das ein legales Verb? Samuel Johnson zufolge schon:

KOLLEKTANEENBUCH
Ein Buch, in dem zu merkende Dinge unter allgemeinen Überschriften geordnet werden. Ich wandte mich an mein Kollektaneenbuch und fand seinen Fall unter dem Wort Kokette. *Tatler Magazine*.

KOLLEKTANIEREN.
Auf allgemeine Überschriften reduzieren.
Ich fürchte keinerlei Schwierigkeiten, eine allgemeine Geschichte zu kollektanieren. *Felton*.

«Felton» erweist sich als ein gewisser Henry Felton, D. D., der sich in *A Dissertation on Reading the Classics* (1710) nicht sicher war, ob die Tätigkeit des Reduzierens auf allgemeine Überschriften immer segensreich ist:

> … Den Sinn eines Autors zu kollektanieren, ist ein derart dummes Unterfangen, dass jenen, welche dies praktizieren, falls ich mir die Bemerkung gestatten darf, der gesunde Verstand fehlt. Was für Haufen dieses Plunders ich gesehen habe! O der Schmerz und die Mühsal, aufzuzeichnen, was andere gesagt haben, was von jenen übernommen wird, die selbst nichts zu sagen haben! … Wenn ich sehe, wie ein schönes Gebäude von exakter Ordnung und Proportion abgerissen wird und die verschiedenen Materialien jeweils getrennt zusammengelegt werden, so erinnert mich das an diese Kollektanierer.

Felton könnte recht haben – man soll es nicht zu weit treiben. Charles Reade, der Romancier aus dem neunzehnten Jahrhundert, hatte so viele Kollektaneenbücher, dass «sie einen Raum in seinem Haus zur Gänze ausfüllten», so Richard Le Gallienne. Reade widmete einen vollen Tag jeder Woche der «Katalogisierung der Notizen seiner mannigfaltigen Lektüre». Immerhin, für ihn hat es funktioniert. Das große Risiko beim haufenweise Sammeln chirographischer Schnipsel besteht darin, dass man versucht ist, mehr davon zu zitieren, als man sollte. In der Rezension eines Buches namens *The Progress of the Intellect* kritisiert George Eliot den Autor (Robert William Mackay) dafür, dass er Seiten geschrieben habe, «die sich wie Auszüge aus seinem Kollektaneenbuch lesen, was, wie Southey über das seine sagte, eine Urne unterm Arm eines Flussgottes sein muss statt ein verarbeitetes Ergebnis von Studien in der Absicht, den Durchschnittsleser zu informieren». Glaub nicht, dass du alles, was du gefunden hast, gleich wieder in Umlauf bringen musst (sage ich mir); eine abgeschriebene Passage hat ihre Berechtigung, selbst wenn sie auf immer in der Urne bleibt.

Es kann Gutes daraus entstehen, wenn man die geistige Unterschrift eines anderen leistet, wenn man in Zungen kritzelt: Das Nachzeichnen einer Reihe längst verlorener auktorialer Regungen mit dem eigenen, heutigen Stift kann, wenn man es im rechten Geist macht – in dem Wunsch nämlich, die Freude festzuhalten, statt aus einer autodidaktischen Verpflichtung heraus, oder selbst wenn man damit widerstrebend beginnt, pflichtbewusst, umgetrieben von schlechtem Selbstwertgefühl angesichts so vieler drängender University-Press-Ausgaben –, den eigenen Zustand beruhigen und stabilisieren oder gar noch verbessern, denn wenngleich das Transkribieren als eine Form scharfer und ausschließlicher Konzentration erscheinen mag, enthält es doch auch das ebenso wichtige Element friedlicher, meditativer Gedankenleere, wie wenn man mit einer Büroklammer spielt. Lesen geht schnell, Mit-der-Hand-Schreiben dagegen langsam – es verzögert den gebührenden Gedankenprozess, es verbraucht speigattmäßig unersetzliche Zeit, es verdrängt jede konkurrierende Äußerung –, und genau das ist sein großer Vorzug gegenüber bloßem Unterstreichen und sogar gegenüber einem effizienten Abtippen der Passage mit dem Laptop: Denn in jenen geheimen Arealen freien Gedankenraums zwischen

74

den Sätzen, in jenen ausgedehnten Traumlücken der Rein-
schrift zwischen dem Moment, den das Auge brauchte, um
die Wendung eines Autors zu verstehen, und der schein-
baren Ewigkeit, die die Igelhand dann braucht, um diese
Wendung in leserlichen, realen Schlingen auf die Notiz-
buchseite zu bringen (zumal auf ihre Rückseite, wo die
Spiralbindung so lästig dem Muskel des kleinen Fingers
in die Quere kommt), in jenen Arealen also, in denen die
hochfliegendsten Hoffnungen zur Untätigkeit verdammt
sind und man auf eine gewöhnliche rhetorische Wendung achten muss, an die zu denken man sich bis dahin
nie herabgelassen hat, wird zugleich das eigene krampfige
Schreibgeschick durch das, was Johnson «die ansteckende
Krankheit des Fleißes» nannte, und durch seinen vorübergehend erzwungenen Einklang mit dem Ausdruckauspuff
eines anderen zu höheren Metabolismusraten angeregt – in
diesem Zustand von gummibrennender, kupplungrauchen-
der Unterwürfigkeit werden zwischen den Pflastersteinen
neue stille Blütentrauben sprießen und an Stellen, an denen sie ansonsten nie erblüht wären, grün aufschäumen.

Nur übertreiben Sie es nicht – und setzen Sie stets Anführungsstriche.

(2000)

Tintenlast

Einführung in *A Book of Books* von Abelardo Morell

In der alten Schwarzweiß-Fernsehserie legte Superman, wenn er durch eine Wand hindurchmusste, die flachen Hände darauf und lehnte sich, finster dreinblickend, dagegen. Ganz allmählich verschmolz dann seine becapete Gestalt mit dem Putz, glitt durch Latten und Kanthölzer hindurch und tauchte im Nachbarzimmer wieder auf. Offenbar war das nicht ganz so einfach wie Fliegen, aber es war möglich. Das wurde zum Lesemodell meiner Kindheit. Man presst den Geist, also die Stirn, auf den Anfang eines Buches, dessen kühles Cover, und würdigt seine Undurchdringlichkeit. Es ist rechteckig und dick, schwer genug, um eine Kugel aufzuhalten oder dass man ein Blatt darin pressen könnte. Man denkt, man kommt nie durch. Und dann lehnt man sich dagegen, wendet ein klein wenig Aufmerksamkeitsdruck an, worauf sich die ersten Seiten mit einem weichen Geräusch wie beim Rettichschneiden wegringeln, und man ist drin. Man ist drin im Buch. Die dicken, einheitlichen Kapitelklumpen fächern sich in ihre Teile auf, und jede umgedrehte Seite entmaterialisiert sich, hat man sie erst gelesen, in die flüssige, schmeichelnde Stimme der

Worte, die sie transportiert, und dann ist man jenseits der Mitte, und das Buch dehnt sich vor und hinter einem wie eine Lampionkette in einem riesigen dunklen Zelt. Schließlich ist man fast durch, und die Seiten schrumpfen und festigen sich wieder. Erreicht man den letzten Satz, ruht unter dem linken Daumen ein monolithischer Papierklumpen, den man, so scheint es, unmöglich durchreist haben kann.

Was alle Bücher vereint, wie Abelardo Morell in seinen hervorragenden Fotografien zu dokumentieren vermag, und was in weiten Teilen ihren Reiz begründet, ist ihre interdimensionale Ambivalenz. Existiert die gedruckte Seite in zwei Dimensionen, in dreien oder vieren? Indem wir lesen oder schauen, tun wir so, als wäre eine Seite eine idealerweise flache und kodierte Ebene mit messbarer Höhe und Breite, aber ohne Dicke und ohne Krümmung. Doch eine Seite ist fast nie flach, außer wenn das Buch geschlossen ist; geöffnet erhebt sich seine Oberfläche leicht zum inneren Rand hin und schwenkt dann südwärts zur Bindung wie eine sich wölbende Welle.

Und natürlich hat jede Seite auch eine Dicke. Die Fingerspitzen wissen das genau: Sie teilen es einem sogleich mit, wenn sie bei der Vorbereitung aufs Umblättern versehentlich zwei Ecken zusammen statt einer zu fassen bekommen. Die geprägten Lettern in einem Blindenbuch werfen scharfe Schatten. Manches Papier ist wunderbar dünn; die dicksten Bücher, die Wörterbücher beispielsweise, deren Bindungen sich, wenn geöffnet, zu Grubenschächten aufwärtsbuckeln, haben manchmal die dünnsten, rappeligsten Seiten. Und aus diesen ragenden Referenzkliffs sticht der Verleger eine Reihe alphabetischer Grifflöcher als Hilfe für den Wortsucher heraus, halbmondartige Kerben, die dann, wie Morells Kamera festhält, von der ungeduldigen Berührung vieler Suchanfragen abgewetzt werden, als wären sie aus Sandstein.

Büchern widerfahren ständig schlimme Dinge, und dann halten sie auf ihren Seiten den Verlauf dieser Katastrophen fest. Sie werden feucht und verziehen sich in die Form riesiger Klaffmuscheln, und sie warten in Lagern auf Händler, die ihnen ihre Seiten für den stückweisen Verkauf herausschneiden. Über viele Jahrzehnte hinweg wechselt das Papier die Farbe und wird brüchiger (wenngleich weit weniger brüchig, als manche Papier-Apokalyptiker behaupten) – die besondere Brüchigkeit eines alten Bandes ist ein Teil dessen, was er uns zu sagen hat.

Einige der beziehungsreichsten Fotografien in dieser Sammlung sind diejenigen, auf denen ein Buch sich leicht öffnen darf, sodass wir einen Blick auf die perspektivisch verkürzten Geheimnisse erhaschen (ein aufwärts blickendes Gesicht, ein Kolosseum), die darin enthalten sein mögen. Seiten verbringen ihr langes Leben überwiegend im Dunkeln, halten verborgen, was sie an Tintenlasten tragen, fest gepresst an ihre Nachbarn, nichts kommunizierend, bis plötzlich eine, wie das Birnchen im Kühlschrank, das immer zu brennen scheint, es aber nicht tut, aufgerufen ist zu sprechen. Und sie spricht.

(2002)

No Step

1994 hielt ich in einem Flugzeug ein Nickerchen. Als ich aufwachte, schob ich die Jalousie vor dem ovalen Fenster hoch und schaute hinaus. Das Fenster war verblüffend heiß: Hereinströmendes Sonnenlicht war von der Jalousie zurückgeworfen worden und hatte es aufgeheizt. Und auch die Tragfläche sah heiß aus, wie etwas, womit man ein Hemd bügeln würde. Aber sie war gar nicht heiß: Massen eiskalten Windes flogen darüber und darunter hin – unsichtbar dünner Wind wie auf dem Gipfel des Mount Everest. Auf einmal empfand ich es als ungerecht, dass ich so nahe an der Tragfläche saß, näher als jeder andere Passagier, und dennoch außerstande war, selbst, durch Berührung, zu bestimmen, welche Temperatur sie hatte. Ob mein Finger daran kleben bleiben würde?

Das Flugzeug legte sich in die Kurve, worauf das lange, sichelförmige Sonnengleißen von der Tragfläche glitt und zur Erde fiel, und dann erschienen im Rumpfschatten Dutzende Phillips-Kopfschrauben, wie Sterne, die am Abendhimmel hervorkommen. Einige dieser Tragflächenschrauben umkreisten eine schablonierte Mitteilung, die ich las. Die Mitteilung lautete: WARNING WET FUEL CELL DO NOT REMOVE.

Einige Monate später, in einer Boeing 757, bekam ich

einen Fensterplatz mit einem hervorragenden Blick auf das rechte Triebwerk. Das Triebwerk war in einem glänzenden Dunkelblau lackiert; es hing, schimmernd und riesig, unten an der Tragfläche, ein wenig in den Turbulenzen wippend, wie eine große Brust oder ein Pferdehoden. Auf dem Triebwerk stand eine Mitteilung. HOIST POINT, lautete sie.

Im April 1996 hatte ich einen weiteren direkten Blick auf eine Tragfläche. Ihre Vorderkante bestand aus schimmerndem, nacktem Metall, die Mitte der Tragfläche hingegen war in einem ins Pinke tendierenden Beige lackiert. Der lackierte Teil sah aus wie ein Pfad – und da die Tragfläche schmaler wurde, verjüngten sich die Ränder des Pfades am hinteren Ende und konvergierten, sodass es durch einen Perspektivtrick so aussah, als erstreckte er sich meilenweit und verschwände schließlich am blauen Horizont. Würde ich aus dem Fenster steigen und mich auf den Weg den Pfad entlang machen, müsste ich anfangs vorsichtig gehen, mit gebeugten Knien, um mich gegen den Ansturm des unsichtbaren, sehr kalten Windes zu stemmen, der mich sonst ins Leere fetzen würde. Aber schon recht bald kämen meine Beine mit dem Wind zurecht. Wäre ich eine Viertelmeile die Tragfläche hinausgegangen, würde ich mich umdrehen und den Passagieren zuwinken. Dann würde ich mit einem Schulterzucken meinen Rucksack zurechtrücken und weitergehen.

Auf dieser Tragfläche standen keine Worte für mich. Aber auf dem Rückflug bekam ich einen Platz weiter vorn in der Kabine, nahe dem linken Triebwerk. Auf diesem Triebwerk stand: CAUTION RELEASE UPPER FWD LATCH ON R. H. AND L. H. COWL BEFORE OPERATING. Und dann noch: WARNING STAND CLEAR OF HAZARD AREAS WHILE

ENGINE IS RUNNING. Die *hazard areas* waren auf einer kleinen Abbildung dargestellt – es war nicht schwierig, diese Warnung zu befolgen, da die Flächen sich allesamt im leeren Raum befanden. Ich betrachtete das Triebwerk lange. Es war ein passives Objekt, Totgewicht. Man weiß, wenn ein Propeller sich dreht, weil man es sieht; dieses Stück Maschine hingegen offenbarte keinerlei Hinweise darauf, dass gerade es uns durch den Himmel vorantrieb.

Meistens erwacht mein Interesse an der Tragfläche erst, wenn das Flugzeug abgehoben hat. Davor gibt es viele andere Dinge zu sehen – die scherzenden Gepäckleute, wenn sie den Vorhang am ersten Waggon eines drei Waggons langen Gepäckzugs wegziehen; die halbhohen Servicelaster, die ihre Förderbänder herablassen; die geplagten trockenen Grasflächen, die sich zwischen zwei Startbahnen durchs Leben schlagen; der schlaffe Windsack. Biegt man auf die Startbahn ein, erhält man manchmal einen Blick auf ihre ganze Ausdehnung, und manchmal sieht man sogar noch das Flugzeug, das vor einem in der Schlange war, wie es aufsteigt, den Hals reckt, sich in die Luft schwingt. Vor dem Vorwärtssog, mit dem ein Start beginnt, gehen Kabinenlichter und Luftdruck an, als wäre sich der Pilot des ganzen Ausmaßes seiner Verantwortung bewusst geworden, und wenn man dann hinabschaut, sieht man die schwarzen Reifenspuren auf dem Asphalt vorbeisausen, Spuren härterer Landungen als üblich. (Es ist doch immer noch leicht besorgniserregend, dass dieselbe Piste für Starts und Landungen benutzt wird.) Einige der schwarzen Gummispuren verlaufen leicht schräg zur Geraden, und es werden immer mehr, ein jähes Gedränge von japanischer Kalligraphie, wie es aussieht, und dann wieder weniger, wenn man über die Stelle aufsteigt, wo die meisten landenden Flugzeuge aufsetzen. Man wird schneller. Fette gelbe Linien schwenken herein und verbinden sich mit der gelben Mittellinie der Startbahn wie die Kurven am Ende von LPs. Und endlich ist man oben: Vielleicht sieht man eine Gruppe Servicegebäude, einen See, viele winzige Swimmingpools oder eine lange, gerade Brücke, und dann steigt man höher hinauf, bis nichts mehr ist als ferne Erde, hier und da mit Wolken wattiert. Und dann möchte man aus einer angenehmen Einsamkeit heraus, wobei man den Menschen neben einem ignoriert, allmählich die Tragfläche und ihr Triebwerk kennenlernen.

Im April 1998, ich saß auf dem Flug nach Denver in einer Reihe mit Notausgang, war ich überrascht, wie scharfkantig manche Berge waren. Ich war die stumpfen Berge auf dreidimensionalen topographischen Karten aus Plastik gewöhnt, die sich an den Fingerspitzen angenehm anfühlen. Echte Berge dagegen schürften einem die Hand auf, würde man sie so befühlen. Ich passierte einen Salzsee, vielleicht den Großen Salzsee, der an den Rändern weiße Ablagerungen hatte, wie bei einem Chemieexperiment. Und dann schrieb ich die Welt ab und betrachtete meine neue Freundin, die Tragfläche. Zunächst hatte sie mir nichts zu sagen, keine Worte in meinem Blickfeld, aber dann, als ich mit dem Kopf so nahe wie nur möglich ans Fenster ging und hinabblickte, konnte ich zwei Pfeile ausmachen. Diese waren auf einer strukturierten, rutschsicheren Fläche aufgemalt, wo die Tragfläche sich mit dem Rumpf verband. Wir Passagiere sollten diese Pfeile nicht von unseren Sitzen aus sehen: Sie waren für den Fall einer Katastrophe da, wenn wir aus dem Fenster hasten und von der Tragfläche auf eine aufblasbare Gummirutsche springen würden. Wie schnell rutscht man auf einer Rutsche? Schnell genug, um sich ein Bein zu brechen, würde ich sagen. Ich würde ungern auf diese Rutsche springen, aber ich mag die Pfeile.

Auf dem Rückflug von Denver sagte die Tragfläche, die an einem Airbus A320 befestigt war: DO NOT WALK OUTSIDE THIS AREA. Ich hatte nicht das Bedürfnis, diesen Bereich zu verlassen. Die Wolken waren gewaltige flachärschige Pasteten, die schwer auf einem Ozean aus Tiefdruckluft lasteten. Einige Tage danach hatte ich in einer Boeing 767 – einer von denen mit den schlecht konstruierten Ruftasten seitlich an den Armlehnen, die die Leute drücken, wenn sie die Lautstärke am Kopfhörer einstellen wollen, sodass die Kabine, wenn der Film beginnt, von unbeabsichtigten dingenden Rufen nach einer Flugbegleiterin erfüllt ist – unmittelbar nach dem Start einen kurzen, erfreulichen Blick auf das Viertel, in dem ich lebte, erkennbar direkt über dem Knubbel des linken Triebwerks, auf dessen Kuppe die Worte NO STEP standen. Und dann, im Juni jenes Jahres, sah ich erneut NO STEP auf einem Düsentriebwerk, als das Flugzeug, in dem ich saß, noch auf dem Boden stand. Ein Mann beugte sich in das Triebwerk hinein, sodass nur seine Beine zu sehen waren. Auf der Tragfläche waren schwache Windverschleißlinien, die hinter einer aus einer Gruppe von acht kleinen Flachkopfschrauben wie Polarlichter hervorströmten. Zwei Wochen später sagte das Triebwerk einer Boeing 757: HOIST POINT SLEEVE ONLY und THRUST REVERSE ACTUATOR ACCESS und LEAVE THREE INCH MAXIMUM GAP BETWEEN FAIRINGS PRIOR TO SLIDING AFT AND LATCHING und SAFETY LINE ATTACH POINT.

Um 1999 war ich zu einem Sammler von Tragflächen-sprache geworden. Ich schrieb die Wörter auf gefaltete Stücke Papier und bezeichnete mit Pfeilen, welche Wörter mit roter Farbe schabloniert waren und welche mit weißer. Mit McDonnell-Douglas-Flugzeugen zu fliegen, war eine Freude, weil sie weniger verbreitet waren und andere Mitteilungen boten. Als ich einmal in einer McDonnell-Douglas MD-80 in einer Notausgangsreihe saß, waren hinter mir zwei Piloten. «Das ist eine alte Maschine», sagte einer der Piloten, «aber sie hat neue Triebwerke – du kannst die neuen Triebwerke hören.» Ich horchte auf den Ton des Neuen in den Triebwerken, war mir aber nicht sicher, ob ich ihn auch hörte. Auf der Tragfläche befand sich eine unregelmäßige, mit roter Farbe umrandete Fläche, an den Innenseiten der Umrandung stand der Befehl NO STEP, und in der Mitte hieß es dann: ELECTRIC HEATER BLANKET 110 VOLTS.

Im April 1999 flog ich mit einer kleinen Propellermaschine, einer Dash 8, nach Seattle. Mein Fenster war unterhalb der Tragfläche, sodass das Fahrgestell, das unter dem Triebwerk herausragte, von meinem Platz aus spirrelig sichtbar war, als schaute ich unter dem Esstisch auf Beine. Ich beobachtete die Räder, als wir die Schussfahrt die Startbahn entlang machten, um zu sehen, ob die Reifen (auf jeder Seite zwei) im Moment des Abhebens sichtbar die Form änderten. Sie taten es nicht, allerdings war der Moment durch eine jähe Verlängerung des geschmierten Kolbens des Stoßdämpfers und durch das Auftauchen des scharfen Reifenschattens auf dem Asphalt gekennzeichnet. Dann kam eine kleine Überraschung: Die Räder drehten sich weiter, schnell, während wir die ersten paar hundert

Fuß aufstiegen, dann falteten sich die Radstützen zusammen und verschwanden im Unterbauch, und schließlich schlossen sich, während die Räder sich noch immer weiterdrehten, die Schalenklappen.

Als das Flugzeug eine Stunde später mit dem Sinkflug begann, beobachtete ich, wie unser Schatten sich auf dem Boden mit seinem Gewirr aus Reifenspuren abzeichnete, und als der nun reglose Reifen die Landebahn berührte, gab es, bevor er sich drehte, ein schönes weißes Rauchwölkchen. Auf unserem Weg zum Gate zeigte der Gummi seine weißliche verbrannte Stelle immer und immer wieder; als wir das Gate erreichten, war sie schon fast abgewetzt. Ich war so fasziniert von den Radstützen und dem Rauchwölkchen, dass ich vergaß, mir die Mitteilungen auf dem Triebwerk aufzuschreiben. Später aber, als ich wieder mit einer Dash 8 flog, schrieb ich das Folgende von der Triebwerkshaube ab: WARNING HYDRAULIC SERVICES MAY OPERATE / CLEAR PERSONNEL FROM RUDDER FLAPS AND LANDING GEAR DOORS BEFORE CONNECTING.

In einem Airbus A330 sah ich letzten März NO STEP NO LIFT NO STEP NO LIFT wie eine Schmuckbordüre über dem genieteten Hügel, der das Gebilde bedeckt, welches das Triebwerk am Flugzeug hält. Das Triebwerk sagte: CAUTION — PRESS HERE ON LATCH TO ENSURE LOCKING, und dann war da noch eine Reihe kleiner Kiemen, neben denen die Worte FAN COMPARTMENT VENT AIR INTAKE standen. Ich schrieb die mahnenden Worte ab und ging dann die Gänge und Bordküchen entlang, bis ich den Vorhang erreichte, hinter dem die erste Klasse war. Als ich den Vorhang teilte, sah ich eine Männerschulter und dahinter einen kleinen Porzellanteller, auf dem Trauben gelegen hatten. Die Trauben waren jetzt weg, aber das Feuerwerk der grünen, abgelegten Stiele war noch da. Ich ging den Economy-Gang zurück und ließ meine Augen auf den Tableaus schlafender Passagiere verweilen, deren jeder seine oder ihre blaue Decke anders hingelegt hatte. Ich dachte immerzu, dass ich jetzt gleich bei meiner Reihe sein musste, aber nein – stattdessen schlief da jemand in einem schwarzen Pullover, den Kopf auf einer zusammengeknüllten blauen Decke. Ich war, wie ich merkte, noch einen ganzen Kabinenabschnitt davon entfernt. Und dann sah ich eine Zeitschrift in einer durchsichtigen Plastikschutzhülle über einem Aktenordner und gerade noch das Ende eines meiner Schuhe auf dem Fußboden. Ich war zu Hause. Ich glitt auf den Fensterplatz und schaute hinaus. Das Fenster war kühl an der Nase. Das Triebwerk, mein Triebwerk, war noch da und rackerte, so unbelebt und umgänglich wie eine Thermoskanne. NO STEP, stand darauf.

(2001)

Ich sagte mir

Einmal sah ich, wie ein Murmeltier eine Kleeblüte fraß. Es mümmelte sie schnell weg, und dann, in der Stille, die dem Schlucken des Maulinhalts folgte, reckte es den Kopf und erstarrte, horchte auf Gefahr. Es gab keine, also ging es weiter zum nächsten Stängel. Sein Fell war irgendwie plusterig, aber glatt. Ich betrachtete seine kindlich ineffektiven Pfoten, und dann fiel mir ein, dass ich einen Monat zuvor in einem anderen Teil des Gartens, beim Rhabarber, zwei Murmeltiere gesehen hatte, die sich sonnten. Ihre Schwänze sahen aus wie die Griffe von Revere-Töpfen. «Ich möchte doch mal wissen, ob das da auch einen Schwanz hat, der wie der Stiel eines Revere-Topfs aussieht», sagte ich mir, während ich darauf wartete, dass das Tier sich ein wenig umdrehte, damit ich sein Hinterteil sehen konnte. Bald darauf drehte es sich tatsächlich um, und ich konnte verifizieren, dass der Schwanz schwarz, der Rest des Tieres dagegen hellbraun war, und, ja, er hatte eine Kurve, die ganz stark wie ein Topfstiel aussah, wenn auch ohne den kleinen Metallring am Ende.

«Ah, gut, das wäre also bestätigt», dachte ich und wandte mich vom Fenster ab. Dachte ich es wirklich? Denn richtig gesagt, als inneres Flüstern, hatte ich ja nicht: «Ah, gut, das wäre also bestätigt.» Tatsächlich hatte ich nur kurz

im Geiste genickt – nicht mal gegrunzt, nur einfach irgendwie erfreut in das Kästchen neben einer flüchtigen visuellen
Neugier, die dem Schwanz des Murmeltiers galt und mit
dem Bild eines mattierten Topfstiels im Profil verbunden
war, ein Häkchen gemacht. Worte hatten damit wenig zu
tun. Dennoch, wenn jemand mich gefragt hätte, was mir da
gerade durch den Kopf ging, hätte ich zum Fenster hinge-
deutet und kurz über die Anatomie des Murmeltiers gere-
det, und dann hätte ich wahrscheinlich den mentalen Ab-
hak-Moment in ein gesprochenes «Ah, gut ...» übersetzt.

Gut, in gewisser Weise war das geschummelt – aber
welche Wahl hatte ich? Die Kluft zwischen Wörtern und
Gedanken ist unüberbrückbar, und dennoch müssen wir
genau das ständig tun. Um dieses Problem zu umgehen,
haben Schriftsteller die Methode entwickelt, jeden Denk-
vorgang indirekt zu berichten. Man kann ihn wie folgt ersetzen:

DIREKT: «Ich weiß es einfach nicht mehr», dachte ich.
INDIREKT: Ich war mir nicht mehr vollkommen sicher,
    dass ich es wusste.

Schreibt man Romane und arbeitet in der dritten Person,
könnte der Wechsel ungefähr so gehen:

DIREKT: «Das tut weh», sinnierte Ed.
INDIREKT: Nichts, was Ed je erlebt hatte, hatte ihn auf
    die Qualen dieser Spritze vorbereitet.

Sehen Sie? Eine Paraphrase zeigt sich als der Sache, die in
Worte gefasst wird, nahe, aber als nicht identisch mit ihr

(in diesem Fall dem Gedanken), und manchen Schriftstellern genügt eine gut formulierte Paraphrase vollkommen.

Schließlich ist das mehr, als Filme bieten. Der arme Regisseur: Was hat er, womit er arbeiten kann? Dinge wie Grimassen, Gezwinker und Kopfwürfe verschiedener Art sowie Kameraeinstellungen. Ein Schriftsteller kann sagen: «In ihm starb die Hoffnung.» Der Regisseur dagegen muss den Schauspieler auf den Fußboden setzen und verzweifelt aussehen lassen, während die Kamera auf ihn zoomt – in der Filmsprache signalisiert ein Mensch, der auf dem Fußboden sitzt, dass ein Tiefpunkt erreicht ist, so tief, dass selbst die Bequemlichkeit eines Stuhls unwillkommen ist. Oder in einem Film wird der Verzweifelnde plötzlich wütend, was besser filmbar ist: Er fegt ein paar Figurinen von einem Bord und sinkt nach diesem Ausbruch zu Boden. Oder der hoffnungslose Mensch wirft ausdruckslos einen Ball gegen eine Garagentür oder schmeißt Eicheln in einen Fluss: Der Kinogänger übersetzt diese mechanisch wiederholte Tätigkeit in «die Taubheit, die der Verzweiflung folgt». Auch die Musik ist dabei sehr hilfreich.

Wie plump, wie grob, wie teuer diese kinematographischen Zeichensysteme doch wirken, verglichen mit den Zahnarzttabletts voller Spatel und Stopfer und geneigter Spiegel, dem rechtmäßigen Erbe des Schriftstellers. Tolstoi gelangt nach Belieben in jeden Kopf. Es kostet ihn lediglich einen Tropfen Tinte. Ja, einfach durch den Einsatz der indirekten Gedankenreportage kann Tolstoi in zwei Köpfe zugleich eindringen:

Und trotzdem – wie oft bei Menschen, die unterschiedliche Tätigkeitsfelder gewählt haben, empfand jeder

der beiden, auch wenn er bei vernünftiger Überlegung die Tätigkeit des anderen rechtfertigte, tief im Innern Verachtung dafür. Jeder meinte, das Leben, das er selbst führte, sei allein das wahre Leben, und das des Freundes sei nur ein Scheinleben.

Da hilft keine Kameraeinstellung der Welt.

Und dennoch gab sich Tolstoi nicht damit zufrieden, bloß indirekte Gedanken anzubieten. Er war einer unserer besten Introspektoren, sich unkatalogisierbar feiner Abstufungen moralischer Kompromisse und motivischer Ambivalenzen bewusst, und manchmal wollte er, dass wir Geisteszustände *zufällig mitbekommen*, statt sekundäre Paraphrasen davon zu lesen. Daher lässt er seine Figuren denken: «Wir werden sehen», «Oje!», «Wo war ich stehengeblieben?» oder «Kann das wirklich wahr sein?». Manchmal sind ihre inneren Stimmen ziemlich schwatzhaft:

«Wenn das so ist», sagte er sich, «muss ich das überdenken und einen Entschluss fassen, darf mich aber nicht wie ein Junge der Neigung des Augenblicks hingeben.»

Manchmal sind sie auch eifersüchtig schwatzhaft:

«Ich kann nicht unglücklich sein, weil eine verachtungswürdige Frau einen Frevel begangen hat; ich muss nur den allerbesten Ausgang aus der schwierigen Situation finden, in die sie mich gebracht hat. Und ich werde ihn finden», sagte er sich, mehr und mehr verdrossen.

Glaubte Tolstoi, dass seine Figuren sich wirklich so etwas sagten? Ich kann nicht glauben, dass er das glaubte, nicht mehr als Shakespeare glaubte, dass die Leute Entscheidungen über Leben und Tod in Blankversen fällen, die eine Hand auf der Brust und die andere seitlich ausgestreckt. Ich glaube, könnte ich Tolstoi auf die Schulter tippen und ihn fragen, warum er diese Zeilen so geschrieben hat, würde er mir sagen: «Na ja, ich habe eben versucht, das aufzuschreiben, was meine Figuren mir gesagt hätten, wenn ich sie in diesem Moment auf die Schulter hätte tippen und fragen können, welche Worte in ihnen waren.»

Aber eigentlich würde Tolstoi wahrscheinlich zu mir sagen: «Für solche Fragen fehlt mir die Geduld. Lassen Sie mich jetzt in Ruhe barfuß durch die Birken gehen.»

Jedenfalls ist Tolstoi zum Glück nicht der einzige Schriftsteller, der sieht, dass die Anteilnahme und Vertrautheit, die den Leser mit einer Figur verbindet, immer mal wieder durch ein direkt zitiertes Hirnflüstern gefestigt und angestupst werden müssen. Die Figur muss Dinge sagen, die nur wir und sonst niemand im Buch hören können. Und das muss ja gar nicht oft passieren.

Manche Kinderbuchautoren machen das gut, und vielleicht hat das auch etwas Pädagogisches: Gedanken zitieren ist eine wirkungsvolle Lehrmethode, wie man gesprochene Sprache unsichtbaren Geisteszuständen angleicht – es ist, als würde man einen Apfel, den man nicht sehen kann, hochhalten und «Apfel» sagen. Auch die Meister der Gespenstergeschichte greifen auf die Technik zurück, um einen raschen Schauder zu bewirken, wie hier M. R. James:

«Was sollte ich jetzt tun», dachte er, «wenn ich mich umdrehte und eine schwarze Gestalt erblickte, die sich klar vor dem gelben Himmel abzeichnet, und sähe, dass sie Hörner und Flügel hat?»

Beachten Sie die Interpunktion dieser Passagen: Sie haben Anführungszeichen. Diese Autoren fanden offenbar, dass die psychische Sprache ebenso wie die reale sichtbare Trennzeichen braucht, um sie von ihrer Umgebung abzuheben. Ich habe unlängst einige Stunden in Taschenbüchern gestöbert und kann berichten, dass praktisch alle großen Schriftsteller um 1930 – ich meine Leute wie Henry James, Edith Wharton, Virginia Woolf, E. M. Forster, Willa Cather, Theodore Dreiser, Joseph Conrad, Sherwood Anderson und Sinclair Lewis – den Drang verspürten, die Gedanken ihrer Figuren von Zeit zu Zeit in Anführungszeichen zu setzen. (Sinclair Lewis: «Sie sagte sich: ‹Als würde es mir etwas ausmachen, mit diesem dicken Phonographen gesehen zu werden!›» Willa Cather: «Sie erinnerte sich an ihn und sagte sich: ‹Ich glaube, ich habe nie eine schönere Stimme als die dieses Jungen gehört.›»)

Heute machen Schriftsteller das nicht mehr. Ich fragte einen befreundeten Verlagslektor, wie die literarische Welt ihre Gedanken dieser Tage interpunktiere, und er machte eine kleine Umfrage unter seinen Lektorenfreunden. Einer antwortete: «Ich habe bei Gedanken seit mindestens fünf Jahren keine Anführungszeichen mehr gesehen.»

Warum sind sie ausgestorben? Joyce und Faulkner – auf die geht das zurück. In *Ulysses* finden sich große Kleckse transkribierter Gedanken, die Anführungsstriche dagegen fehlen:

Mr. Bloom hob den beunruhigten Blick und ging weiter. Nicht mehr drüber nachdenken. Nach eins schon. Der Zeitball auf dem Ballast Office ist unten. Ein faszinierendes Büchlein ist das, von Sir Robert Ball. Parallaxe. Genau hab ich das ja nie verstanden. Da geht ein Priester. Könnte ihn fragen. Par, das ist griechisch: Parallele, Parallaxe.

Da sind nicht nur die Anführungszeichen verschwunden, auch ist kein gefälliges Etikett wie «sinnierte er» oder «sagte er sich» nach dem ersten Innensatz eingefügt, das uns helfen würde, uns zurechtzufinden. «Na gut», sagten sich Joyce' Leser und wischten sich Hi-Ho-Crackerbrösel vom Revers, «dann können jetzt ja alle künstlichen Barrieren fallen, und innere und äußere Realität können zu einem Sinneswahrnehmungsfondue zusammenfließen.»

Aber dachte Mr. Bloom denn tatsächlich, buchstäblich: «Da geht ein Priester», gefolgt von «Könnte ihn fragen»? Das kann ich mir nicht vorstellen. Mr. Blooms Blick fiel auf eine Gestalt in geistlicher Kleidung – ein visuelles, kein verbales Gedankenereignis –, und die Möglichkeit, die Gestalt etwas zu fragen, kam kurz auf und wurde verworfen. Joyce' Methode wirkte neu, doch er tat, was die traditionellen Romanciers taten; reine, nasse Erträge visuellen und emotiven Protoplasmas zum Trocknen auf grammatische Wäscheleinen hängen, und der einzige Unterschied war, dass *Ulysses* mehr getrocknetes Protoplasma enthält. Blooms Gedankenreste sind (ist man erst mal in dem Buch drin) manchmal verblüffend und schön, aber sie sind um nichts weniger artifiziell, als wenn etwa M. R. James eine Figur geistig, in Anführungszeichen, seine Pläne für den

Abend bedenken lässt. Sie sind sogar artifizieller. So hat M. R. James es gemacht:

> «Ich könnte heute Abend am Strand entlang nach Hause gehen», überlegte er – «ja, und mir – dafür wird es hell genug sein – die Ruinen ansehen, von denen Disney gesprochen hat.»

Joyce könnte die Pfeile der Anführungszeichen abbrechen und diese Passage ungefähr so wiedergeben:

> Den Strand lang. Könnt heut Abend nach Hause gehen. Ruinen, sagte Disney? Templer-Präzeptorei. Ritter in Jerusalem, eigentlich Plünderer. Schreie der Jungfern. Besorgens ihnen. Dafür hell genug.

Und dann, während die Literaturseminare noch an dieser Entwicklung kauten, begann Faulkner ein aggressives Kursivierungsprogramm. Hier ein Schnipsel aus *Licht im August*:

> Das war vor zwei Jahren, lag jetzt zwei Jahre hinter ihnen, und er denkt *Vielleicht kommt daher die Empörung. Vielleicht glaube ich, dass ich überlistet worden bin, getäuscht.*

Was sollte ein Moderner da tun? Es gab schlicht keine Möglichkeit, Joyce' strenge De-Interpunktion mit der dröhnenden Selbstgefälligkeit von Faulkners Typographie zu versöhnen. Beide waren erregend modern, und dennoch wiesen sie in entgegengesetzte Richtungen. Die Gedanken-

Transkription wurde in einen Zustand der Ungewissheit geworfen, von dem sie sich noch nicht erholt hat. Manche betrieben keinen Aufwand –

Auch ich habe mein Soll an gesellschaftlichem Aufstieg erfüllt, dachte er, nicht ohne Hochmut, habe den weißen angelsächsischen Protestanten getrotzt. (Bellow, *Herzog*)

Zum Galgen geh ich, sagte sie sich, und goss das Glas noch einmal voll. (Drabble, *Gold unterm Sand*)

– wohingegen die Post-Faulknerianer wie Tom Clancy nach Kursiva griffen, die ausdrucksstärker sind:

Julio stand auf und schulterte seine Waffe. Dabei gab es ein leichtes, aber ärgerliches Klirren der Metallteile – der Munitionsgürtel, dachte Ding. *Muss ich mir merken. (Der Schattenkrieg)*

Manchmal allerdings zeigte sich, dass diese drängenden Vorwärtsdiagonalen ein wenig zu viel Schwung hatten, was den Leser zwang, einen schüchternen, flüchtigen Hirnzustand so zu interpretieren, als würde er in einem heiseren Flüstern gebrüllt:

Er stocherte seinen Hausschlüssel ins Schloss und dachte: *Jetzt wird sie mich fragen, warum ich meine Tür verschließe, und dann murmle und brummle ich herum, suche nach einer Antwort und mache mich lächerlich.*

In der Antiqua und mit Anführungszeichen könnte dieses Gedankenzitat leicht von Tolstoi sein; kursiv dagegen ist es aus Stephen Kings *Das letzte Gefecht*, Seite 516.

Vermutlich gibt es keine eine korrekte Methode, aber manchmal wünsche ich mir, die alte Art käme zurück. Ich vermisse die Klarheit, das Fehlen von Getue, die Unschuld. Hier also mein Vorschlag. Nehmen wir wie gewöhnlich Anführungszeichen für gesprochenen Dialog, und – immer mal wieder, *wenn* es sinnvoll ist, *nicht* exzessiv – versuchen wir, sie auch bei innerer Rede zu benutzen. Wer ehrgeizig ist, könnte mit Doppelzeichen für Dialoge und Einfachzeichen für Gedanken experimentieren, da ein Teil des Problems das ist, dass Doppelstriche manchmal zu schwer wirken, um feine innere Zustände abzugrenzen. Aber diese Unterscheidung ist nicht notwendig und könnte sogar noch zu mehr Verwirrung führen – also, nein, überspringen Sie das. Wenn die Worte in den Gedanken wirklich Kraft und Schwung haben, nehmen Sie durchaus Kursiva, aber wenn nicht, dann nicht. Und wenn Sie lieber nur einen indirekten Gedankendiskurs verwenden wollen, prima. Nur schließen Sie die untadelige Verwendung dieser hübschen Pfeile nicht rundweg aus. Hier ist etwas, auf das ich in *Pu der Bär* gestoßen bin:

Manchmal dachte er traurig bei sich: Warum?, und manchmal dachte er: Wozu?, und manchmal dachte er: Inwiefern? –, und manchmal wusste er nicht so recht, worüber er nachdachte.

Ich verstehe I-Ah.

(2002)

Defoe sagt die Wahrheit

Ich las Daniel Defoes *Die Pest zu London* im Zug von Boston nach New York. Das ist die Wahrheit. Es ist keine sehr interessante Wahrheit, aber es ist wahr. Ich könnte ja sagen, dass ich es auf einer niedrigen grünen Couch im alten Rauchzimmer des Palladiums in Cincinnati gelesen hätte, mir gegenüber ein ziemlich mürrischer Henry Kissinger. Oder dass ich eine zerfledderte Longman's-Ausgabe von Defoes *Pest* von 1895 in einem Müllcontainer beim Recycle-a-Bicycle-Laden in der Pearl Street gefunden hätte, dass ich, high von Guinness und Oxycodon, als ich sie aufschlug, in ihre sonderbare, schreckliche Welt hineingesogen wurde und dass ich mich in mein eigenes Erbrochenes setzte und das Buch in einem Stück durchlas. Es wäre für mich ein Leichtes, das zu sagen. Aber täte ich es, würde ich erfinden – und, wie John Hersey schrieb, die eherne Regel des Journalisten (oder Memoirenschreibers oder überhaupt jedes Sachbuchautors) lautet: Nie erfinden. Eben das macht Daniel Defoe, den Begründer des englischen Journalismus, zu so einem dornigen Strauch. Die Schwindler und die Beschöniger, die falschen Autobiographen, für die ist Defoe eine Art Schutzheiliger. Defoe hat viel gelogen. Aber er verabscheute seine Lügenmärchen auch, wenigstens manchmal. Er sagte, Lügen mache ein Loch ins Herz. Bei bestimmten Ereignissen wollte er, dass die Wahrheit gesagt wurde. Und ein Ereignis, das ihm wirklich wichtig war, war die Pest von 1665, die wütete, als er etwa fünf Jahre alt war.

Die Pest zu London beginnt leise, ohne jeglichen Gelehrsamkeitsapparat. Das Journal versucht nicht, diese jüngste Pest mit früheren zu verbinden. Es zieht weder historische, klassische noch literarische Parallelen. Es fängt einfach so an: «Es war am Beginn des September 1664, als ich, unter den Übrigen meiner Nachbarn, in einer gewöhnlichen Unterhaltung vernahm, dass in Holland die Pest zurückgekehrt sei.» Das «Ich» ist nicht Defoe, sondern ein älterer Stellvertreter, der rätselhafterweise H. F. genannt wird und der sich als Sattler ausgibt. H. F. lebt auf halber Strecke zwischen Aldgate und Whitechapel, «linker Hand oder auf der Nordseite der Straße». Mehr wissen wir nicht über ihn.

H. F. sieht mit an, wie die Totenlisten länger werden – er hält sich auf dem Laufenden –, und er überlegt hin und her, ob er in der Stadt bleiben oder flüchten soll. Sein Bruder sagt ihm, er solle sich retten, fortgehen. Aber nein, H. F. beschließt zu bleiben. Er horcht. Er geht umher. Er sieht einen Mann aus einer Gasse rennen, offenbar singt er und macht alberne Gebärden, Frauen und Kinder laufen ihm hinterher – Chirurgen hatten sich an seinen Pestbeulen zu schaffen gemacht. «Durch Auftragen starker Ätzmittel hatten die Chirurgen, wie es schien, gehofft, sie aufzubrechen, und selbige Ätzmittel lagen nun auf ihm und verbrannten sein Fleisch wie mit einem heißen Eisen.» H. F. hört Schreie – vielerlei Schreie, Gekreisch und Gebrüll. In einer leeren Straße in Lothbury geht plötzlich über seinem Kopf ein Fenster auf. «Eine Frau stieß drei schauerliche Schreie aus und rief dann ‹Oh! Tod, Tod,

Tod!»» Sonst regte sich nichts. Die Straße war still. «Denn die Leute zeigten ohnehin keine Neugier.»

Auf dem Höhepunkt der Pest, schreibt H. F., gab es keine Bestattungen, keine schwarze Kleidung, keine geläuteten Glocken, keine Särge. «Ganze Straßen schienen verlassen», sagt er, «Türen standen offen, Fenster schlugen im Wind in leeren Häusern, da die Menschen fehlten, sie zu schließen; mit einem Wort, die Menschen ergaben sich ihren Ängsten und glaubten, dass alle Verordnungen und Methoden vergebens waren und dass nichts zu erhoffen war als allgemeine Trostlosigkeit.»

Was wissen wir über Defoe? Sehr wenig. Er war einer der produktivsten Männer, die je zur Feder gegriffen haben, doch er schrieb fast nichts über sich selbst. Nur wenige Briefe sind erhalten. Seit er 1731 mittellos in der Ropemaker's Alley starb, hat man Defoe seinen anonymen Journalismus zugeordnet und aberkannt. Fast immer schrieb er über andere – oder gab vor, ein anderer zu sein. Es gibt wenige Stiche von ihm und nur eine erhaltene Prosabeschreibung. Sie ist unfreundlich – tatsächlich war es eine Art Haftbefehl, in einer Zeitung abgedruckt, als Defoe von der Regierung wegen des Vorwurfs aufwieglerischer Verleumdung gesucht wurde. «Er ist ein hagerer Mann von mittlerer Größe», hieß es in der Beschreibung, «ungefähr vierzig Jahre alt, von brauner Gesichtsfarbe und dunkelbraunem Haar, doch er trägt eine Perücke; dazu Hakennase, spitzes Kinn, graue Augen und ein großes Muttermal nahe dem Mund.» Jedermann, der Informationen beibringe, die zu seiner Ergreifung durch Ihrer Majestät Friedensrichter führten, hieß es in der Bekanntmachung, werde eine Belohnung von fünfzig Pfund erhalten.

Wir wissen, dass Defoe in seinen letzten Jahren die ersten englischen Romane verfasst hat – 1719 *Robinson Crusoe* über einen einsamen Seemann, der den Fußabdruck eines nackten Mannes am Strand sieht, und im Januar 1722 *Moll Flanders*, in dem es um eine Frau geht, die «zwölf Jahre lang Hure» war. Wir wissen, dass er um 1660 geboren wurde und sein Vater ein Londoner Fleischer und Kerzenmacher namens James Foe war. Mit Mitte zwanzig machte er einen Strumpfwarenladen auf, speziell für Frauenstrümpfe. Geschäft und Spekulationen liefen eine Weile gut, dann weniger gut, dann musste er sich vor seinen Gläubigern verstecken, denen er siebzehntausend Pfund schuldete. Einflussreiche Freunde retteten ihn, worauf er Pamphlete und Gedichte schrieb. Bald hatte er eine große Firma, die Dachziegel herstellte – und das Pamphleteschreiben war überraschend erfolgreich. Er setzte seinem Namen ein französisierendes «de» voran. 1701 veröffentlichte er das bis dahin meistverkaufte Gedicht, «The True-Born Englishman», das sein Geburtsland als bunt gemischte Einwanderernation pries: *«Thus from a mixture of all kinds began / That het'rogenous thing, an Englishman.»* [Daher begann aus einer Mischung aller Arten / der Engländer, das heterogene Ding]. Ein weiteres Pamphlet – in dem er sich, Jahrzehnte vor Swifts «Ein bescheidener Vorschlag», als fanatischer Vertreter der Hochkirche ausgab, der die Deportation oder das Hängen von Nonkonformisten befürwortete – trug ihm 1703 den Pranger und einen Gefängnisaufenthalt in Newgate ein.

Dort gründete er eine Zeitung, die *Review*, einen Vorläufer von Addisons und Steeles *Tatler* und *Spectator*. Neben Essays und Meinungsartikeln enthielt die *Review* eine frühe Ratgeberspalte und eine «Wochengeschichte von Unsinn, Impertinenz, Lastern und Zügellosigkeit». Im selben Jahr sammelte er, noch immer im Gefängnis, Informationen über eine Katastrophe, die Teile Englands heimgesucht hatte. Sein Buch *The Storm* – über den, wie er es nannte, «größten und längsten Sturm, den die Welt je gesehen hat» – ist einer der frühesten längeren journalistischen Berichte auf Englisch.

Für einen Fälscher hatte Defoe einen gewaltigen Appetit auf Wahrheit, Leben und blutige Genauigkeit. Er wollte alles wissen, was es überhaupt zu wissen gab, über Handel, über das Königshaus, die Unterschicht, die Gebräuche anderer Länder, über Schiffe, über volkstümliche Heilmittel und Quacksalber, über Katastrophen, über wissenschaftliche Fortschritte und über die Geschäfte und Straßen Londons. Er hörte den Geschichten zu, die man ihm erzählte. «Bei solchen Gesprächen war ich stets auf Erkundigungen aus», sagt eine seiner Figuren, «und stellte Fragen zu öffentlichen wie privaten Dingen.» Doch sein Verlangen, in eine andere Rolle zu schlüpfen und zu schauspielern, kam immer wieder zum Vorschein und brachte ihm Ärger ein. Er wollte als einer durchgehen, der er nicht war – als schwedischer König, als gefallene Frau, als einer, der ein Gespenst gesehen hat, als vor-dickensischer Taschendieb. Besonders fleißig war er als Kriminalautor in der Ich-Form. Einmal schrieb er eine Geschichte namens des Diebs und Ausbrechers Jack Sheppard. Als Werbung für deren Veröffentlichung ließ Defoe Sheppard am Galgen innehalten und das druckfrische Pamphlet als sein Testament unter der riesigen Menge verteilen – so jedenfalls heißt es. «Die Geschwindigkeit, mit der sich das Buch verkaufte, ist wahrscheinlich ohne Beispiel», schreibt ein früher Biograph, William Lee.

Robinson Crusoe ist Defoes berühmtester Schwindel. Wir nennen es heute natürlich Roman, aber als das ist es nicht entstanden. Auf dem Titelblatt von 1719 wurde das Buch als die merkwürdigen, verblüffenden Abenteuer eines Seemanns bezeichnet, der achtundzwanzig Jahre allein auf einer unbewohnten Insel lebte, «von ihm selbst verfasst» – und anfangs nahmen die Leute diese Behauptung für bare Münze und kauften das Buch zu Tausenden. Das veranlasste einen feindlich gesinnten Satiriker, Charles Gildon, eilends ein Pamphlet herauszubringen: «Das Leben und die merkwürdigen, verblüffenden Abenteuer von Daniel de Foe, ehedem London, Strumpfwarenhändler, welcher fünfzig Jahre ganz allein in den Königreichen Nord- und Südbritannien gelebt hat.»

Addison nannte Defoe einen «falschen, verlogenen Schurken und Wahrheitsverdreher». Ein anderer Zeitgenosse sagte, er sei ein Meister darin, «eine Geschichte zu fälschen und sie der Welt als Wahrheit aufzudrängen». Einer von Defoes Biographen, William Minto, schrieb: «Er war ein großer, ein wahrhaft großer Lügner, vielleicht der größte, der je gelebt hat.»

Und dennoch ist das nicht ganz fair. Etliches davon, was die Leute später für bunt schillernde Phantasiegespinste Defoes hielten, waren gar keine. 1718 veröffentlichte Defoe im *Mist's Journal* eine detaillierte Schilderung der Vulkanexplosion auf der Insel St. Vincent, bei der er, wie er sagte, auf empfangene Briefe darüber zurückgegriffen habe. Ein Jahrhundert verging, und Zweifel wurden laut. Ein Defoe-Spezialist meinte, die St. Vincent-Geschichte sei erfunden, ein zweiter sagte, sie sei Unsinn, ein dritter sagte, sie sei «ein Phantasieprodukt» und «gänzlich Defoes Erfindung». Doch St. Vincent war tatsächlich in die Luft geflogen und hatte dabei einen großen Lärm veranstaltet. Defoe hatte seinen besten Journalismus aufgeboten, um von diesem Wunder zu berichten.

Etwas Ähnliches geschah im Fall der *Pest zu London*. Als Defoe es veröffentlichte, ließ er wie immer seinen Namen von der Titelseite weg und schrieb die Geschichte H. F. zu. «Verfasst von einem Bürger», wurde auf dem Titel fälschlicherweise und verkaufsfördernd behauptet, «welcher während der ganzen Zeit in London weilte». Das glaubten die Leute eine Zeitlang, aber spätestens 1780 war allgemein bekannt, dass Defoe das Buch geschrieben hatte. Dann rechnete jemand nach und erkannte, dass Defoe beim Ausbruch der Pest in London ein kleines Kind gewesen war – woraufhin man das Buch einen historischen Roman nannte, an Lebendigkeit und Ausführlichkeit ohnegleichen. Walter Raleigh nannte das Buch in seiner Geschichte des englischen Romans vom Ende des neunzehnten Jahrhunderts eine «Scheingeschichte». In einer Studie über «pseudofaktische» Literatur sagt Barbara Foley, *Die Pest zu London* «kreiert die Mehrzahl seiner Einzelheiten». Und John Hollowell zufolge, der die literarischen Ursprünge des New Journalism untersuchte, sei Defoes Buch «Fiktion, die sich als Tatsache ausgibt». Tatsächlich?

Eines Abends besucht H. F. den vierzig Fuß langen Bestattungsgraben auf dem Kirchhof Aldgate in der Nähe seiner Wohnung. «Eine schreckliche Grube war das», schreibt er, «und ich konnte meine Neugier, sie mir anzusehen, nicht bezähmen.» Er sieht zu, wie die Leichenkarre kippt und Leichen «wahllos» in die Grube fallen, während ein Vater stumm dabeisteht. Dann stößt der Vater, außer sich vor Schmerz, einen Schrei aus. An anderer Stelle beschreibt H. F. den Fleischmarkt. «Die Menschen trafen alle möglichen Vorsichtsmaßnahmen», sagt er. «Kaufte jemand auf dem Markt ein Stück Fleisch, nahm er es nicht aus der Hand des Fleischers entgegen, sondern selbst vom Haken. Der Fleischer wiederum berührte nicht das Geld, sondern ließ es in einen Topf voller Essig werfen, welchen er zu diesem Zweck bereithatte.»

Die Pest zu London ist eine erstaunliche Leistung. Es ist schockierend, es ist unordentlich, es schluchzt laut über die Verluste, es hat die Eindringlichkeit und weit ausholende Beharrlichkeit eines mitfühlenden Mannes, der die Katastrophe einer Stadt durchlebt hat und erzählen will, wie es war. Die Angst vor dem Tod, bemerkt H. F., «entfernte jedwede Herzensgefühle, jegliche Sorge um den anderen». Aber nicht grundsätzlich: «Es gab viele Fälle von standhafter Zuneigung, Mitleid und Pflicht.» Und Defoes Erzähler gibt sich große Mühe, einige der Geschichten, die er hört, in Zweifel zu ziehen. So erfährt er von Krankenschwestern, die Pestopfer mit einem nassen Tuch ersticken, um ihr Ende zu beschleunigen. Doch die Einzelheiten klingen verdächtig gleich, und in jeder Version, egal, wo er sie hört, heißt es, das Geschehnis sei auf der anderen Seite der Stadt passiert. In diesen Berichten liege, findet H. F., «mehr Märchen als Wahrheit».

Aber da ist ja noch der falsche Rahmen. Die Geschichte wird gar nicht von H. F. erzählt, sondern von Defoe. Das ist eindeutig eine Fälschung – auch wenn sie verständlicher wird, wenn man erfährt, dass Defoe einen Onkel mit diesen Initialen hatte, Henry Foe. Henry war Sattler und lebte in Aldgate in der Nähe der Bestattungsgrube. Um diese überwältigend komplexe Geschichte des Londoner Martyriums erzählen zu können, musste Defoe in der Stimme seines Onkels denken und schreiben. Das «Ich» ist mehr als nur ein etwas kommerzieller Kunstgriff. Die Bauchrednerei, die Prämisse des fiktiven Ich-Erzählers halfen Defoe, das, was er wusste, zu entwirren und ihm einen folgerichtigen Sinn zu geben. Er sichtete und benutzte eine Masse zeitgenössischer veröffentlichter Quellen, wie jeder Journalist es täte, und er füllte diesen gedruckten Schatz durch Anekdoten, die Leute ihm im Lauf der Jahre erzählt hatten, mit Leben. (Sein Vater konnte eine Quelle für den Essigtopf des Fleischers gewesen sein.) Das Buch wirkt wie etwas tief Empfundenes, das aus jahrzehntelang gesammelten Notizen und Erinnerungen erwuchs – wenn auch in eindrucksvollem Tempo geschrieben. Es wirkt nicht wie ein künstlicher Schmu.

1919 schrieb ein junger Wissenschaftler, Watson Nicholson, ein Buch über die Quellen von Defoes *Pest zu London*. Er ereiferte sich ziemlich darüber, dass das Journal jetzt vorbehaltlos als Roman bezeichnet wurde. Nicholson behauptet in seinem Buch, «überwältigende Beweise für die vollständige Authentizität von Defoes ‹Meisterwerk der Phantasie›» beigebracht zu haben. Es gebe, so Nicholson, «in dem Journal keine einzige wesentliche Behauptung, die nicht auf historischen Tatsachen beruht». Gut, Defoe schmückte gern aus, aber dennoch «beeinträchtigt der Gebrauch der ersten Person in der Erzählung in keiner Weise die Authentizität der festgehaltenen Fakten».

Andere Kritiker waren derselben Ansicht. 1965 verglich Frank Bastian das, was Defoe in seinem Journal gesagt hatte, mit Pepys' Tagebuch, das Defoe nicht kennen konnte, weil es erst hundert Jahre später entschlüsselt wurde. «Figuren und Geschehnisse, die einst voller Überzeugung als Produkte von Defoes fruchtbarer Phantasie angesehen wurden», schrieb Bastian 1965, «erweisen sich wiederholt als sachlich richtig.» In seiner Einleitung zur Penguin-Ausgabe der *Pest zu London* 1966 schrieb Anthony Burgess: «Defoe war unser erster großer Romancier, weil er unser erster großer Journalist war.»

Während der Londoner Pest starben monatlich sechstausend Menschen, die meisten arm. Die Standorte vieler Begräbnisstätten sind aus der Erinnerung verschwunden. Eine wurde später, Defoe zufolge, als «Hof zur Schweinehaltung» genutzt, eine weitere Grube wurde wiederentdeckt, als das Fundament für ein großes Haus ausgehoben wurde: «Die Schädel der Frauen hoben sich stark durch ihre langen Haare ab.» Ist der Autor hier nun Reporter oder Romancier? Wir wissen es nicht. Wir wollen es wissen.

Daniel Defoe brauchte offenbar eine Tasche voller Pässe, um da hinzugelangen, wo er wollte. Doch die Moral seiner Geschichte ist, wenigstens für den Sachbuchautor, noch immer: Nie erfinden. Theoretisch – aus der Entfernung – mögen die Menschen einen Schwindel, aber sie mögen es gar nicht, übers Ohr gehauen zu werden. Erfindet man traurige Dinge und beharrt auf ihrer Wahrheit, traut einem danach niemand mehr mit dem, was man schreibt, ganz über den Weg.

(2009)

Von A bis Zyxt

Ammon Shea, gelegentlich Möbelspediteur, Gondoliere und Wörtersammler, hat ein seltsam inspirierendes Buch darüber geschrieben, wie er das ganze *Oxford English Dictionary* in einem Zug durchgelesen hat. Sheas Book fördert viele untergegangene, missgebildete, wunderschön unglückliche Wörter zutage – Wörter, die nach ihrem winzigen Moment in der Nebelkammer des englischen Sprachgebrauchs wie schnell absterbende Myonen wegtrudelten. Da gibt's *hypergelast* (ein Mensch, der nicht aufhören kann zu lachen), *lant* (Urin zu Bier geben, um es aufzupeppen), *obmutescence* (vorsätzliche Sprachlosigkeit) und *ploiter* (wenig sinnvoll arbeiten) – alles gute Wörter, um sie sich auf die Zunge zu legen, falls man einmal beispielsweise wegen Geschwindigkeitsüberschreitung angehalten wird.

Sheas Buch, *Reading the OED: One Man, One Year, 21 730 Pages,* bietet indes mehr als exotische Wörterlisten. Es hat auch eine Handlung. «Mir ist, als würde ich das Alphabet essen», schreibt er auf der Hälfte, und man möchte, dass er es bis zum Ende schafft. Es ist das *Supersize Me* der Lexikographie.

Shea ist für die Aufgabe, die er sich gesetzt hat, gut gerüstet. Er besitzt rund tausend Wörterbücher, die er in der gemeinsamen Wohnung mit seiner Freundin Alix, die am Barnard College Psychologie lehrt, in Regalen stehen hat. Einige der Wörterbücher hat er bei einer Buchhändlerin namens Madeline gekauft, die in einem Loft in Lower Manhattan lebt. Madeline besitzt 20000 Wörterbücher. Sie hat Shea, wie er sagt, «die unsagbare Freude bei der Jagd nach dem Absurden» gelehrt.

In den Neunzigern las Shea Webster's *Second* von Anfang bis Ende durch – kein leichtes Unterfangen. Ob ihm das in irgendeiner Weise geholfen hat? Nein. Es hat ihn nicht zu einem besseren oder klügeren Menschen gemacht und auch seine Testergebnisse nicht verbessert. Vielmehr hat es offenbar seine Ausdrucksfähigkeit gehemmt. «Mein Kopf war so voller Wörter, dass ich oft Schwierigkeiten hatte, einfache Sätze auszusprechen», schreibt er, «und meine Sprache wurde zu einem eigenartigen Gemisch aus obskuren Wörtern und nicht ganz richtiger Syntax.» Doch Shea hat diese Erfahrung verbaler Überschwemmung offenbar gefallen – er unterzog sich dem ausgedehnten Hirnschauder, der entsteht, wenn sich unaufhörlich Tausende unvertrauter Bedeutungen in einen ergießen. «Es war wunderbar», sagt er.

Der nächste logische Schritt war es, das OED zu lesen, aber da zögerte Shea. Wie jeder weiß, ist das OED gewaltig. Es ist ungeheuerlich tiefgehend, ernst und unerträglich detailliert, und jeder Eintrag ist ein etymologisches Miniseminar. Es ist dasjenige, zu dem in einer Inkarnation eine rechteckige Lupe gehörte, dasjenige, über das der Universalgelehrte Simon Winchester in *The Professor and the Madman* schrieb. Konnte Shea sich tatsächlich durch zwanzig schwere Bände mit ihrem dreispaltigen Satz hindurchquälen, die allesamt von Abkürzungen, Kapitälchen, fremdländischen Ableitungen und archaischer Schreibweise funkelten und wimmelten? Konnte ein Mensch im Zeitraum eines Jahres 59 Millionen fortlaufende Wörter – was einem John-Grisham-Roman täglich entspricht – definierender «Prosa» lesen? Oder würde Shea scheitern und auf immer als derjenige in Erinnerung bleiben, der bis zum Buchstaben N kam und nicht weiter?

Shea beschloss, es zu versuchen und sein Vorankommen in dem Buch festzuhalten. Jeder Buchstabe erhält sein eigenes Kapitel. In Kapitel A treffen die Bände ein, eingepackt in den «hoheitsvollen und chitinösen Glanz» ihrer Schutzumschläge. Shea setzt sich ans Fenster, die Füße auf einer Ottomane, und fängt an zu lesen. Er gibt Schwierigkeiten. Er bekommt pochende Kopfschmerzen und sieht am Rand des Gesichtsfelds graue Flecken. Sein Rücken quält ihn. Bei den Nachbarn gibt's Klippfisch, der Geruch lenkt ihn ab. Er ist versucht, Dinge in seinen anderen Wörterbüchern nachzuschlagen, Definitionen zu vergleichen, was sein Vorankommen hemmt.

Also wagt er sich in die Stadt, liest auf Parkbänken und in öffentlichen Bibliotheken. Kein Ort passt. Schließlich richtet er sich an einem Platz im Souterrain der Bibliothek des Hunter College ein, inmitten von Büchern auf Französisch, die ihn nicht von der aktuellen Aufgabe weglocken. Er trinkt thermoskannenweise Kaffee. Er bekommt eine Brille und merkt, sehr zu seiner Überraschung, dass er damit besser sieht. Er hat weiterhin Kopfschmerzen.

Und die herrlich-hässlichen Wörter, von deren Existenz Shea gar nichts wusste, springen ihm in die Hand. *Acnestis* – der Teil des Rückens eines Tiers, den das Tier zum Kratzen nicht erreichen kann. Und *bespawl* – mit Speichel bespritzen. In Kapitel D trifft Shea auf *deipnophobia* – die Angst vor Dinnerpartys; Kapitel K bringt *kankedort*, eine peinliche Situation.

Nach Monaten erreicht Shea – mit Rückenschmerzen, knorzig, seitenblind – Kapitel N. «An manchen Tagen ist mir, als spräche ich die englische Sprache gar nicht», schreibt er, denn seine verbale Hirnrinde quillt über. «Es ist», bemerkt er, «als versuchte man, sich an alle Bäume zu erinnern, die man durch ein Zugfenster sieht.» Einmal starrt er eine Zeitlang verblüfft auf das Wort *glove*, Handschuh. «Ich wundere mich, warum ich diesen merkwürdigen Begriff, der ein so gängiges Kleidungsstück beschreibt, noch nie gesehen habe.»

In Kapitel O gibt es weitere Auflösungserscheinungen. Wird er, so fragt er sich, zu einem dieser «Bibliotheksleute» – der Taschenschlepper und Brummler, die ihre ganze Zeit dort verbringen? «Manchmal werde ich auf das Wörterbuch wütend und stoße einen unterdrückten Schrei aus.» Nachts hört er eine tiefe, körperlose Stimme langsam Definitionen leiern.

Doch dann bricht Gott sei Dank die Sonne durch. In Kapitel P findet er eine reiche Worternte, darunter *petrichor*, womit der lehmige Geruch gemeint ist, der nach einem Regen von trockener Erde aufsteigt, und das schön dichte, untrennbare Wort *prend*, das einen reparierten Riss bezeichnet. Das alles notiert er in seine große Kladde. Er besucht einen lexikographischen Kongress in Chicago, wo er von seinen Kollegen missverstanden wird, und kehrt mit frischem Schwung in das Bibliothekssouterrain zurück. Er erzählt seiner toleranten Freundin von einem seltenen

P-Wort und überlegt dann laut, ob er sie langweilt. «Der Punkt, seit dem ich mich langweile, liegt schon weit hinter mir», antwortet Alix.

In Kapitel U mit den «*un*»-Wörtern stößt Shea wieder auf einen schlimmen Abschnitt – über 400 Seiten mit Wörtern von offensichtlicher Bedeutung. «Ich bin schon fast katatonisch», schreibt er, «zu Tode gelangweilt.» Doch er überspringt sie nicht; er ist ans Ruder gefesselt, *unthimbled* und *unthrashed* – unbeklaut und ungeprügelt.

Théophile Gautier las das Wörterbuch, um seine Lyrik zu bereichern und exotischer zu machen. Walter Pater las das Wörterbuch, um seine Prosa rein und marmorn zu bewahren – um zu lernen, welche Wörter er vermeiden sollte. Shea hat an Reinheit oder Lyrik kein Interesse. Sein Stil ist einfach. Er will nur malokklusive griechische und lateinische Hybride, deren Aussprache schwer zu ermitteln ist, identifizieren und rein um ihrer selbst willen kosten. Er mag mehrsilbige Beinahe-Homonyme – Wörter wie *incompetible* (außerhalb der Reichweite von Kompetenz) und *repertitious* (zufällig gefunden), die rasch von der Tonschwerkraft bekannter Wörter verschluckt werden. Und etliche von Sheas Funden verdienen sofortige Wiederauferstehung: *vicambulist* beispielsweise – eine Person, die städtische Straßen durchwandert.

Die Wirkung des Buches auf mich war, dass es mich wie Ammon Shea werden ließ und dass ich Englisch für kurze Zeit hasste. Was ist das bloß für ein erstickender, gottserbärmlicher Mischmasch! Da ist Französisch doch bestimmt besser. Dann erholte ich mich wieder und sah seine Größe in neuem Licht. Das OED, bemerkt Shea, ist «ein Katalog der Eigenheiten des Menschseins». Shea ist durch den Ur-Wald unserer knorrigen, alten Sprache gewandert und zurückgekehrt mit dem Gesang unverständlicher Töne in einer Sprache, die sich als unsere eigene erweist.

(2008)

Das Nicken

Vorgelesen beim «Tribut für John Updike»
der Kennedy Library

Ich hörte aus meinem Computer ein kleines Zirpen – es war wie das Piepsen eines Herzmonitors im Krankenhaus, nur dass es bloß einmal ertönte. Es war die Software, die mir eine E-Mail ankündigte. Und dann, eine Sekunde später, erschien in der unteren rechten Ecke langsam ein kleines geisterhaftes Rechteck, das den Namen des Absenders der E-Mail und ihre Betreffzeile nannte. Sie war von einem Mann, den ich nicht sehr gut kannte, der mir aber viele E-Mails über seine Abneigungen, Gesundheitsprobleme und politischen Ansichten schickte. Doch die Betreffzeile, die erschien und wieder verschwand, weckte meine Aufmerksamkeit. Da stand etwas Unverständliches, nicht auf Englisch, sondern in einer schrecklich euphemistischen Sprache. Es lautete: «Beileid zu Updikes Hinscheiden.» Hinscheiden?, dachte ich. Was bedeutet das? Reden wir hier über den Tod, über John Updikes Tod? Er ist nicht tot, er steht noch mitten im Leben. Gerade ist doch ein Buch von ihm erschienen, wie immer – wie es immer sein würde. Aber ich las die Mail, und darin stand, er sei krank gewesen und anscheinend, ganz höflich und ohne eine öffentliche Szene zu machen, ohne jede Vorwarnung für Menschen außerhalb seines engsten Kreises, gestorben.

Wie ich so am Schreibtisch saß, tat ich das, was man tut, wenn man die Brille oder die Brieftasche oder sonst irgendein ungeheuer wichtiges Dokument verlegt hat, das man braucht – ein Schreiben an den Rektor –; ich tastete auf meinem geistigen Schreibtisch herum nach allem, was ich von John Updike hatte, womit ich das Amlebensein dieses Mannes ersetzen konnte. Und ich hatte nichts, was das geleistet hätte, denn das Ungeheure an ihm war ja, dass er lebte und eine große querköpfige Biographie schrieb und redigierte und überdachte und ein weiteres kleines Stück aus seiner erinnerten Vergangenheit herausbrachte, vielleicht leicht verhüllt und fiktionalisiert – er war doch mittendrin, ein Schreibender zu sein, natürlich auch ein Mensch zu sein, der eine Frau und eine Exfrau, Kinder, Lektoren und Fans hatte. Das wollte ich von ihm und hatte ich nicht: Beweise seiner Beständigkeit.

Der Computer zirpte erneut, und diesmal waren es Redakteure, die mich baten, sofort etwas über ihn zu schreiben, eine Erinnerung, einen Nachruf, weil ich vor langer Zeit einmal ein Buch veröffentlicht hatte, das von ihm handelt, irgendwie jedenfalls, und daher hielt man mich wohl für einen Updike-Experten, was ich ja gar nicht war; ich war nur ein Trauernder wie jeder andere auch. Also sagte ich: Nein, tut mir leid, ich bin bloß traurig. Mehr habe ich nicht zu bieten, bloß meine Trauer.

Woran ich allerdings jetzt denke, ist eine Zeit vor über zwanzig Jahren, als ich ihn im Public Garden in Boston sah. Es war ein kalter, bedeckter Spätnachmittag, und auf dem

Weg kam mir ein Mann entgegen. Ich wusste, wer das war. Es war der berühmte John Updike. Wir waren hinter der Statue George Washingtons in einem Teil der Anlage, wo weniger Bäume stehen, wo es immer kälter und windiger ist als in anderen Teilen – und ich musste mir überlegen, was ich tun sollte. Er trug ein tweedartiges, zugeknöpftes Jackett, einen Schal und einen Hut, und es war klar, dass er, anders als ich, irgendwohin unterwegs war. Wenn ich nun stehen geblieben wäre und «Mr. Updike?» gesagt hätte, wäre er natürlich so höflich gewesen, ebenfalls stehen zu bleiben, und dann hätten wir ein kleines Gespräch geführt. Ich hätte vielleicht gesagt, dass mir seine Bücher gefielen und dass er mir einmal eines signiert habe und ich ihm einen Fanbrief geschickt hätte, ohne Absender, weil ich ihn nicht nötigen wollte, ihn zu beantworten, und dass ich ihm darin geschrieben hätte, dass meine Freundin, die inzwischen meine Verlobte sei, aus einem Weidenkorb voller *New Yorker* eine Geschichte von ihm ausgegraben und mir zu lesen gegeben habe und ich zwei Drittel davon gelesen und, als ich für einen Augenblick flüchtigen Schattens unter die Markise eines Smokinggeschäfts getreten sei, beschlossen hätte, dass ich ihm doch sehr gern schreiben würde, wie glücklich es mich mache zu *wissen*, dass er dort irgendwo sei und arbeite. Aber ich konnte ihn ja nicht einfach anhalten und ihm das alles sagen. Er war doch irgendwohin unterwegs. Also beschloss ich, nur zu nicken. Und alles, was ich über ihn wusste, in mein Nicken zu packen, all die Erinnerungen, die ich an meine Lektüre von festgetretener Erde, Fingerhüten, Psoriasis, Stottern, Shillington, Pennsylvania, den Harvard Lampoon, den Zeichenkurs in Oxford und sein kleines Arbeitszimmer eine Treppe hoch in Ipswich hatte – und die Briefe, die er und Katherine White ausgetauscht hatten, als er seine frühen Geschichten für den *New Yorker* schrieb, die ich hinter Glas in einem Schaukasten am Bryn Mawr College gesehen hatte –, all dieses Wissen wollte ich in ein lächelndes, wissendes Nicken packen. Und das tat ich dann auch. Und er nickte zurück, ein wenig unsicher, glaube ich. Er war sich nicht sicher: Vielleicht kannte er mich?

Und später schrieb er dann in einem Brief: Sind wir uns nicht einmal auf der Arlington Street begegnet? Er erinnerte sich an mein Nicken.

Was für ein Gedächtnis dieser Mann hatte.

Sein allerbestes Buch sind, wie ich finde, seine Memoiren mit dem Titel *Selbst-Bewusstsein*. Er war am besten, wenn er am wahrhaftigsten war. Und das Erstaunlichste an seiner Wahrhaftigkeit ist ihr Maß an Schliff. An Brillanz. Denn wir alle haben unsere Gedanken. Sie lümmeln auf dem Sofa, sie sind nicht in bester Verfassung, ja, sie sind nicht einmal rasiert und auch nicht unbedingt besonders sauber. Sie wohnen im Wartesaal dessen, was man zu sagen hat. Und Updike schickt den seinen eine Einladung – sie ist geschmackvoll, zurückhaltend, aber schön geprägt. Er sagt zu seinen Gedanken: Ihre Antwort wird erbeten – bitte begleiten Sie John Updike zur offiziellen Abfassung seines nächsten Textes über was auch immer – übers Autoradio, über die Monumente der Vereinigten Staaten, über William Dean Howells, der, wie er sagte, «seine Zeit zu gut ausgefüllt hat» –, bitte nehmen Sie an diesem Essay teil. Und ganz unten steht dann noch ganz leise: Abendanzug. Formale Kleidung. Denn das will man doch von einem Essay, dass diese Gedanken sich alle Mühe gegeben haben, wenigstens ihre Kleidung zusammenzuleihen und sich der Welt von ihrer besten Seite zu zeigen.

Kommen Sie nicht, wie Sie gerade sind, sagte Updike, kommen Sie im Abendanzug, legen Sie Ihre besten Interpunktionsmanschetten an – und sie, seine Ideen, sind ihm gefolgt, wiederholt. Sie sagten: Okay, RSVP, wir werden da sein.

Wir hatten, könnte man wohl sagen, über mehrere Jahre eine Korrespondenz. Er schrieb «Lieber Nick», ich schrieb «Lieber John». Ich mag seine Zurückhaltung. Er wollte lieber keine Tasse Kaffee mit mir trinken, ja, ich glaube, er hätte mir viel lieber einen Brief geschrieben, als einen Kaffee mit mir getrunken – und wer kann es ihm verdenken? Eines aber wollte ich ihm jahrelang schreiben und tat es nie. Einmal habe ich meiner Tochter eine seiner Erzählungen vorgelesen. Da war sie ungefähr dreizehn. Ich las ihr eine Erzählung namens «Die Stadt» vor. Sie handelt von einem Mann auf Geschäftsreise – und der hat eine Verdauungsstörung, die bald unerträglich schmerzhaft wird. Er geht ins Krankenhaus, es ist der Blinddarm, und die Erzählung ist nur die sehr einfache, aber gut beschriebene Schilderung seines Krankenhausaufenthalts in einer Stadt, die er dann gar nicht sieht. Und während ich sie meiner Tochter vorlas, kam ich an die Stelle, die mir noch von meiner ersten Lektüre in Erinnerung war. Der Mann liegt in seinem Krankenhauszimmer, es ist mitten in der Nacht, er hört zu beiden Seiten Leute stöhnen, und dann kommt das Geräusch «säuerlichen Würgens», und dann kommt der Satz: «Diese Indizien gaben Carson das tröstliche Gefühl, endlich in den inneren Kreis anerkannten Ruins vorgedrungen zu sein.» Das Wort «Ruin» war so unglaublich gut und gut eingesetzt – «anerkannter Ruin». Und vielleicht las ich es ja mit einer bestimmten Betonung, aber ich glaube nicht. Meine Tochter sagte: «Oh, das ist gut.» Genau in dem Moment. Sie mochte genau dieselbe Wendung, die mich begeistert hatte, und war ebenso begeistert von ihr. Es schien so beruhigend, dass es in einer Erzählung manchmal einen absoluten Moment gibt, den viele unabhängig voneinander entdecken und in Erinnerung behalten, selbst über Generationen hinweg, und dass dies möglicherweise einer dieser Momente war. Ich wünschte, ich hätte ihm das in einem Brief gesagt. Und nun werde ich es ihm nicht mehr sagen können. Also sage ich es jetzt Ihnen. Mit Trauer. Vielen Dank.

(2009)

David Remnick

David Remnick ist 52. Er hat noch alle Haare, sie sind schwarz, und er hat ein Büro mit braunem Teppichboden und einem Schreibtisch aus einer gemaserten schwarzen Holzplatte, auf der in einem dickwandigen gelben Steingutbecher seine Stifte und eine Schere stehen. Er ist smart und lacht gern, und wenn Sie in einem der eckigen, weichen Sessel in seinem Büro sitzen, erinnert er sich an Dinge aus Ihrem Leben, die Sie kaum selbst noch wissen. Er mag Baseball, *The Wire*, A. J. Liebling und Spaghetti mit Tintenfischsauce. Man könnte neidisch auf ihn sein, nur dass er zu hart arbeitet und dass niemand sonst diesen höllischen wöchentlichen Dauerdruck würde haben wollen. Seine Frau Esther Fein ist Schriftstellerin, und er hat drei Kinder. Er ist der fünfte Herausgeber des *New Yorker*, der wohl besten Zeitschrift, die je erschienen ist.

Ich bin Remnick ein paarmal kurz begegnet. Einmal auf einer Party, wo er mit der Schriftstellerin Joyce Carol Oates über das Boxen plauderte. Ein andermal traf ich ihn 2001, bei der Verleihung der National Magazine Awards. In dem Jahr bekam seine Zeitschrift vier Preise, darunter den für allgemeine herausragende Qualität. Remnick schritt immer wieder aufs Podium in seinem makellosen blauen Anzug und der David-Mamet-Brille, und jedes Mal, wenn er eine weitere kupferfarbene, von Alexander Calder, dem Mobile-Macher, entworfene Trophäe entgegennahm, fand er eine neue Art, beschämt und dankbar zu sein. (Die Trophäe heißt Ellie und sieht aus wie mehrere zusammengeleimte modernistische Bumerangs.)

Die Preise sind verdient, aber sie vermitteln nicht, wie konstant gut seine Zeitschrift ist. Immerhin erscheint sie wöchentlich. Jeden Montag ist sie in der Post, am Kiosk oder auf einem kleinen flachen Bildschirm und versichert einer Million Abonnenten, dass die Dinge in der transatlantischen Welt der Literatur weitgehend unter Kontrolle sind. Immer gibt es wenigstens ein paar lustige Cartoons und einen packenden Artikel über dieses oder jenes und vielleicht auch eine genial abschätzige Filmkritik von Anthony Lane, der seinen Stift beim *Independent* spitzte, bevor Tina Brown, Remnicks Vorgängerin, ihn abwarb. Ich gestehe, ich lese nicht alles – kaum jemand kann das –, aber ich möchte es doch jetzt sagen: Der *New Yorker* ist einer der drei Beiträge der Vereinigten Staaten zur Weltzivilisation. Die beiden anderen sind natürlich *Manche mögen's heiß* und das iPhone. Vielleicht haben Sie ja Ihre eigene Liste. Aber wahrscheinlich wird der *New Yorker* irgendwo darin auftauchen, weil er seit den zwanziger Jahren scharfsinnig und witzig ist und unerwartete Adjektive mit einnehmender Genauigkeit einsetzt.

Sein Ton ist seit den Anfängen, wie John Updike es in einem Podiumsgespräch mit Remnick nannte, «großstadtherzlich». EB White war eine der frühen Quellen dieses Stils – ebenso James Thurber und Joseph Mitchell sowie ein Alkoholiker namens John McNulty, der Geschichten über die Stammgäste einer Bar in der Third Avenue schrieb. Dann kam Maeve Brennan aus Irland, die unter ihrem Autorennamen The Long-Winded Lady [Die langatmige Frau] schöne, langsam sich entfaltende Stücke über das Leben in billigen Stadthotels schrieb. Zum Ende hin wurde Brennan offenkundig ein wenig verrückt, wie bei Autoren häufig der Fall, doch in ihrer «Talk of the Town»-Prosa ist sie äußerst klarsichtig und voll freundlicher Aufmerksamkeit.

Und dann die Cartoonisten – Peter Arno, der gern hochbusige Showgirls zeichnete, Saul Steinberg, der surreale schwarzweiße Regenbögen gemacht hat, William Steig, dessen zittriger Bleistift anscheinend nie vom Blatt will, und George Booth, ein Meister stirnrunzelnder Hunde mit melierten Augen. Und auch die Geschichtenerzähler – JD Salinger, John Cheever, Updike, William Trevor, Alice Munro und John O'Hara, der zu seinen besten Zeiten eine dichte, bittere Geschichte von persönlichem Kummer in 1800 Wörtern erzählen konnte. Eine Zeitschrift, die es schon so lange gibt, zieht ihre Geschichte hinterher wie eine verschrammte Brio-Lok. Und vorn sitzt David Remnick, der sie sachte vorwärtsfährt, ihr über den nächsten kleinen blonden Holzhügel hilft und hofft, dass die glänzenden kuppelartigen Magneten sich nicht lösen.

Ich war an einem Freitag im April in der Redaktion des *New Yorker*, im zwanzigsten Stock des glasverkleideten CondéNast-Gebäudes am Times Square. Die neue Ausgabe war gerade fertig geworden, und es war ruhig. Die Leute schauten auf ihre Bildschirme, arbeiteten Dinge auf, die in der Hektik des Redaktionsbetriebs liegengeblieben waren. Remnick wurde gerade fotografiert, also schaute ich bei Pam McCarthy herein, der stellvertretenden Herausgeberin, deren Büro neben Remnicks liegt. Wie es sich mit ihm arbeite, fragte ich sie.

«Er ist locker und dann auch wieder nicht», sagte Mc-Carthy. «Er hat gern jedes Detail im Blick. Er ist richtig hinter allem her, bis es stimmt. Er ist ein toller Leiter. Mehrmals täglich läuft er herum und redet mit den Leuten.»

Und da kam dann Remnick mit Alexa Cassanos herein, der Abteilungsleiterin Öffentlichkeitsarbeit, worauf wir vier uns über Kopfhörer und Ohrstöpsel unterhielten. «Wozu braucht man denn in Maine Ohrstöpsel?», fragte Remnick mich. (Ich lebe in Maine.) «Wenn ich nicht in der Stadt bin», fuhr er fort, «bin ich bis vier Uhr morgens wach, weil es so verdammt still ist. Dann denke ich, gleich kommt einer rein und erwürgt mich. Das ist nicht gerade entspannend.»

Wir gingen ein paar Blocks zu einem Fischrestaurant, dem Esca in der 43rd Street, wo Remnick gelegentlich isst. Mark Singer, einer der bekanntesten Porträtautoren der Zeitschrift, schrieb ein Stück über dessen Besitzer, Dave Pasternack, der selbst vor Long Island fischt und weiß, wie man eine Goldmakrele zu rohen Leckerbissen verarbeitet.

Pasternack kam auch gleich, kaum dass wir saßen, zu uns an den Tisch und erzählte uns, er habe ein neues Lokal aufgemacht – einen Fischimbiss direkt am Centerfield im Baseballstadion der Mets, wo er Krabbenküchlein, Fischsandwiches, Hummerbrötchen und Fischsuppe verkaufe. Jeff Wilpon, der Manager der Mets, habe mehrere Jahre zuvor viel Geld bei Bernie Madoffs Ponzi-Trick verloren, blicke aber, so Pasternack, recht optimistisch in die Zukunft. «Ich war neulich auf einer Party», sagte Pasternack, «und ich sag: ‹Wie geht's?› Wilpon sagt: ‹Ich war reich und unglücklich, jetzt bin ich arm und glücklich.›»

«Weißt du Letzteres genau?», fragte Remnick.

Plötzlich hatte ich eine merkwürdige und nicht unangenehme Empfindung. Ich war auf den gedruckten Seiten des *New Yorker*; ich war körperlich in einem Porträt Mark Singers, redigiert von David Remnick.

Pasternack sagte über Wilpon: «Das ist die Sorte, die zu mir kommt und mich fragt, ob ich einen Laden bei ihm aufmachen will. Ich sage: ‹Ich bereite Ihnen mal ein paar Sachen zu.› Ich gehe also mit einem Hummerbrötchen hin – einem schönen Hummerbrötchen, das Brötchen getoastet, schön mit Butter, wie es sein soll. Er sieht mich an und sagt: ‹Ich mag keinen Toast.› Und da konnte ich nur denken: Bei der Geburt kriegt man Toast, auf dem Sterbebett kriegt man Toast. Wer in aller Welt mag denn keinen Toast? Ist man krank, kriegt man Toast!»

«Ich kriege jede Woche Cartoons über Toast», sagte Remnick.

«Ach ja?», sagte Pasternack.

«Ich habe einen Cartoon gekriegt», sagte Remnick, «da war ein Toaster von der Größe des Restaurants drin.» Zu mir sagte er: «Verschwenden Sie Ihre Zeit damit, Baseball zu gucken?»

Ich sagte, nein, eher nicht, das hätte ich hinter mir.

Remnick sagte: «Bestimmt kriege ich auf dem Sterbebett ...»

«... einen Toast», sagte Pasternack entschieden. Dann ging er wieder Fische filetieren.

Ich fragte Remnick, wie sein Esszimmer ausgesehen habe, als er ein Kind gewesen sei. «Massenweise Spiegel», sagte er. «Wir haben nicht im Esszimmer gegessen.» Er wuchs in Hillsdale, New Jersey, auf – «Springsteen-Jersey, ohne die Küste» –, und seine Mutter bekam multiple Sklerose, als er sechs war. Einige Jahre später bekam sein Vater, ein Zahnarzt, Parkinson. «Ein Zahnarzt mit Parkinson ist wie ein Buster-Keaton-Film», sagte Remnick. «Lustig, wenn man's nicht selber hat.» An der Highschool redigierte er die Schülerzeitung *The Smoke Signal* und schrieb unter mehreren Pseudonymen Artikel dafür. Damals war er noch kein eifriger *New Yorker*-Leser. «An der Highschool war mir die Zeitschrift *Guitar Player* wichtiger als der *New Yorker*», sagte er. «Im *New Yorker* gab es keine Akkorddiagramme.»

Er studierte in Princeton vergleichende Literaturwissenschaft und machte ein Seminar bei dem *New Yorker*-Autor John McPhee, der ihm beibrachte, dass man, wenn man Leute interviewte, bereit sein müsse, dumm zu erscheinen. Er verbrachte ein Semester in Japan, wo er Englisch unterrichtete und einsam war. Er war auch in Paris, wo er ein Leon-Russell-T-Shirt und Converse-Turnschuhe für neun Dollar trug und Geld verdiente, indem er in der Métro Bob-Dylan-Lieder sang. Seine Kommilitonen in Princeton bekamen alle einen Job als Investmentbanker, er dagegen einen bei der *Washington Post* als Polizeireporter für die Nachtschicht. Eine Weile berichtete er übers Boxen, dann, warmgelaufen, interviewte er Prominente auf ihrem Hotelzimmer. Er war gut, sogar eine Art Wunderkind – der geborene Reporter, flink und immer pünktlich.

Die *Washington Post* schickte ihn 1988 mit seiner Frau nach Russland, wo er über alle Phasen der Auflösung des Sowjetreichs mit erstaunlicher Fruchtbarkeit berichtete.

Jährlich schrieb er zwischen 300 und 400 Artikel, schaute dabei Bill Keller über die Schulter, dem Russland-Korrespondenten der *New York Times*, heute ihr Chefredakteur. In Remnicks Büro hängt eingerahmt die Titelseite der *Washington Post* vom 24. August 1991, auf der zwei Remnick-Artikel stehen. Der obere beginnt folgendermaßen: «Heute Abend ist die Sowjetunion nach sieben Jahrzehnten zusammengebrochen, nachdem Präsident Michail Gorbatschow als Generalsekretär der Kommunistischen Partei zurückgetreten ist und die Regierung angewiesen hat, sämtliches Parteieigentum einzuziehen.»

Aus dieser aufregenden Zeit erwuchs dann Remnicks erstes Buch, *Lenin's Tomb*. Relativ am Anfang des Buchs findet sich eine charakteristische Szene, als er versucht, das letzte Mitglied von Stalins Kabinett zu interviewen – einen alten Mann namens Kaganowitsch. Er stellt fest, dass Kaganowitsch durch einen merkwürdigen Zufall in der Wohnung unter ihm wohnt, und klopft an die Tür. Er klopft lange. Keine Antwort. Jeden Tag klopft er. Dutzende Male klingelt er. Schließlich erreicht er Kaganowitschs Frau, die ihm ausrichtet, dass ihr Mann nichts sagen wird. Er ruft weiter an; er will, sagt er, sehen, «wie ein böser Mann aussieht». Er erfährt von einem geheimen Telefoncode: zweimal klingeln, dann auflegen und wieder anrufen. Kaganowitsch hebt ab. Remnick gibt sich zu erkennen. Kaganowitsch sagt: «Keine Interviews! Schluss!» Bald darauf stirbt er. Aber immerhin hat Remnick die Stimme des Letzten aus Stalins innerem Kreis gehört. In *Lenin's Tomb* finden sich Dutzende Szenen über Schmerz, Verlust und Aufruhr; 1994 erhielt er dafür den Pulitzer-Preis.

Inzwischen schrieb Remnick als Freier für *Esquire* und

Vanity Fair und dann als Redakteur für Tina Browns *New Yorker* – ein aufschlussreiches Porträt nach dem anderen, über Don DeLillo, Mike Tyson, Benjamin Netanjahu. Über Netanjahus Vater schrieb er, er habe «kleine weiße Haarbüschel und müde, schmale Augen, die Augen eines chinesischen Gelehrten». Über Tysons Kampf gegen Evander Holyfield: «Unfassbar, wie Tyson sich erneut an Holyfields verschwitzten Nacken heranschnüffelte, beinahe zärtlich, entschlossen, wie ein Trüffelschwein. Er gelangte ans linke Ohr und biss hinein.» Remnick bleibt bei diesen Erfolgen bescheiden, er schreibt sie hauptsächlich seinem «Sitzfleisch» zu. «Vieles von dem, was ich mache, ist nur die Geisteskrankheit der Hartnäckigkeit», sagte er zu mir.

1998 erschien dann Remnicks zweites Buch, *King of the World,* über einen Helden seiner Jugend, Muhammad Ali. Dann geschah etwas Bedeutsames: Tina Brown kündigte plötzlich, um eine neue Zeitschrift zu gründen: *Talk.* («Tina ist weniger ein Planet als ein Komet», sagte Remnick. «Sie strahlt hell und zieht von einem zum anderen.») S. I. Newhouse, der Besitzer des *New Yorker,* bat David, ihr Nachfolger zu werden. Als die Redaktion davon erfuhr, standen alle auf und applaudierten fünf Minuten lang. «Der Applaus war eine Erleichterung», so Remnick. «Es war wie der innere Applaus, wenn man zum Neurologen geht und erfährt, dass man keinen Gehirntumor hat.» Die Arbeit war anfangs nicht einfach – in den ersten beiden Monaten nahm er fünf Kilo ab. Leicht ist sie noch immer nicht. «Sie müssen begreifen», sagte er, «dass es absurd ist, dass ich bei dieser Zeitschrift bin. Ich komme mir vor wie ein Heuchler.»

Aber er ist doch genau der Richtige: ein großer, alles

verschlingender Herausgeber. Er nimmt die Geschichte des *New Yorker* ernst – er gibt eine Anthologiereihe mit früheren *New Yorker*-Geschichten zu bestimmten Themen heraus –, aber ebenso wichtig ist ihm, dass er in Zeiten von Blogs und iPads nicht der letzte Zeremonienmeister der Zeitschrift ist. Einer seiner größten Knüller kam 2004: Seymour Hershs Berichte über Missbrauch in Abu Ghraib. Auch holte er Ian Frazier, ein Genie der Komik, wieder zurück – Frazier war während Tinas stürmischer Jahre mehr oder weniger im Streik gewesen – und entdeckte und ermutigte einige gute Schreiber, darunter Ben McGrath, der über alles knackig schreiben kann, einschließlich Gehirnerschütterungen beim Football und Theoretiker des Weltuntergangs.

Nach 9/11 hatte er, wie so viele, einen (für mich) seltsamen Ausbruch von Militanz, indem er den Angriff auf Afghanistan begrüßte und in einem berühmten Kommentar in «Talk of the Town» die Invasion in den Irak unterstützte. Beim Irak «lag ich falsch», sagte er mir. Er will, dass seine Zeitschrift Wahrheiten ans Licht bringt. Ich fragte ihn, was er gemacht hätte, wenn Julian Assange ihm einen Wäschekorb mit Wikileaks-Dokumenten angeboten hätte. Natürlich hätte er sie veröffentlicht, sagte er – später hätten es dann die Gerichte klären müssen. «Ich finde es besser, wenn die Welt Bescheid weiß, als wenn sie nichts weiß.»

Letztes Jahr veröffentlichte er ein umfangreiches Buch über die Bürgerrechtsbewegung und den Aufstieg Barack Obamas. Er schrieb es frühmorgens, bevor er zur Arbeit ging, und spätabends. «Wenn ich neben ihm saß und es nicht gewusst hätte, hätte ich nicht gemerkt, dass er an einem Buch schrieb», sagte Pam McCarthy zu mir. «Ich will ja nicht lobhudeln, aber er ist ziemlich toll. Und auf-reibend.»

Remnick ließ mich in seinem Büro zurück und begab sich auf seine Nachmittagsrunde durch den 20. Stock. Ich machte ein paar Fotos von seinen Bücherregalen – mit Hunderten Werken von jetzigen und früheren Mitarbeitern des *New Yorker*, Büchern auf Russisch, einer zerlesenen Ausgabe der Gedichte Walt Whitmans und einer neueren Ausgabe der Zeitschrift in Schwarz und Gold. Dann schaute ich aus dem Fenster auf einen Schriftzug, der in großen Lettern «Toshiba» sagte, und einen zweiten mit «Thomas Reuters». Ein Stück weiter die Straße hinunter war das stumpfgrüne Dach des alten *New York Times*-Gebäudes, eines der wenigen in der Gegend, die schon standen, als die Zeitschrift ihren Anfang nahm. Ich schaute auf den Schnappschuss von Remnicks Frau und Kindern, auf ein kleines Aufziehradio, ein gerahmtes Bild von Updike, ein anderes von Ornette Coleman, auf Hunderte CDs und auf eine Schachtelpuppe von Wladimir Putin, dessen Porträt er 2003 schrieb. Auf seinem Schreibtisch lag «*the long*» [«das Lange»] – das große Blatt Papier mit allen Geschichten, die schon fertig waren und in künftige *New Yorker* eingehen sollten. Ich kam mir richtiggehend unbefugt vor, wie ein Spion, zu hoch oben in der Manhattaner Skyline, als gut für mich war. Ich hörte das diskrete Dong eines klingelnden Telefons. Remnick begleitete mich zum Fahrstuhl. «Wissen Sie noch, was Barbara Walters am Ende des Jimmy-Carter-Interviews sagte?», fragte er.

«Nein», sagte ich.

«Seien Sie gut zu uns, Mr. President.»

(2011)

— BIBLIOTHEKEN —
UND ZEITUNGEN

Immer weiter für die Zukunft

Ich bekam einen Anruf von der Rochester Public Library, der Bibliothek, in die ich als Kind am häufigsten gegangen war. Sie schafften ihren Kartenkatalog ab; ich hatte im *New Yorker* ausführlich über Kartenkataloge geschrieben. Ob ich ihn haben wolle. Wenn ich die Frachtkosten übernähme, würden sie ihn von Rochester nach Berkeley schicken – außer den Schubkästen, die sie noch verkaufen könnten. Ich sagte, nein, ich wolle ihn nicht, ich wolle, dass sie ihn behielten. Also warfen sie ihn weg.

Etwa ein Jahr danach erhielt ich von Bibliothekaren der San Francisco Public Library unglückliche E-Mails. Die SFPL war gerade in ein neues Gebäude umgezogen, und die Presse berichtete lange und begeistert darüber. Robert Hass, der Poeta laureatus, schrieb: «... das Innere der Bibliothek ist ein Wunder, so phantastisch, dass man seine vormaligen Vorstellungen von einer Bibliothek vergisst»; Allan Temko, der Architekturkritiker des *San Francisco Chronicle*, verglich deren zahlreiche Innenbrücken mit der «visionären Architektur Piranesis». Der alte Kartenkatalog jedoch sollte, wie die Bibliothekare mir schrieben, vernichtet werden – die Karten recycelt, die Schubkästen versteigert. Bislang stand er noch intakt in dem alten Bau: kunstvoll geschnitzte Summe des Inhalts einer großen städtischen Bücherei, «eingefroren» (d. h., nicht ergänzt oder aktualisiert) auf dem Stand von 1991. «Sie sind der Einzige, der ihn jetzt noch retten kann», schrieb mir ein Bibliothekar.

Da ich glaubte, meiner Pflicht als Bewahrer in meiner Heimatstadt nicht nachgekommen zu sein, erklärte ich mich bereit zu versuchen, ihn zu erhalten. Am 21. Mai 1996 bat ich entsprechend dem Public Records Act förmlich um Begutachtung des Kartenkatalogs. (Der Public Records Act ist die kalifornische Version des Bundesgesetzes zur Informationsfreiheit). Diese legalistische Demarche würde, so meine Hoffnung, den Katalog als öffentliches Dokument definieren und erst einmal verhindern, dass die Verwaltung ihn als überflüssigen Besitz behandelte. Die Bitte war nicht unzumutbar: Das Projekt der Datenkonvertierung war noch nicht abgeschlossen, und Tausende von Karten im Kartenkatalog für Bücher steckten in geschlossenen Magazinen der Bibliothek, die im Online-System noch keine Entsprechung hatten. (Über die Hälfte des Bibliotheksbestands befand sich in geschlossenen, unbenutzbaren Magazinen.) Die Bitte wurde jedoch in einem Brief des Stadtbibliothekars Kenneth E. Dowlin abgelehnt; er schrieb: «Wir sehen uns derzeit außerstande, das zu genehmigen.»

Angeregt vom Briefkopf der Bibliothek, der «Access, Discover, Empower» («Zugang, Entdeckung, Ermächtigung») lautet, klagte ich auf Zugang. Am 26. Juni 1996 wurden achtzehn Schubläden aus dem alten Kartenkatalog ins neue Gebäude gebracht, wo ich sie benutzen durfte. Unterdessen brachte die San Franciscoer Aufsichtsbehörde eine nicht bindende Resolution ein, in der die «Bibliothekskommission aufgefordert wird, den Kartenkatalog der Hauptbibliothek zu bewahren und der Öffentlichkeit zugänglich zu machen», und verabschiedete sie auch. Am 3. September 1996 stimmte die Bibliothekskommission nach stundenlangen öffentlichen Anhörungen dafür, eine Möglichkeit zu suchen, den Katalog zu behalten.

Doch als ich dann Namen wie Walter Benjamin, John Milton und J.K. Huysmans auf Pappkarten suchte und auch fand – und merkte, dass im Online-Katalog erheblich weniger Bücher dieser Autoren als im Kartenkatalog waren –, hatte ich schon über einen Monat lang mit Mitgliedern des Bibliothekspersonals gesprochen. Ich kannte die wahre Geschichte, die eher nur am Rande mit Katalogen zu tun hat.

Die wahre Geschichte handelt davon, was passiert – was in stärkerem oder geringerem Maße in etlichen Städten landauf, landab passiert –, wenn Telekommunikationsfans große alte wissenschaftliche Bibliotheken übernehmen und versuchen, sie mit Hilfe von Unternehmen als stark frequentierte Vorzeigeobjekte der IT-Branche zu erneuern. Solche Umwandlungen verschlingen unvorhersehbar große Summen Geld, weswegen die SFPL eben dann – obwohl sie alljährlich einen ansehnlichen Prozentsatz des städtischen Haushalts als Teil des Postens E, «Erhalt der Bibliothekenfinanzierung» erhielt – praktisch pleite war und in ihrem Betriebsbudget ein Defizit von einer Million Dollar aufwies; das neue Gebäude war derweil mit den Namen der großen Gönner, die es mit Ach und Krach ermöglichten, dass sie im April ihre Pforten öffnen konnte, verziert und beflaggt.

Einer dieser Gönner ist die Pacific Telesis Group (Mutter von Pacific Bell, der Telefongesellschaft), ein Unternehmen, das in der wachsenden Gebühr-gegen-Service-Informationsbranche ein «Inhaltsanbieter» werden will. Steven Coulter, Vizepräsident von Pacific Telesis, ist Vorsitzender der Bibliothekskommission, er ist ein Befürworter der Vorzüge der Informationsvernetzung und der Public-Private Partnerships und auch ein hervorragender Spendensammler für die Bibliothek. Kenneth Dowlin, der Stadtbibliothekar – abgeworben von Colorado Springs, wo er als Chef des Pikes Peak Library District einen frühen Einwähl-Zugangskatalog namens Maggie's Place entwickelte –, möchte ebenfalls, dass die SFPL eine Art Telekommunikationseinrichtung wird: 1992 sagte er schon vor der American Library Association, dass er sich eine Bibliothek vorstelle, die «bis zum Jahr 2000 jedem Haus, jeder Schule, jedem Büro einen elektronischen Zugang» gewähre, und dann noch: «Wir beabsichtigen, aus dieser Pipeline Einnahmen zu generieren.» Ebenfalls sagte er: «Ich werde dem Bauamt gestatten, Dokumente für Baugenehmigungen über mein System laufen zu lassen, aber ich kriege meine fünf Prozent.»

Die Metapher mit der Pipeline ist nützlich, und sie hat dieser Tage verständlicherweise großen Einfluss auf viele Bibliotheksmanager, und jeder inner- und außerhalb der Magazine will herausfinden, wer die Ventile einstellen, wer die Druckmesser eichen darf und wer das Vorrecht genießt, die Tarife für den Ideenfluss festzusetzen. Letztes Jahr startete die unternehmerisch gesinnte SFPL mit «Library Express» einen Dienst, der Kunden, die ein höheres Level an Recherche-Unterstützung und Dokumentenabfrage als der nicht zahlende Besucher brauchten und sich leisten konnten, sechzig Dollar pro Stunde berechnete.

Nicht allen Beobachtern gefallen die Privatisierungstendenzen in der Welt der öffentlichen Bibliotheken, doch es wäre einfach nur kleinlich, auf die Unzulänglichkeiten dieser selbsternannten «Bibliothek der Zukunft» hinzuweisen, des Ergebnisses einer so außergewöhnlichen Ausgießung von Bürgersinn und Großzügigkeit, gäbe es nicht auch das: Unter Dowlin und seinem A-Team (wie er seinen Kader aus Leitern und Sonderassistenten nennt) hat die SFPL konservativen Schätzungen zufolge über zweihunderttausend Bücher auf eine Müllkippe gebracht – viele davon alt, schwer zu bekommen, nicht mehr lieferbar und wertvoll.

«Bestimmt sind mindestens so viele weg», sagte mir ein Bibliothekar. «Ich würde schätzen, vielleicht ein Viertel davon, fünfzigtausend, hatten tatsächlich aussortiert gehört. Aber meiner Schätzung nach mindestens hunderttausend nicht. Und bei weiteren fünfzigtausend könnte ich es nicht sagen. ... Ich persönlich habe mindestens zwanzig-, dreißigtausend Bücher gesehen, die, als wir noch im alten Gebäude waren, in Kartons verpackt wurden und gar nicht wieder in die Sammlung kamen.» Dieser Mann möchte wie die meisten Angestellten, mit denen ich gesprochen habe, ungenannt bleiben, da Dowlin, wie manche behaupten, Dissidenten gern bestraft, indem er sie in die Zweigstellen verbannt (ein Vorwurf, den die Verwaltung bestreitet). Die Angestellten wollten mir einfach sagen, dass die Bibliothek einer Art Hirnoperation unterzogen wurde. In den Worten einer Frau, die ich interviewte: «Das EEG wird flach.»

Die schlimmste Periode des Aussortierens war Ende letzten Jahres, in den Monaten vor dem Umzug der Bibliothek in die *New Main*, wie das neue Hauptgebäude genannt wird – ein großer grauer Bau mit einem Loch in der Mitte, wo das Magazin sein sollte. Der Bau wurde mit über hundert Millionen Dollar öffentlicher Mittel finanziert; die Wähler billigten diese großzügige Anleihe, weil die *Old Main*, wie man ihnen sagte, nicht mehr aufnehmen könne, was sie solle – eine allgemeine Sammlung auf wissenschaftlicher Ebene, Tausende spezialisierter Zeitschriften, die Grabhorn Collection über die Geschichte des Drucks und die Entwicklung des Buches, die Schmulowitz Collection von Witz und Humor, Stadtarchive, Zeitungsarchive, Fotoarchive und so weiter. Als um Geld für Einrichtung und Ausstattung des neuen Gebäudes gebeten wurde, flossen über dreißig Millionen Dollar von privaten Spendern und «autonomen Gruppen», die Schwule und Lesben, mehrere ethnische Gemeinschaften und Umweltschützer repräsentierten.

Von außen wirkt der Bau gewaltig – und auch von innen; der Besucher kann sich an weiten Teppichbodenflächen erfreuen, an Blicken auf ferne Souvenirläden und Sicherheitsschleusen, mehrstöckige Werke öffentlicher Kunst, am Chevron Corporation Teen Center, am Job- und Karriere-Center der Stiftung der BankAmerica, an unverstellten Sichtlinien in nahezu jede Richtung. Legen Sie den Kopf zurück, und Sie blicken aufwärts durch eine «glitzernde Leere» (in den Worten des leitenden Architekten James Ingo Freed), die sich bis zu einer konischen Hornhaut aus weißem Glas in zweiundzwanzig Metern Höhe erstreckt. Doch Fläche bedeutet vom Standpunkt eines bestehenden Bücherbestands aus etwas ganz anderes als Bodenfläche, Atriumfläche oder Bandbreite in einem Telekommunikationskabel, was die *New Main* alles in relativer Fülle bietet. Für ein Buch bedeutet Fläche Regale: Die Abteilungen der Bibliothek sollten genügend Regale für ihre Sammlungen erhalten, dazu noch viel Fläche, um wachsen zu können. Und dennoch haben die meisten Abteilungen noch immer nicht genügend Regalfläche, um ihren jetzigen Bestand unterzubringen.

Noch vor dem Zustrom Hunderttausender neuer Bücher, die mit Antrag E-Mitteln gekauft wurden, hatten einige Angestellte ernste Zweifel am Fassungsvermögen des Gebäudes. 1991, als die Verwaltung die Pläne für die *New Main* herumschickte, unterzeichneten einunddreißig Mitarbeiter der Bibliothek einen Brief, in dem sie behaupteten, dass «von den versprochenen 34 900 m² viele praktisch nutzlos sein werden. ... Der gegenwärtige Plan für das neue Gebäude erfüllt die Bedürfnisse, die den Wählern zur Rechtfertigung der Ausgabe vorgelegt wurden, offensichtlich nicht.» Doch das wahre Ausmaß des Problems dämmerte dem A-Team erst Ende 1995, als einzelne Bibliothekare vor dem Umzug potenzielle Bücheranordnungen durchspielten. Auf einmal war sonnenklar: Die Sammlung in der *Old Main Library* würde nicht in die *New Main Library* passen. Kathy Page, die Chefin der *Main*, schrieb im «Progress Report» Nr. 34 vom Dezember 1995: «Mehrere Überraschungen und Fehler wurden entdeckt, die behoben oder abgemildert werden sollen.» Wie sollten die Fehler behoben oder abgemildert werden? Das Volumen der Sammlung selbst wurde eilig reduziert. Es wurde «ausgesondert».

«Aussondern» ist ein Fachbegriff aus dem Bibliothekswesen und ein notwendiger Bestandteil dessen, was Bibliothekare tun. Hat man fünf Ausgaben von Samuelsons *Economics* oder von Booth Tarringtons *The Man from Indiana*, kann der Bibliothekar verpflichtet sein, die Zahl zu verringern, damit mehr Platz für andere Bücher entsteht. Die Bibliothek verkauft oder verschenkt sie – oder schmeißt sie sogar weg, wenn niemand sie will –, damit sie von dem Rankwerk dessen, was einmal stark nachgefragt war, nun aber nicht mehr, nicht erstickt wird. Aber über solch offensichtliche Beispiele hinaus braucht das Aussondern eines reichen alten Bestands wie dem in San Francisco Zeit und sorgfältige Überlegung. Liegt Ihre potenzielle Aussonderung ein wenig abseits Ihres Hauptwissensgebiets, müssen Sie sie in Standardbibliographien nachschlagen. Sie müssen die traditionellen Stärken und Schwächen Ihrer Bibliothek bedenken wie auch die Myriaden sekundärer Wege, auf denen ein veraltetes Buch den historisch Neugierigen erleuchten kann. Ist das Buch vor Ihren Augen die alte Ausgabe von etwas, was neu aufgelegt worden ist, müssen Sie sich fragen, ob diese alte Ausgabe einen Eigenwert besitzt – etwa wegen ihres Kommentars oder der Bedeutung ihres Herausgebers –, der der neuen vielleicht abgeht. Und selbst dann gibt es natürlich noch unterschiedliche Ansichten. Um aus einem Buch namens *Garden Friends and Foes* von Richard Headstrom zu zitieren: «Bäte man Sie, eine Liste von Unkräutern zu erstellen und sie mit einer zu vergleichen, die jemand anders erstellt hat, würden beide wahrscheinlich nicht völlig übereinstimmen.»

Kenneth Dowlin selbst erläuterte bei einer Versammlung 1992 einem Fragesteller gegenüber eine vertretbare

Aussonderungstheorie. Er sagte: «Wir haben viele Bücher, von denen wir womöglich 200 Stück je Buch kaufen, weil Tausende Menschen sie lesen wollen. Es wäre sinnlos, alle zweihundert unser Leben lang zu behalten. Wenn also die Ausleihe eines solchen Buches zurückgeht, behalten wir eines, zwei oder fünf, je nachdem, was die angemessene Zahl ist.» Bis auf die aufgeblähte Zahl zweihundert ist das eine ziemlich gute Beschreibung dessen, was ablief, bevor Dowlin ans Ruder kam, als das Volumen aussortierter Bücher noch relativ klein war. Was aber im letzten Jahr an der San Francisco Public Library geschah, war kein Aussondern in diesem speziellen Sinn. Letztes Frühjahr fand ich *Garden Friends and Foes* in einem Raum beim Versand- und Empfangseingang in der *Old Main Library* – ein fensterloser, hoher Raum, vielleicht zwei Meter fünfzig mal drei Meter fünfzig groß. Er heißt Ausschussraum. Bis letzten Januar fuhr an den meisten Dienstagen ein Lastwagen der städtischen Müllabfuhr – ein Fünftonner mit Holzwänden an der Pritsche, wie man ihn für den Transport von Unterholz und alten Waschmaschinen benutzt – an den Ausschussraum heran, worauf zwei, manchmal auch drei Männer die Bücher, häufig zu Bündeln von acht oder zehn zusammengebunden, auf die Ladefläche warfen. Manchmal waren auch noch andere Dinge darauf, ein alter Stuhl oder ein Einkaufswagen, den ein Obdachloser auf dem Bibliotheksgelände hatte stehen lassen, oder Hunderte nicht mehr erhältlicher Schallplatten, manchmal auch nur Bücher. War der Lastwagen vollgeladen (und er fasste rund zweieinhalbtausend gebündelte Bände), fuhr er zu einer Umladestelle, wo die Bücher mitsamt dem sonstigen Müll des Tages auf große Sattelschlepper kamen, die sie dann zu einer Müllkippe transportierten. Aus Fairness der jetzigen Verwaltung gegenüber sollte man sagen, dass auch Jahrzehnte davor Bücher aussortiert wurden, wenn auch in viel kleinerem Umfang. (Die Verwaltung gibt manchmal an, ein Gesetz über überschüssigen Bestand habe sie bis 1989 gezwungen, alle aussortierten Bücher wegzuwerfen, korrekt wäre aber auch zu sagen, dass die Bibliothek die Stadt erst 1989 um die offizielle Erlaubnis bat, einige dieser aussortierten Bücher über den Buchladen «Freunde der Bibliothek» verkaufen zu dürfen.) Besonders schlimm wurde es allerdings diesen Winter, als Kathy Page alle Stellen aufforderte: Aussondern! Manchmal machten die Leute von der Müllabfuhr die Tür des Ausschussraums auf und gleich wieder zu, weil ihnen ein zwei Meter hoher Bücherstapel entgegenzufallen drohte.

Folgendes erzählten mir zwei Bibliothekare, die dem Aussonderungsteam angehört hatten, in einem Café:

BIBLIOTHEKAR A: Die haben gesagt: «Schmeißt so viel wie möglich raus.» Und dann noch: «Alles, was nicht so aussieht, als müssten wir es in der *New Main Library* haben, wenn es nicht gut aussieht, wenn es repariert werden müsste …» Und dann stellte sich die Frage, ob Sachen, die man zur Reparatur gab, auch tatsächlich repariert wurden oder ob sie sie dort wegschmissen.

BIBLIOTHEKAR B: Irgendwie zögerte man, Sachen zur Reparatur zu geben, weil die [bei der Reparatur] «überlastet» waren.

BIBLIOTHEKAR A: Man dachte schon: «Moment mal, die werden doch eh bloß weggeschmissen.»

BIBLIOTHEKAR B: Eigentlich wissen wir gar nicht, was passiert ist, weil die Bibliothekare ihr jeweiliges Gebiet aussonderten, aber eine Vorgesetzte das letzte Wort hatte. Was die gemacht hat, wissen wir nicht.

BIBLIOTHEKAR A: Sie hat alles auf denselben Bücherwagen gestellt, und ich habe gesagt: «Das wird aber nicht weggeworfen, nicht aussortiert.» Sie sagte: «Nein, stell's einfach drauf.»

In den Regalen der San Francisco Public Library steht kein Exemplar von *Garden Friends and Foes* mehr. Weder an der University of California in Berkeley noch an der Davis, in Stanford oder an der UCLA gibt es Duplikate. Zahlreiche andere Bücher von Headstrom stehen in der Sammlung der SFPL – er hat über Spinnen, Eidechsen, Vögel, Insekten und sogar einen *Complete Field Guide to Nests in the United States* geschrieben –, aber diese einzige Ausgabe seiner Arbeit über Unkraut wurde ausgesondert. Warum? Der Einband war leicht eingerissen, und die Aussonderer, wie man sie nennt, wurden angehalten, schnell und massenhaft auszusondern und ihre Entscheidung weitgehend nach dem Aussehen zu fällen.

Allerdings muss ich auch sagen, dass viele der Bücher im Ausschussraum, die ich selbst überprüft habe, in den Regalen noch Duplikate haben oder immerhin durch spätere Ausgaben desselben Werks vertreten sind. Die Aussonderung des Arco-Prüfungsbuchs für Müllmänner im Öffentlichen Dienst von 1983, wovon die Bibliothek zwanzig Exemplare hat – ich entdeckte es vor zwei Monaten im Ausschussraum unter zehn Büchern über Ethik und einer makellosen Ausgabe der Clarendon Press von Leibniz' *Logi-*

cal Papers –, ist sinnvoll. (Frage 67 auf Seite 90 des Prüfungsbuchs fordert einen auf, in dem folgenden durcheinandergewürfelten Satz den letzten Satzteil zu nennen: «das Buch / auf dem obersten Bord / des Bücherregals / wollte, war / das sie.» Die Antwort lautet «des Bücherregals»: «Das Buch, das sie wollte, war auf dem obersten Bord des Bücherregals.» Und nicht auf einem Mülllaster.) Hier nun aber einige der anderen Bücher, die ich nach einem unangekündigten Besuch mitnahm und die entweder überhaupt nicht online verzeichnet sind oder auf denen steht: «Bitten Sie einen Mitarbeiter um Bestandsinformationen», ein Satz, der häufig, besonders bei älteren Ausleihebüchern, ein Code für «Ich bin ein letztes Exemplar, und ich wurde aussortiert» ist. Da wären *Crumbling Idols* von Hamlin Garland; ein hübsches Büchlein aus der Knickerbocker Press mit Farbtafeln namens *The Way to Study Birds* von 1917; eine Ausgabe von *Rivers of North America* (1907) von Israel Russell samt einer kompletten chemischen Analyse einer Wasserprobe aus einem Hydranten in Los Angeles vom 8. September 1878, dazu ähnliche Ergebnisse bei anderen Proben aus dem Hudson, dem Cumberland Reservoir, dem Mohawk und dem Rio Grande; dann ein *Handbook for the Woman Driver* von Charlotte Montgomery, das ein ganzes Kapitel dem Thema «Kleidung und Schönheit unterwegs» widmet («Sonnenbrille ist ein *Must*.»). *Studies of Abnormal Behavior in the Rat* von Norman Maier war ein weiteres letztes Exemplar. (Auf Seite 19: «Ein elektrischer Grill wurde zwischen die Springplatte und das Leinwandnetz gestellt. Nun wurde die Ratte nicht nur bestraft, wenn sie auf der Platte blieb, sondern auch, wenn sie von der Platte sprang. Zur Kontrolle wurde derselbe Grill im Falle der weiblichen Ratte benutzt. Diese Technik löste bei beiden Tieren keine Nervenanfälle aus.» Das braucht eben Zeit.)

Das Aussondern geht zwar weiter, aber die gute Nachricht ist, dass seit Januar keine weiteren Bücher weggeworfen worden sind. Am 29. Januar brachten Andrew Ross und Phillip Matier im *San Francisco Chronicle* einen Artikel auf der ersten Seite unter dem Titel SF LIBRARY WIRFT TAUSENDE VON BÜCHERN WEG, dazu ein Bild vom Ausschussraum. «Das laufende Verbrechen war inzwischen so offensichtlich», erzählte mir ein Mitarbeiter, «dass das Blut schon unter der Tür durchkam.» Seither ist meines Wissens kein Buch mehr weggeworfen worden. (Gut, viele tausend neuerer ungebundener Zeitschriften, die die Bibliothek abonniert hat – Serien mit Titeln wie *Welding Design and Fabrication, Nutrition Reviews, Journal of Tribology, The Canadian Journal of Soil Science, Car and Driver* und *Bee Culture* –, wurden im vergangenen Februar, März und April heimlich in Recycling-Container geworfen, aber keine *Bücher*.) Stattdessen werden gemeinnützige Organisationen und Gemeindegruppen eingeladen, sich in einem großen Raum im Souterrain der *Old Main* umzusehen; bei der letzten Schenkungsaktion wurden fünftausend Bücher weggegeben. Sie sind in andere Bibliotheken gekommen, hier und im Ausland, in Schulen, Gefängnisse, Dörfer in Madagaskar und Armenien. Diesen Monat hat die Öffentlichkeit jeden Freitag die Gelegenheit, das mitzunehmen, was die karitativen Organisationen nicht haben wollen. Deetje Boler von den Grauen Panthern hat zwanzig Kisten eingepackt: Werke über Arbeitsgeschichte und Vögel, Bücher von McPhee, Malamud, Herb Caen, eine Erstausgabe von Elizabeth Bishop. (Sie verwahrt sie so lange, bis die Bibliothek zur Vernunft kommt.) Wir können zumindest dafür dankbar sein, dass die jüngst Aussortierten ihr Leben anderswo fortsetzen werden, anstatt als halbempfindungsfähiges Residuum in ihrer letzten Ruhestätte zu landen: der Mülldeponie.

Dowlin, unter Bibliotheksleitern eine geachtete Persönlichkeit, hat angekündigt, für die Präsidentschaft der American Library Association kandidieren zu wollen. Seine erste Kandidatur um das Amt 1987 verlor er knapp: TRUCKIN' FOR THE FUTURE: Ken Dowlin for ALA President» stand auf seinen Wahlkampf-Stickern. In seiner Rolle als ALA-Lichtgestalt zitiert Dowlin (der sechs Jahre beim Marine Corps war, bis er sein Interesse auf die Bibliotheksverwaltung lenkte, nachdem er in Teilzeit einen Bücherbus gefahren hatte) manchmal Unternehmenstheoretiker wie Everett M. Rogers, seinen «Guru des Wandels», wie er ihn einmal genannt hat. In einem von Rogers' Büchern finden sich vier Möglichkeiten, eine Organisation umzuwandeln – durch Zerschlagung, durch Umstrukturierung, durch Austausch des Personals und durch die Einführung neuer Techniken. 1992, in einer Gesprächsrunde der ALA (als Teil eines Forums mit dem Titel «Elektronische Auskunft im 21. Jahrhundert: Innovation durch Menschen, Geld und Phantasie»), erwähnte Dowlin, nachdem er Rogers' vier Möglichkeiten zitiert hatte, eine fünfte: «Ich kann Ihnen sagen, was passiert, wenn ein Erdbeben eine halbe Million Bücher auf den Fußboden gekippt hat. Es ist die ideale Möglichkeit, sie neu zu ordnen.»

Das Loma-Prieta-Erdbeben vom Oktober 1989 gestattete Dowlin und den Abteilungsleitern, nachdem sie die Magazine (teils aus Sicherheitsgründen) für die Öffentlichkeit geschlossen hatten, Abteilungen zusammenzulegen und eine Schablone für die *New Main* zu erstellen. Als Erstes wurden die Abteilungen Literatur und Geschichte zusammengelegt. Bei der Eröffnung des neuen Gebäudes hatte die Verwaltung ungeachtet einer von siebenundzwanzig Bibliothekaren unterzeichneten Petition Sport, Freizeit und die meisten Wissenschaften in einer vagen Kategorie namens Allgemeine Sammlungen und Geisteswissenschaften zusammengefügt. Zellbiologie, Bücher über Bäume, elisabethanische Lyrik, Kochbücher, Modelleisenbahnen und Haustiere waren jetzt alle in einer Gruppe, und umbesetzte Bibliothekare waren mit der Sammlung, für die sie verantwortlich zeichneten, nicht mehr unbedingt allzu vertraut.

Nach dem Erdbeben schloss Dowlin die Bibliothek für zweieinhalb Monate, um diese Neuorganisation abzuschließen, obwohl einige Mitarbeiter ihm ihre Bereitschaft erklärten, wenigstens teilweise schon viel früher zu öffnen. Unterdessen wurden zahlreiche Bücher herumbewegt. Ein Memo für die Zweigstellen vom 7. Dezember 1989 informierte: «Bis der Ausschussraum in der Hauptbibliothek geräumt werden kann, wird kein Ausschuss abgeholt. Der Raum ist so voll, dass er ein Brandrisiko darstellt.» Zwischen hundertfünfzig- und zweihunderttausend wenig ausgeliehene Bücher (darunter eine hübsche Sammlung alter Reisebücher) kamen in eine verlassene Klinik, wo sie in Krankenzimmern gelagert wurden. Einige Zimmer hatten kaputte Fensterscheiben, die meisten waren ohne Jalousien oder Vorhänge. Rund dreitausend Bücher waren irreparabel von Schimmel und Wasser beschädigt und wurden weggeworfen. In der Bibliothek wurden Tausende Bücher, die nie im Computer erfasst worden waren, in einen Raum im zweiten Stock des Nordflügels gebracht. Dort lagen sie mehrere Monate lang, dann wurde jede Abteilung gebeten, diese «Nicht Erfassten», also NEs, zu sichten und zu entscheiden, ob sie behalten oder «aussortiert» werden sollten. Dadurch wurde der Raum als die Aussortierungskammer bekannt. Während dieser Zeit fuhren die Müllaster, so ein Bibliothekar, mehrmals die Woche mit Buchladungen ab.

Die verbliebenen NEs lagerten noch rund fünf Jahre unzugänglich in Kartons, wobei Pappe absackte und einbrach und Bindungen sich lösten. Man hätte sie wieder einordnen können, doch das geschah nicht. Im Computer waren sie nicht, sie waren «veraltetes Material» – warum also Geld fürs Einordnen ausgeben? Dowlin hatte schon vor dem Erdbeben einem Reporter des *Bay Guardian* gegenüber seine Absicht signalisiert, den «Augiasstall», wie er das nannte, auszumisten. König Augias hatte, wie wir wissen, ein gewaltiges Problem mit Rinderdung, und Herkules bereinigte die Situation, indem er einen günstig gelegenen Fluss durch den Stall umleitete. Eine von Dowlins Aufgaben war es, den Fluss der Erdbeben-Hilfsgelder des Bundes zu seiner Bibliothek umzuleiten. Die Bewerbung um Mittel bei der Katastrophenhilfe FEMA, die seine Mitarbeiter verfasst hatten, sollte (neben anderen vernünftigen Dingen wie bauliche Reparaturen und Neubindungen von Büchern) Geld für ein neues Computersystem bringen, mit dem durch das Erdbeben heruntergestürzte Bücher inventarisiert werden sollten. Die FEMA gab eine große Summe. Der Kartenkatalog wurde 1991 eingefroren, und die Bibliothek unterschrieb mittels zusätzlicher städtischer und privater Mittel einen viele Millionen schweren

Leasing-Vertrag mit Digital Equipment und brachte ihren neuen Katalog online.

Mit FEMA-Mitteln wurden auch einige Bücher repariert, andere wurden einfach weggeworfen. Erst einige Monate nach dem Umzug in die *New Main* kamen Tausende beschädigter Bücher – viele davon selten –, die seit dem Erdbeben in einer niedrigen Klitsche namens Mäusehaus, ungefähr einen Block von der Bibliothek entfernt, gelagert worden waren, zur Reparatur. Statt aber diese Bücher zu reparieren, verwandte die Bibliothek ihre Mittel, einem Bibliothekar zufolge, auf die Routinereparatur von Leihbüchern, die nach dem Erdbeben beschädigt worden waren.

Die Reparatur alter Bücher im Hause bedürfte eines raffinierteren Erhaltungsprogramms, als die Bibliothek zu beschaffen bereit ist, auch wenn Dowlin im ALA-Präsidium in einem Komitee für Büchererhaltung saß. Ein Ensemble neuer Ausrüstung für die Erhaltung von Manuskriptseiten – darunter ein Ultraschallschweißgerät und ein Wasserfilter- und Entionisierungssystem – bleibt ungenutzt (bis auf das Schweißgerät, das gelegentlich für Bibliotheksschilder eingesetzt wird), und viele Werke aus dem neunzehnten Jahrhundert werden zu einem privaten Dienst gebracht, der die Schmuckbindung des Verlags abmacht und das Innere des Buches in schlichtes Leinen bindet.

In den sechziger Jahren begann William Holman, der damalige Stadtbibliothekar, ein ehrgeiziges Programm des Büchererwerbs (vergriffene ebenso wie neue Bücher) in der Absicht, die SFPL in eine hochrangige wissenschaftliche Bibliothek umzuwandeln – nicht so hochrangig wie die New Yorker Public Library, aber dennoch San Franciscos Vergangenheit würdig, mit Nischen exzentrischer Ausführlichkeit. Nachfolgende Stadtbibliothekare bauten Holmans Schatz weiter aus, bis Dowlin mit einer anderen Vision kam. «Zuallererst», schrieb er vor nicht allzu langer Zeit in einem Brief an den *Chronicle*, «ist die SFPL eine öffentliche Bibliothek, keine Forschungseinrichtung.» Natürlich ist sie beides, und die Bücher und wissenschaftlichen Zeitschriften, die in der Brooks Hall lagern – ein weitläufiger, staubiger Raum unter der Straße, den die Bibliothek unlängst lieh, um ihren Überschuss zu beherbergen – strafen Dowlins Behauptung Lügen. Die gesamte McComas Collection of Science Fiction and Fantasy – darunter ungebundene Ausgaben von *Amazing Stories*, die bis ins Jahr 1929 zurückreichen – liegt in dieser ausgelagerten Megakrypta, ebenso die unter Verschluss gehaltenen Bücher, jedes mit einem säurefreien Kennschild versehen, die in der alten Abteilung Geschichte und Gesellschaftswissenschaften hinter Glas standen: beispielsweise John Goulds achtbändiges *Birds of Australia* (von dem ein Exemplar vergangenen März bei einer Auktion für über eine Viertelmillion Dollar verkauft wurde), und Blighs *Voyages to the South Sea*. (Besucher, die an diese Materialien heranwollen, müssen eine spezielle Anfrage stellen und bis zum nächsten Tag warten.) Ein Bibliothekar entdeckte zu seiner Überraschung auf einem hohen Bord in der Brooks Hall Athanasius Kirchers schön gravierte Phantasie über die römische Landschaft, erschienen 1671. Für Buchhändler ist das ein Paradies, das ungeschützt im Elend eines Lagerraums liegt, zusammen mit Teppichresten und Bauschutt.

Die Brooks Hall hat ihren Bestand teils deshalb, weil es in der *New Main* nicht genügend Platz gibt, teils aber auch, weil er einfach nicht in das veränderte, bei einigen ausleihesensiblen Bibliotheksmanagern neuerdings beliebte Konzept der wahren Mission der öffentlichen Bibliothek passt. Im August 1992 stellte Dowlin in der Planungskommission von San Francisco das Konzept des «nivellierten Zugangs» bei den Geisteswissenschaften vor. Der nivellierte Zugang bietet der Öffentlichkeit, so Dowlin, «eine große, allgemein zugängliche Sammlung, die im Wesentlichen aus zeitgenössischem Material bestehen soll – eine Massenauswahl, wenn man so will». Diese Materialmasse würde um «Fokussammlungen» in ausgewählten Bereichen wie Kunst und Musik ergänzt. Dabei verstand niemand außerhalb der Bibliothek so ganz, dass das Nivellieren, das in «nivellierter Zugang» steckte, offenbar rückbildend sein sollte, mit anderen Worten, dass Dowlins Plan eine Schrumpfung dessen beinhaltete, was von seinen Vorgängern mit erheblichen Kosten erreicht worden war.

Die Mitarbeiter aber verstanden es. Manche stimmten dem zu, andere nicht. Am 6. Dezember 1989 schrieb William Ramirez, damals Chef der Hauptbibliothek, ein Memo an Mr. Dowlin, in dem er die Sorgen der Mitarbeiter wegen der Ereignisse in der Folge des Erdbebens beschrieb. Die Mitarbeiter, schrieb er, «glauben, dass gegenwärtiges und geplantes Vorgehen die Sammlung [durch] Aussondern, durch Aussortieren von Material aus den Sammlungen, bei Ausleihe wie Präsenz, die diese Bibliothek einzigartig machen, dezimieren werden». Die Mitarbeiter glaubten, dieses Vorgehen würde, fuhr Ramirez fort, «uns dahin führen, dass diese Bibliothek von einem starken Präsenz-, Forschungs- und Dienstleistungszentrum in eine durchschnittliche ‹populäre Bibliothek› verwandelt wird». Im darauffolgenden Jahr ging Ramirez in Pension. Doch etliche von Dowlins Mitarbeitern widersetzen sich weiterhin dieser Vision. Der Aufforderung, Bücher aus ihrer Abteilung in solche einzuteilen, die innerhalb der vergangenen zwei Jahre ausgeliehen wurden, und solche, die nicht ausgeliehen wurden, folgten sie nicht. Der Aufforderung, auszusondern, folgten sie ebenfalls nicht. Eine Bibliothekarin in einer Zweigstelle schrieb mir, manchmal gehe sie mit einem Rückgabestempel herum und stempele damit heimlich Umlaufbücher, die sie für gefährdet halte. So haben Mitarbeiter Tausende Bücher gerettet, indem sie sie still und leise von einer Abteilung in eine andere verlegten und in ihren Spinden versteckten. War die Gefahr vorüber, nahmen sie sie wieder auf. Das nennen sie «Guerilla-Bibliothekswesen».

Letzten Mai ging ich von der Brooks Hall, wo ich mir einige Stunden lang Notizen gemacht hatte (niemand hielt mich an, beim Hineingehen nicht und auch nicht beim Verlassen, aber ich nahm auch nichts mit, denn die Bücher, die ich mir ansah, waren nicht aussortiert), zurück in die *New Main*, schritt über ihre Brücken und Treppen und dann durch eine Tür im Untergeschoss, die nur für Mitarbeiter war. (Die Tür war leicht angelehnt, was das magnetisch aktivierte Schloss unwirksam machte.) Unter diversen Plexiglasblasen an der Decke, in denen Überwachungskameras saßen, eilte ich durch die Flure, bis ich fand, was ich gesucht hatte – den hochwichtigen Sortierraum der Bibliothek der Zukunft. In der alten Bibliothek waren die zurückgebrachten Bücher in Plastikkästen eine Rutsche hinab in den Sortierraum geglitten: ein einfaches, dauerhaftes System. In der neuen Bibliothek fährt jeweils nur ein Buch ein motorisiertes Fließband hinunter, und wenn es sich verkeilt, wird es beschädigt. Es ist, als schickte man seine Kleider am Flughafen zu den Gepäckleuten, ohne sie zuvor in einen Koffer zu legen. Hunderte Bücher sind so aufgerissen und beschädigt worden. Jemand hatte eine Postkarte mit einem geschmerzten Ezra Pound über die Öffnung geklebt, aus der die Bücher herausrutschen; das Personal muss mit einem Besenstiel in der Rutsche herumstochern, damit der stete Strom fließen kann.

Der alte Sortierraum fasste auf seinen Regalen Zehntausende Bücher, im neuen stehen gar keine Regale. Er sollte nach dem «Federal Express»-Modell funktionieren: Alles sollte unbedingt über Nacht wieder an seinem Platz stehen. Doch weil der Plan von der Schaffung einer neuen Niedriglohnklasse von Mitarbeitern namens «Einsortierer», die die Gewerkschaft ablehnt, abhängt und weil momentan ohnehin kein Geld da ist, kann es über einen Monat dauern, bis die Bücher wieder da sind, wo sie hingehören. (In den Personalräumen säumen Bücherwagen die Flure; gegenwärtig warten rund vierzigtausend Bücher darauf, einsortiert zu werden.) Bis vor kurzem warfen die Einsortierer, wenn sie unter Druck gerieten, die Bücher, die sich vom Fließband ergossen, noch wie Spielkarten auf einen von mehreren Haufen auf dem Fußboden. Als ich hineinschaute, sah ich ein Schild an der Wand, auf dem «800» stand, was im Dewey-System Literaturbücher bedeutet: Darunter war eine riesige, sich ausbreitende Bücherhalde. Dann wurde ich freundlich und höflich von einem Wachmann darauf aufmerksam gemacht, dass ich mich in einer Sperrzone befand.

Der Sortierraum enthält, wie der ganze Neubau, eine der literarischen Kultur und ihren Erfordernissen gegenüber eingebaute Verachtung oder zumindest Gleichgültigkeit. Wie ein Mitarbeiter mir sagte: «De facto ist das kein gutes Gebäude für Bücher. Es gibt nicht genügend Platz für Bücher, es gibt nicht genügend Personal, um die Bücher in die Regale zurückzustellen, es gibt nicht genügend Personal für die Ausleihe – egal, wie das zustande gekommen ist, es ist eine absolute Katastrophe.»

Das erste Mal erzählte ich diese Geschichte letzten Mai im Auditorium der New Main Library. (Ich sprach auf Einladung des Intellectual Freedom Committee der Bibliothekarszunft.) Seither hat die Bibliothek auf meine zuweilen unbeherrschte Kritik und auf die daraus folgende Berichterstattung der Presse in verschiedener Weise reagiert. In der August-Nummer des *Library Journal* wird Dowlin wie folgt zitiert: «Der Bau leistet genau das, was ich von ihm wollte.» Bei einem Treffen der Bibliothekskommission im Juli sagte Kathy Page, die Chefin der Hauptbibliothek, die Bibliothek habe in der Zeit vom Januar 1995 bis Juni 1996 über hunderttausend Bücher aus dem gesamten System – den Zweigstellen wie der Hauptbibliothek – entfernt, behauptete jedoch, das Aussondern sei ein normaler Vorgang. (Sie sagte sogar, es müssten noch viel mehr ausgesondert werden.) Vor dem Umzug seien die Bibliothekare angewiesen worden, gründlich auszusondern, sagte sie, aber nur deshalb, damit die Umzugsleute keine Sachen schleppen müssten, die niemand haben wolle. Sie sagte, sämtliche aussortierten Bücher, von denen es nur ein Exemplar gebe, würden von einem Fachspezialisten der Hauptbibliothek geprüft, was in Einklang mit der von ihr so genannten «Bibel» stehe – dem Entwicklungsplan für die Bibliothek, der jeden Bereich des Bestands mit einer Note von null (nicht vorhanden) bis sechs (umfassend vorhanden) bewerte. (Beispielsweise werden Themen wie Biowissenschaft, allgemeine Philosophie und italienische Literatur mit einer Zwei bewertet, was für «Einführungsmaterial» steht und vielleicht auch erklärt, warum ich im Ausschussraum so viele alte Bücher über Vögel und Ethik fand und warum alte italienische Romane letzten Monat zur Aussortierung aufgestapelt waren.)

Einige Tage nach meiner Rede sagte mir ein Vorstandsmitglied der Bibliotheksstiftung, ich sei doch nur eine Schachfigur der Angestelltengewerkschaft; als die Zeitungen in San Francisco dann die Geschichte aufgriffen, wurde ich zu einer Art wunderlichem Kultisten, einem «Rädelsführer», der zusammen mit einem Haufen Bekehrter einen Angriff gegen die Bibliothek um des persönlichen Ruhms willen fuhr. («Mit ein wenig Haarwuchsmittel und paar Wochen, in denen sein grau melierter Bart wachsen kann, könnte der 39-jährige Baker als Rasputin in Tweed durchgehen», schrieb ein Journalist des *SF Weekly*. «Leise, hochgewachsen und intensiv, herrscht Baker fast wie ein Mystiker über eine bunt gemischte Sammlung streitsüchtiger Bibliothekare und verstimmter Aktivisten.») Im Juli ging ein Brief, unterzeichnet von Vertretern einiger spendensammelnder Gruppen, an jeden Mitarbeiter der Bibliothek. In dem Brief wurde einem Bibliothekar, Toby Singer – der im *Examiner* einen kritischen Kommentar über die Förderung der Bibliothek durch Unternehmen geschrieben hatte –, Homophobie und Rassismus vorgeworfen und mir Antisemitismus, weil ich, so der Brief, Bezüge auf den Holocaust verwendet hätte, indem ich die sogenannte Aussortierungskammer erwähnt und die Buchsäuberung ein «auf die Vergangenheit gerichtetes Hassverbrechen» genannt hatte. Ich und das Publikum, das «[mich] aufhetzte», seien, so der Brief, «intellektuell unaufrichtig, respektlos gegenüber den Mitarbeitern der Bibliothek und beleidigend gegenüber allen Juden, Schwulen und Lesben und anderen Personen, die im tatsächlichen Holocaust gelitten hätten». Im Lauf der folgenden Wochen landete dieser Brief bei Zeitungs- und Rundfunkredakteuren auf dem Schreibtisch.

Ende August beschlossen zwei Bibliothekare, die Regalfläche in der alten Bibliothek zu messen, um eine genauere Zahl für die häufig diskreditierte Kapazität des alten Baus zu erhalten. Walter Biller (Historiker) und ich kamen mit baumelnden Maßbändern mit: Dieser letzten Gelegenheit eines Rundgangs durch die alten Stockwerke konnte ich unmöglich widerstehen. Wir vermaßen den Kartenkatalog, und wir lasen den Spruch hoch oben an der Wand rechts vom Eingang zum neuen Katalograum: BEHANDLE EIN BUCH / WIE EINE BIENE EINE BLUME / ENTNIMM DIE SÜSSE, ABER / VERLETZE ES NICHT. Zu viert arbeiteten wir etliche Stunden, horchten nervös auf Schritte, schlossen dann wieder ab und gingen. Leider versäumte es die Bibliothekarin, die die Kalkulation erstellen sollte, in der Eile, eine der entscheidenden Zahlen für die sieben Stockwerke des nördlichen Magazins aufzuschreiben, und verließ sich stattdessen auf ein fehlerhaftes Schaubild, das an der Wand klebte; ihre hohen vorläufigen Zahlen hatten einen hohen Nachrichtenwert und wurden auch gleich an

einen Reporter weitergegeben. KRITIKER: IN ALTER BI-
BLIOTHEK MEHR RAUM FÜR BÜCHER, lautete die Schlagzeile auf der ersten Seite des *Examiner*, und dann, ein paar
Tage später: VIER BIBLIOTHEKSKRITIKER MÜSSEN ALLES
ZURÜCKNEHMEN. So peinlich es auch war, hatte die Episode doch den unvorhergesehenen Effekt, dass sich Kathy
Page veranlasst sah, an alle Mitarbeiter ein konstruktives
Memo zu schicken, in dem unter anderem stand: «Es bleibt
die bedauerliche Tatsache, dass wir im neuen Gebäude weniger Stellfläche haben, als wir geplant hatten, und weniger, als wir brauchen.»

Ich hatte nur kurz die Gelegenheit, mit Pages Chef Dowlin direkt ein paar Worte zu sprechen. Ende Mai willigte er
in ein Interview mit mir ein, vorausgesetzt, ich schickte
ihm drei Tage vorher eine Frageliste. Ich mailte ihm die
Fragen, dann, ein paar Tage vor unserem Termin, sagte er
das Interview (verständlicherweise) ab, weil, in den Worten seiner sympathischen Sekretärin, «wir verklagt werden». In dem Artikel im *Library Journal* wird Dowlin folgendermaßen zitiert: «Ich bin nicht überzeugt davon, dass
Mr. Baker die Menschen in San Francisco und ihre Wünsche versteht. Es gibt Leute, die nicht einverstanden sind
mit dem, was ich machen wollte, aber die sind ungefähr
sechs Jahre zu spät dran.» Dowlin sagte dem Reporter des
SF Weekly, mein Bericht über das extreme Aussondern sei
«Quatsch» und meine Bücher «Mist».

Vor langer Zeit hatte die Bibliothek ein «Aussonderungs-
register» − es erscheint auf einer WPA-Liste von städtischen Dokumenten der Vierziger −, heute dagegen ist etwas Derartiges nicht mehr verfügbar. (In den Worten eines

Bibliothekars: «Der Kartenkatalog ist ein stummer Zeuge dieser ganzen Zerstörung.») Als Teil einer weiteren Anforderung von Behördenunterlagen, heute Beweisstück D im Prozess Baker gegen die San Francisco Public Library, bat ich um «alle Unterlagen, einschließlich Listen, Kartenakten ... Computerdateien und Ausdrucken davon, über eingezogene, aussortierte, weggeworfene, ausgesonderte, verschenkte, verkaufte, eingestampfte oder anderweitig aus dem Bibliotheksbestand entfernte Bücher von 1987 bis zur Gegenwart». Im selben Brief schrieb ich: «Bestimmt liegen doch Unterlagen über die Verfügung von städtischem Eigentum im Wert von Millionen Dollar vor.» Die offizielle Antwort der Bibliotheksverwaltung, die über den Bevollmächtigten der Stadt kam, lautete: «Eine Liste oder Aufstellung für ausgesonderte oder vernichtete Bücher seit 1987 existiert nicht.» Allerdings gab es einen zweiunddreißig Megabyte großen Computerbericht unter dem Titel «Säuberung von als eingezogen erklärten Posten», was im wesentlichen Posten betrifft, die zwischen dem 1. Januar 1995 und dem 1. April 1996 aus dem Bestand entfernt wurden. Dieser Bericht ist nie ausgedruckt worden, würde er doch an die fünftausend großformatige Computerpapierseiten füllen. Darin enthalten sind nur Dinge, die bewusst eingezogen wurden, also keine vermissten oder gestohlenen, ebenso wenig NEs, die gar nie im Computer waren. Es dauerte zweieinhalb Stunden, bis ich sie vom Dateiserver der Bibliothek heruntergeladen hatte. Kassim Visram, ein Systemanalytiker, machte mehrere Analysen, die nahelegen, dass die Datei rund einhundertvierzigtausend Bücher (alles keine Taschenbücher) umfasste – dazu auch viele Schallplatten, Zeitschriften, Kassetten und so weiter. Erstaunlicherweise finden sich in dem Bericht Spalten mit den Überschriften «Letztes Exemplar» und «Letztes Main», unter denen jedes Buch mit einem «Ja» oder einem «Nein» bezeichnet ist; Visram konnte somit eine Datei erstellen, die ausschließlich «Letztes Exemplar»-Ausschüsse enthielt. Diese kleinere Liste von über siebzehntausend Büchern lud ich herunter und sortierte sie meinerseits auf verschiedene Weise. Einige der Ausschüsse sind nicht beunruhigend – der Weggang einer weiteren Ausgabe von *Vom Winde verweht* stellt keinen unersetzlichen Verlust dar. Dagegen fiel mir das letzte Exemplar von Darwins *The Movements and Habits of Climbing Plants* (in einer Ausgabe von 1901) ins Auge, und ich sah über tausend chinesische Bücher, Hunderte von Büchern auf Deutsch und Italienisch sowie eine erschreckende Zahl von wissenschaftlichen Monographien auf Forschungsniveau. In meiner Auswahl war Geschichte besonders schwer getroffen, vor allem (warum auch immer) historische Bücher der Cambridge University Press: Aufgeführt waren die letzten Exemplare von Werken von Sir Herbert Butterfield, Henry St. John Bolingbroke, William Stubbs, C. V. Wedgwood und Lewis Namier. Weiterhin letzte Exemplare von schwer zu findenden Büchern von Muriel Sparks, Goethe und William Dean Howells.

Dem Automation Services Department zufolge gab es mindestens einen älteren Säuberungsbericht, der Ausschüsse ab einem früheren Zeitpunkt bis Ende 1994 abdeckte. Dieser Säuberungsbericht war jedoch seinerseits gesäubert; er existiert auf keinem Backup-Band, keiner Sicherungsdiskette. «Dieser Bericht hat nicht lange im System existiert», sagte man mir. «Im Mai 1995 haben wir tatsächlich eine Säuberung von Ausschuss gemacht, aber im

Allgemeinen bewahren wir diese Dateien nicht sehr lange auf, denn wenn sie erst einmal aussortiert und weg sind, ist es eigentlich nicht nötig, eine Chronik davon zu behalten.»

Finde ich schon.

(1996)

Wenn die Bibliotheken es nicht tun, wer dann?

Bemerkungen bei der Eröffnungsfeier für das Service-Zentrum der Bibliotheken der Duke University

Vielen Dank, und guten Tag allerseits. Ich habe noch nie der Einweihung eines Gebäudes beigewohnt, und ich muss sagen, es ist mir ein außerordentliches Vergnügen und eine Ehre, hier zu sein, vor diesem großen beigefarbenen Bau zu stehen und über Papierlagerung zu sprechen. Papierlagerung hat mich in letzter Zeit stark beschäftigt, weil ich im vergangenen Jahr eine kleine Bibliothek aufgebaut habe, die zwanzig oder dreißig Tonnen gebundene Zeitungen enthält, alle von der British Library verkauft. Als der Verkauf tatsächlich über die Bühne ging – ich wollte es nicht, vielmehr wollte ich, dass die Library die Zeitungen behielt –, kamen mir sehnsuchtsvolle Gedanken über ihre Lagerung. Ich fuhr an einem nichtssagenden, in einer schockierenden Farbe gestrichenen Bau mit Stahlwänden vorbei und erblickte die schönen Worte ZU VERMIETEN darauf, und er rief mir zu: Lagerung. An einem anderen Tag sah ich ein «Zu vermieten»-Schild an einer umgebauten Mühle, worauf ich die Nummer anrief; der Makler sagte: «Ich kann Ihnen die Mühle zeigen, aber ich habe noch was Besseres für Sie. Ich möchte Ihnen etwas vorführen, einen Traumbau, absolute Spitze, und ich weiß, dass es preislich für Sie wohl nicht drin ist, aber ich möchte einfach, dass Sie es sich ansehen und dann darüber nachdenken.» Ich willigte ein, dann fuhren meine Frau und ich mit dem Makler zu einem Marinestützpunkt, und wir parkten vor einem riesigen Steinbau mit Türmen und Zinnen. Er sah aus wie eine gigantische mittelalterliche Festung. Was war das? Es war das Marinegefängnis. Es gab einen weitläufigen Zellenblock mit Gefängniskäfigen, der viele Stockwerke in die Höhe ging, und einen bröckelnden Männerwaschraum, der sich in seinem düsteren Verfall ins Dunkel dehnte, an der Wand vielleicht dreißig Waschbecken, wovon keines mehr funktionierte. Ich war sehr versucht – aber letztlich erschien es mir als Lagerstätte der letzten noch verbliebenen Jahrgänge der Chicago Tribune, der New York Herald Tribune und der New York World nicht das Richtige.

Daher kenne ich mehr denn je die tiefe und anhaltende Freude, die man über genug Raum empfinden kann – und noch jetzt spüre ich eine leichte, neidvolle Abneigung in mir aufsteigen, wenn ich über einen großen Highway bei New York dahinfahre und ein Gebäude mit fünfzig Lkw-Buchten sehe. Was ist darin? Darin sind Käseerzeugnisse, Lkw-Teile, Happy-Meal-Spielzeug oder Pentium-Computer, die in fünf Jahren Schrott sein werden. Bücher sind nicht darin. Ein Tankdepot oder Reifenlager könnte alles aufnehmen, was unserer Nationalbibliothek von Verlagen Jahr für Jahr zugesandt wird, kostenlos, und was sie ablehnt. Unsere Nationalbibliothek hat, wie sie sagt, nicht genügend Platz, und sie ist auch nicht bereit, welchen anzumieten, während sie bereitwillig 94 Millionen Dollar für digitale Projekte ausgibt.

Hier haben wir nun also ein Gebäude, das nur dem einen Zweck dient, Bücher zu lagern, Bücher, die wir herumtragen, durchblättern und lesen können, so wie es von ihren Erzeugern vorgesehen war. Drinnen ist eine Hebebühne, das neueste Modell, die den Mitarbeiter acht Meter hochhebt, wo er das Buch dann einer Pappschale entnimmt und wieder herunterkommt. Hier drin werden zweieinhalb Millionen Bücher sein. Die Kosten beliefen sich auf siebeneinhalb Millionen Dollar – es kostete also rund drei Dollar pro Buch, dieses nagelneue Lager zu bauen. Nur sehr wenige der Bücher, die hierherkommen, sind digital erfasst – und darin liegt der dramatische Vergleich. Ein Buch aus dem neunzehnten Jahrhundert zu lagern, kostet drei Dollar pro Buch, dazu geschätzte siebzehn Cent pro Buch für Instandhaltung und Personal; ein Buch aus dem neunzehnten Jahrhundert einzuscannen, kostet hundert Dollar pro Buch. Und das Buch braucht nicht mal Batterien! Nicht dass es schlecht wäre, digitale Bilder von Büchern anzufertigen, solange es nicht erfordert, das Buch aus seinem Einband zu schneiden – die elektronischen Versionen können außerordentlich nützlich sein. Der Punkt ist vielmehr, dass Bücherlagerung irgendwo außerhalb, selbst die traditionelle Lagerung mit Signatur, billig ist, und alles Scannen oder Mikrofilmen in der Erwartung geschehen sollte, dass das Originalbuch nach Beendigung des Kopiervorgangs wieder in den Bestand zurückgeht. Und kompakt ist es auch noch – hier passen 2,5 Millionen Bücher herein, und auf der anderen Straßenseite steht ein noch größeres Gebäude, in dem Wäsche gewaschen wird. Bücher sind also nicht nur an sich schön und interessant, sie sind auch noch wunderbar kompakt.

Nun gibt es einige Futuristen, zentrale Planer, die mit dem, was ich gesagt habe, überhaupt nicht übereinstimmen. Da wäre etwa ein Mann namens Michael Lesk von der National Science Foundation in Washington, in dessen Verantwortung Millionen von Bundesmitteln für digitale Bibliotheksprojekte ausgegeben werden. Er erzählte mir, er sage den Bibliotheken routinemäßig, hey, vielleicht renoviert ihr euer Bibliotheksgebäude gar nicht, sondern scannt alles in diesem Gebäude ein und lasst das Gebäude verfallen, dann würdet ihr Geld sparen. Dabei bezieht sich Lesk auf die Analyse eines Bibliotheksdirektors aus Minnesota, der behauptet, die Bibliotheken würden in den kommenden hundert Jahren vierundvierzig Milliarden Dollar einsparen, wenn sie rund zwanzig Millionen Bücher einscannten und über vierhundert Millionen Duplikate aussortierten. Mit anderen Worten, unsere Bibliotheken führen dieser Analyse zufolge besser, wenn sie rund fünfundneunzig Prozent ihres angesammelten Bestands abschafften. Viele – nicht alle, aber viele – in der digitalen Welt der Bibliotheken glauben, die Vernichtung lokaler Forschungsbestände trage dazu bei, uns rasch ans andere digitale Ufer zu bringen. Sie bauschen die Kosten für den Erhalt auf und setzen die Haltbarkeit von Papier herab, weil es sie bekümmert, dass es so günstig ist, das zu lagern, was vor langer Zeit erworben, katalogisiert und eingeordnet wurde.

Die Bestände der wissenschaftlichen Bibliotheken wachsen. Und das erkennt dieses schöne Gebäude an. Die

Füße Ihrer Kinder wachsen, und Sie kaufen ihnen neue Schuhe – die größeren Füße stellen kein «Wachstumsproblem» dar, sondern eine entwicklungsmäßige Tatsache, auf die man stolz sein kann. Seit einem halben Jahrhundert jedoch ist Wachstum für manche Visionäre in Washington ein Ärgernis. Sie wurden von einer Art Kalter-Krieg-Inbrunst befeuert, und sie wollten, dass jedes Wachstum aufhört. Demnach würden sich, wenn eine Bibliothek eine bestimmte festgelegte Größe erreicht, einige Millionen Bände, die Aussonderer zusammensetzen, das Mikrokopieren würde den Exzess eindampfen, und wenn dann die Mikrofilmspulen zu viel Platz bräuchten, könnten sie die Mikrokopien mit ultrahoher Auflösung mikrokopieren und alles noch weiter eindampfen, und dann würden die Magazine wie ein riesiger Müllverdichter funktionieren, der die Wörter zusammenquetscht. Denn Wörter waren doch zusammenquetschbar, nicht? Sie waren körperlose Astralwesen, die nichts zu tun hatten mit der Tinte, die sie formte, dem Papier, auf das sie gedruckt wurden, oder dem Einband, der das Papier zusammenhält; sie konnten «umformatiert» werden – erhalten, indem man sie vernichtete –, weil sie materielos waren; es gäbe die Bücher weiterhin, es gäbe sie nur nicht mehr; sie wären da, nur wären sie nicht mehr da; man könnte erhobenen Hauptes sagen, man habe den besten Zeitungsbestand der USA, wo man doch neunzig Prozent davon ausgesondert und durch Mikrofilm ersetzt hat, einen Großteil davon ohne Qualitätskontrolle.

Wo liegt der Ursprung dieses Denkens? Es gab einen besonders einflussreichen Menschen, von dem einige von Ihnen vielleicht gehört haben. Er hieß Fremont Rider, und er war

Bibliotheksleiter an der Wesleyan. Riders erstes Buch, 1909 erschienen, handelte von den erstaunlichen Entdeckungen in Sachen Geisterbeschwörung, Tischdrehen und Levitation – er fand, dass diese Dinge eine ernsthafte Auseinandersetzung verdienten und dass die Tische sich tatsächlich drehten. Er schrieb Schundliteratur, und er war Herausgeber des *Library Journal*, und als er 1929 nach einer manischen Episode, in der er mit der Gründung eines Dinnerclubs für die High Society auf Long Island ein kleines Vermögen ausgab, bankrott war, schrieb er ein empörtes Pamphlet, in dem er behauptete, die Menschen hätten ihre Bankschulden satt und wollten einen Neubeginn. Dieses Pamphlet schickte er Franklin D. Roosevelt, worauf der ihm sogleich einen handschriftlichen Brief zurücksandte, in dem er sagte: Sie haben recht! Bleiben Sie dran!, und dann verpflichtete sich Roosevelt einige Monate später in seiner Nominierungsrede auf ebendiesen Neubeginn, einen New Deal für das amerikanische Volk. Fremont Rider war also ein einflussreicher Mensch – und sein New Deal für Bibliothekare war folgender: Machen oder kaufen Sie Mikrokopien Ihres Buchbestands, verkaufen Sie den Buchbestand zu Schleuderpreisen an Händler, und Sie machen, so seine Worte, «bei der Ersetzung sogar richtig Profit». Sie werden Ihre Bibliothek bereichern, indem Sie die Bücher abschaffen. Rider brachte den Chef der Library of Congress, den stellvertretenden Chef der Library of Congress, den Bibliotheksleiter von Michigan, den Bibliotheksleiter von Harvard und weitere bedeutende Leute der ganzen Bibliothekswelt dazu, Werbewirksames für sein Buch zu schreiben und bei seinem Microcard-Komitee mitzuwirken. Es sei eine mathematische Tatsache, dass sich Buchbestände alle sechzehn Jahre verdoppeln (womit er unrecht hatte), und wenn wir nicht Fremont Riders Microcard-Lesegeräte kauften und die Bestände abstießen, würden die Magazine die gesamte Fläche von New Jersey überziehen. Der Bau eines Lagerhauses sei, so Rider, «ein Eingeständnis vergangener Versäumnisse» – irgendwie unmännlich.

Diese Denkweise hält sich in manchen Kreisen noch, und besonders mächtig war sie in den 1980ern, als die Library of Congress große Hoffnungen auf ihr Pilotprojekt mit optischen Platten setzte, mit dessen Hilfe, so der stellvertretende Chefbibliothekar, die drei Gebäude der Bibliothek auf eines reduziert werden könnten. Doch dieses Pilotprojekt funktionierte nicht – niemand verwendet mehr diese großen Platten –, und im Lauf des vergangenen Jahrzehnts haben einige vernünftige Bibliothekare eingesehen, dass man einen wissenschaftlichen Bestand am einfachsten bewahrt, indem man ihn bewahrt. Man braucht sich für Wachstum nicht zu schämen – es ist kein Eingeständnis, versagt zu haben. Genügend Regale für das aufzustellen, was da ist, ist die primäre, die entscheidende Aufgabe, die wissenschaftliche Bibliotheken erfüllen müssen – sie müssen es tun, weil man sich nicht darauf verlassen kann, dass andere Einrichtungen, öffentliche wie private, diese Dinge bewahren können – die obskuren, die lästigen Dinge, die, auch wenn sie nur einmal alle zehn, dreißig oder fünfzig Jahre benutzt werden, wertvoll sind, weil Menschen sie eben veröffentlicht und gelesen haben. Für einen Wissenschaftler ist der Umstand, dass etwas wenig genutzt wird, ein positives Attribut – blättert etwa eine Bildredakteurin einer Dokumentation über Ellis Island eine vergessene Autobiographie durch und entdeckt ein Bild, das noch nie reproduziert worden ist, ist sie überglücklich, weil das Bild interessant ist *und* weil es ungebraucht ist. Wir durchforsten große Bestände auf der Suche nach Dingen, die unentdeckt dort liegen – der Drang, das Dunkel zu erforschen, ist ein Grundmerkmal der Wissenschaft.

Und wenn die wissenschaftlichen Bibliotheken es nicht bewahren – keine Exemplare der Dinge aufbewahren, die wir als Menschen publizieren –, macht es auch sonst niemand. Es passiert einfach nicht. Wir können nicht von Unternehmen erwarten, dass sie unsere Vergangenheit retten. Die *New York Times* beispielsweise besitzt nicht einmal einen Bestand ihrer eigenen Zeitung.

Wir verstehen, warum zerschlissene alte Fahnen und Präsidentenbriefe als solche wertvoll sind – wir glauben nicht, dass ein Schnappschuss vom Plymouth Rock einer «Umformatierung» des Plymouth Rock gleichkommt, und nach langen und schmerzvollen Jahrzehnten der Stadterneuerung fahren wir mit alten Mühlen und Bahnhöfen besser. In den Souvenirläden von Museen finden sich sehr hübsche Postkarten von Whistlers «Frau in Weiß», doch Whistlers «Frau in Weiß» hängt noch immer an der Wand. Lagerraum! Darum dreht es sich bei diesem Gebäude. Halten Sie es kühl, halten Sie es trocken, aber vor allem – *behalten Sie es!* Gut gemacht, Duke.

(2001)

Die Zeitung lesen

Eine Rede bei der Jahrestagung der Bibliographical
Society of America

Vor nicht allzu langer Zeit zog ich mir eines Morgens den
Mantel über den Schlafanzug und ging hinaus zum Ende
der Auffahrt, um die Zeitung zu holen. Sie steckte in einer
blauen Tüte, auf der «The New York Times Lieferservice»
und «Achtung: Halten Sie diese Plastiktüte von Kindern
fern» stand. Der Knoten der Tüte war unaufknotbar – vom
Austräger in dem Wissen geknüpft, dass jeder Empfän-
ger ihn aufreißen und die Zeitung herausschütten würde,
was ich auch tat, als ich wieder drin war. Die Zeitung war
aufgerollt, und als ich sie aufschlug und darin blätterte,
empfand ich in jedem Teil die Retard-Kühle, die immer mit
Zeitungspapier assoziiert wird. Man bekommt beim Lesen
ständig Außenluft an die Hände. Zeitungspapier ist seine
eigene Isolierung. Eine einzelne Seite macht beim Umblättern ein raschelndes Geräusch, die ganze Ausgabe aber ist
still, gedämpft von ihrem eigenen geschichteten Papierbrei.

Da Zeitungen solche Patchworks visueller Mannigfaltigkeit sind, lesen wir sie anders als Bücher, die, abgesehen
von gelegentlichen Ausflügen zu einer Fußnote, für lineare

Erlebnisse sorgen. Die erste Seite der Zeitung ist Einband und Titelseite in einem, und sie bietet zuerst ihre Schlagzeilen über der Faltung dar, häufig so groß, dass man sie aufnimmt, ohne überhaupt zu wissen, dass man sie liest – und dann kommt mit einer raschen Bewegung des Handgelenks die Unterwelt unterhalb der Faltung aus dem Dunkel in den Blick. Danach beginnt das Auseinanderfalten, und schlägt man einen Teil auf und hört das Rascheln der gewählten Seiten, fällt die übrige Welt ab – die Zeitung ist nun so groß, dass sie zur Landschaft wird. Das Auge hüpft und springt, lässt sich auf einem Foto nieder, senkt sich, um die Unterzeile zu lesen, und kreist dann, um den dazugehörigen Artikel zu finden; man springt von Seite eins zu einer im Innern, um den Artikel fertig zu lesen, und hüpft dann auf die Seite gegenüber, wenn man schon mal da ist, wo einem eine Anzeige mit einem komischen Bild auffällt und ein Artikel, der interessant wirkt und von Seite eins fortgesetzt ist, weswegen man wieder auf die erste Seite zurückkehrt. Und wenn man eine Seite umblättert, geschieht das nicht wie bei einer Buchseite – man schließt die ganze Zeitung und übergibt die rechte Seite der linken Hand, erst dann öffnet man die Zeitung wieder. Und ganz oben auf der Seite steht das Datum: Das alles ist gerade eben geschehen.

Diese beständige Beteuerung der Jetztheit ist genau das, was an alten Zeitungen so reizvoll und lehrreich ist, so vergilbt und brüchig sie auch sein mögen. Große Bibliotheken haben aus den Zeitungen Bücher gemacht – große, schwere Bücher, teils mit Pergamentecken und marmorierten Deckeln –, indem sie fünfzehn oder dreißig aufeinanderfolgende Heute zu einem gebunden haben. Und dann, beginnend in den fünfziger Jahren, änderten sich die Richtlinien, und die Bibliotheken warfen die meisten ihrer Zeitungssammlungen aus dem zwanzigsten Jahrhundert weg – was bedeutet, dass die verbliebenen Jahrgänge unsagbar selten sind, seltener als frühe Chaucers oder Dantes. Wir stehen dicht davor, unser zwanzigstes Jahrhundert zu verlieren. Also schlage ich Bände auf und fotografiere Seiten, die mich interessieren. Wie ein Mikrofilmer aus den dreißiger Jahren habe ich mir eine digitale Bildbearbeitungsstelle eingerichtet, die aus einer Holzpalette auf dem Fußboden besteht, auf die ich eine Sperrholzplatte, ein Schaumbrett und weißes Endlospapier von Staples gelegt habe. Als Beleuchtung nehme ich Klemmleuchten, wie man sie für fünf Dollar das Stück beim Eisenwarenhändler bekommt; sie stecken an einem alten Kleiderständer und einem ausrangierten Infusionsbaum auf Rollen. Ich könnte die Kamera mit dem Stativ stabilisieren, aber das mache ich nicht, weil man winzige Korrekturen des Blickwinkels vornehmen muss, die mit einem Stativ schwierig sind. Also beuge ich mich einfach über den offenen Band, erfasse das Bild, halte die Luft an und versuche, nicht im falschen Moment zu zittern, und dann habe ich ein ganz ordentliches Vier-Megapixel-Digitalfoto. Ein Vier-Megapixel-Foto ist ja besser als ein Drei-Megapixel-Foto, und es ist in Farbe, doch die Auflösung ist nicht so gut wie der Schwarzweiß-Mikrofilm der vierziger Jahre. Aber selbst wenn ich eine Vierhundert-Megapixel-Kamera hätte und aus einer Höhe von einem Meter zwanzig die Tintenschlieren auf jeder Linotype-Seite und den schwachen Flaum aus Papierhärchen festhalten könnte, die einen winzigen Riss im Rand säumen, fände ich dann, ich hätte die Seiten erfolgreich umformatiert und könnte sie wegwerfen? Natürlich nicht. Ich mag alte Sachen, weil sie alt sind – ihr Altsein und ihre Brüchigkeit sind ein Teil dessen, was sie zu sagen haben. Sie enthalten die Aufzeichnung der Zeit, in der sie gedruckt wurden, und die der Jahre, die zwischen jener Zeit und heute vergangen sind. Das Kopieren von etwas Altem ist wie die Veröffentlichung einer wissenschaftlichen Ausgabe oder sollte jedenfalls so sein, eine Hommage an den physischen Ursprung, von dem aus man arbeitet – eine Form des Danks dafür, dass es den Reichtum birgt, den man in Händen hält.

Ich habe also viele Aufnahmen gemacht; es bereitet mir Freude, denn wenn man etwas aufnimmt, ist man gezwungen, ein Weilchen nur daran zu denken. Man zieht mit Hilfe des Kamerasuchers einen geistigen Rahmen darum herum, dann weicht alles andere zurück, und nach ein paar Minuten erlangt das, was man fotografiert, eine einnehmende Besonderheit – eine Seite in einem Universum möglicher Seiten. Als Ergebnis dieser Kameraarbeit habe ich eine Menge einer bestimmen Form des Zeitunglesens hinter mich gebracht und bin voller kleiner, schlecht verdauter Wissensschnipsel von 1898, 1903 und 1939 – und in mir ist ein Gefühl entstanden, das schwer zu vermitteln ist. Es ist eine Art primitives Staunen darüber, wie unglaublich viel geschehen ist. So viel ist passiert. Unmengen namentlich benannter Leute haben eine gewaltige Anzahl von Dingen gemacht – manche gut, manche schrecklich –, und alles Gute und Schreckliche ist potenziell interessant. Mir schwirrt der Kopf von alten Schlagzeilen – «Susan B. Anthony: Es gibt Schlimmeres als Polygamie» von der Titelseite der *New York World* um die Jahrhundertwende oder

«Eine Frau und tausend Ratten», ebenfalls aus der *World*, über eine Frau, die Ratten und Meerschweinchen züchtete, um sie an Labore zu verkaufen. Und aus der *Chicago Tribune* 1909: «Wie das Wahlrecht mich schön gemacht hat.» Um 1900 erschien ein kleiner, nur zwei Absätze langer Artikel unter dem Titel «Mann mit wildem Blick aß Briefmarken». Ein Mann wurde geistesgestört und aß ein paar Briefmarken – das war der Artikel.

Ich habe Artikel über Opiumhöhlen in New York gelesen und darüber, wie John D. Rockefeller sich in der Kirche benahm, ich bin auf Geschichten von P. G. Wodehouse und F. Scott Fitzgerald, Gedichte von Rudyard Kipling, Robert Frost und Dorothy Parker, Essays von Mark Twain und H. L. Mencken, Kriegsberichte von Stephen Crane gestoßen, und so habe ich einen besseren Begriff vom Korn der Vergangenheit bekommen, von Struktur und Rhythmus von Ereignissen, was, glaube ich, eine Voraussetzung für viele Formen der Geschichtsschreibung ist. Aber ich bin kein Historiker. Ich bin nur einer, der glaubt, dass das, was Historiker tun, wichtig ist und dass sie in der Lage sein sollten, wenn ihnen der Sinn danach steht, das zu befragen und zu lesen, was wir als Nation veröffentlicht und gelesen haben, und das in großer Zahl.

Gibt es denn irgendeine Publikation, die eine so breite Leserschaft hatte – die in das Leben so vieler zu exakt derselben Zeit getreten ist? Tag für Tag erschienen etwas zwischen einer halben und einer ganzen Million Exemplare einer Großstadtzeitung wie Pulitzers *World* oder die *Chicago Tribune*. Eine Million Menschen lasen die Schlagzeile der *Tribune* von 1945 – «Bombe auf vier todgeweihte Jap-Städte» – und sahen die Farbcomics auf der ersten

Seite mit ihren Zeichnungen der Japsenbombe. Betrachtet man die Seite auf Mikrofilm, scheint sie schon sehr alt zu sein. Sie steckt hinter einem Regenvorhang aus Kratzern. Ihre Worte vernimmt man durch Rauschen hindurch, ihre Unmittelbarkeit ist zerstört, weswegen man glaubt, dass die Menschen, die diese Zeitung lasen, vollkommen andere Wesen waren als wir. Aber das waren sie nicht.

Noch einmal, denken Sie an die Zahl der Exemplare. Die Zeitschrift *Life* hatte um die Mitte des Jahrhunderts eine riesige Auflage – fünf Millionen –, und zwar fünf Millionen im Monat. Die *Chicago Tribune* druckte Monat für Monat das Sechsfache davon. Und jede Tageszeitung enthielt viel mehr – mehr schiere Wortfülle, mehr Anzeigen, mehr Mannigfaltigkeit, mehr Ecken und Kanten – als *Life*. Nicht dass *Life* nicht faszinierend wäre. Aber heute noch gibt es Hunderte gebundener Jahrgänge von *Life* in wissenschaftlichen Bibliotheken. Von der *Chicago Tribune* hingegen gibt es in Bibliotheken keine Jahrgänge mehr, auch nicht von der *New York World* aus dem zwanzigsten Jahrhundert, und selbst die *New York Times*, zumal die echte *Times* und nicht die Bibliotheksausgabe aus Hadernpapier, die, obwohl ihr Abonnement die Bibliotheken mehr kostete, nicht annähernd so gut gedruckt war, steht auf der Schwelle zum totalen Vergessen. Hände setzten all die kleinen Gesucht-Anzeigen, und jede stand für einen bestimmten menschlichen Wunsch, die Geschichten wurden von Hunderten von Schriftsetzern Stück für Stück gesetzt, und wenn sie «Ab damit» hörten, wussten sie, dass sie die verbliebenen Linotype-Zeilen sperren mussten, um den Rest der Spalte zu nutzen, und wenn der Satz fertig war, spannten die Schriftsetzer ihre hundertdreißig Kilo schweren Formen fest und sahen ihnen nach, wie sie davonrollten. Alle Redakteure und Setzer konnten in Höchsttempo Korrektur lesen, von oben nach unten und von hinten nach vorn. Breiiges Papier klatschte auf die Formen, machte dabei eine Gussform für weiteres geschmolzenes Blei, dann wurden die gebogenen Platten auf die Druckpressen gespannt, worauf das Papier hindurchsauste, tagtäglich zwanzig Millionen Bogen oder mehr, geschnitten und gefaltet, wobei diese sanft geriffelten Ränder entstanden, die eine Zeitung hat, und dann banden Bündler sie und fuhren Lkw-Fahrer sie in die Stadt; sie wurden herausgezogen, prallten mit dem Bums von etwas Schwerem beim Zeitungsstand auf den Gehweg – ein Riesenwürfel Heutigkeit. Das geschah Tag für Tag. Egal, was in einer Zeitung steht, selbst wenn jedes Wort unwahr ist, wissen wir doch genau, dass diese Wörter und Zeichnungen und Fotos geschahen – veröffentlicht wurden – an jenem Tag –, und das ist eine kostbare Form elementaren Wissens.

(2002)

Die *Times* 1951

Zum 150. Jubiläum der *New York Times*

Als rückwärtsgewandter Mensch war ich neugierig, wie die *New York Times* wohl 1951, an ihrem letzten runden Geburtstag, aussah. Da ich einen originalen gebundenen Satz der *Times* in all seiner Holzschliff-Massigkeit und -Pracht zur Hand habe – ein Satz Zeitungen, der einst durch die heulenden Maschinen im Souterrain der 43rd Street in einer Atmosphäre, wabernd von Tintennebel und Papierstaub, in Windungen und Schlingen raste –, konnte ich einige der alten Nummern herausziehen, sie auf einem langen Tisch auslegen und nach und nach durchblättern.

Die Seiten von 1951 sind ungefähr um eine aktuelle Spaltenbreite größer als die heutigen. Indem sie sich langsam heben und senken, erinnern sie an die periodischen Flügelschläge eines großen, schwebenden Vogels. Sie enthalten weniger Fotos und mehr monochrome Aquarelle in der Art von Lord & Taylor, signiert von heute vergessenen Werbegraphikern wie Karnoff und Hood: Sie sind geschickt verwischt wie japanische Sumi-e-Tuschzeichnungen von Zweigen und Vögeln. Nur im Magazinteil, in den Anzeigen, finden sich vierfarbige Illustrationen: «It's HELLMANN'S the WHOLE-EGG Mayonnaise!» Als Erstes fällt einem an der Publikation vor fünfzig Jahren aber auf, wie sehr sie wie das aussieht, was wir heute lesen: Druckgeräte, Angestellte, Büromöbel und Geschäftsmodelle mögen sich ändern, aber Sulzbergers Broadsheet ist seinen typographischen Traditionen treu geblieben. Und zu meiner Freude war auch Al Hirschfelds Feder auf den Theaterseiten – präzise, übermütig, voller Genialität, damals wie heute.

Was waren 1951 Neuigkeiten? Nun, es gab den Koreakrieg. Auf Seite drei waren kleingedruckte Listen Toter und Verwundeter; im April wurde General Douglas MacArthur, nachdem er eine nicht autorisierte Bemerkung über die Notwendigkeit, China zu bombardieren, zu viel gemacht hatte, von Präsident Truman seines Kommandos im Fernen Osten enthoben. Der Aufschrei kam prompt. Die Töchter der Amerikanischen Revolution waren zutiefst beunruhigt, es ging die Rede von einem Amtsenthebungsverfahren, Privatbürger schalteten Anzeigen, in denen sie gegen diesen schamlosen Akt des Präsidenten protestierten. Der Leitartikler der *Times* jedoch hielt Truman die Stange. «In dieser Kontroverse bezieht diese Zeitung eindeutig Stellung zugunsten der Regierung und gegen General MacArthur», hieß es am 17. April in der Zeitung, man brauche nicht noch einen Weltkrieg, und Truman betone zu Recht «den Vorrang der Zivilregierung vor jeder militärischen Autorität».

Doch MacArthurs Abschiedsrede vor dem Kongress war gut – die Times fand sie «eloquent und zutiefst bewegend». Dank der zahlreichen Fernseher von Emerson, Philco und Magnavox, die tagtäglich in der Zeitung warben, sahen viele sie live. «Es war außergewöhnliches Fernsehen, ungeachtet der politischen Einstellung des Zuschauers», schrieb Jack Gould, der Fernsehkritiker der *Times*. Besonders beeindruckte Gould MacArthurs wuchtiger Haarschnitt: «Er trug rechts einen tiefen Scheitel und die Haare fast waagrecht über die Stirn gekämmt.»

Ob mit oder ohne MacArthurs Kommando, der Koreakrieg musste ausgefochten werden. Die Alternative war Abzug, «das Handtuch noch vor dem Knock-out zu werfen», und das hätte «unerträgliche politische, moralische und psychologische Folgen», so einer der Militäranalytiker der *Times*. Ob Nuklearwaffen da irgendwie helfen konnten? In einem Artikel mit der Überschrift ATOMARER TODESGÜRTEL FÜR KOREA GEFORDERT zitierte das Blatt aus einem Brief des Kongressabgeordneten Albert Gore sen. an Harry Truman. Gore schlug vor, die Vereinigten Staaten sollten «einen Gürtel quer durch die koreanische Halbinsel durch radiologische Oberflächenkontaminierung entvölkern». Der Gürtel, so Gore, könne «regelmäßig rekontaminiert» werden, bis das Koreaproblem gelöst sei; eine solche Demonstration mit Nuklearwaffen wäre, so Gore, «unter den gegebenen Umständen moralisch zu rechtfertigen».

Im September gab die US-Armee Pläne bekannt, bei Frenchman's Flats, Nevada, taktische Atomwaffen an Frontsoldaten zu testen. Daraufhin schrieb der Wissenschaftsjournalist der *Times*, William Laurence (der das Flugzeug geflogen hatte, das die Hiroshima-Bombe abwarf, und für dieses Privileg den Pulitzer-Preis erhielt), einen Artikel mit dem Titel WASSERSTOFFBOMBEN JETZT ALS SICHER ANGESEHEN: Einige gut platzierte Fusionsbomben könnten «eine Armee im Feld decken», so Laurence, «und bei Truppen und Ausrüstung sowie der Moral Chaos auslösen». Diese Waffen, vernünftig eingesetzt, könnten eine zahlenmäßige Überlegenheit, «beispielsweise die Horden Russlands», zunichtemachen. Im November beschwerte sich eine Arbeitergewerkschaft, dass ihre Mitglieder vom Bau der milliardenschweren Wasserstoffbombenfabrik («das größte Bauprojekt, das die Welt je gesehen hat», so einer ihrer Manager), die DuPont in der Nähe von Augusta, Georgia, errichtete, ausgeschlossen seien.

DuPont hatte in dem Jahr auch noch andere Großprojekte. Bei einem Pressetermin stellte ein Vertreter des Unternehmens einen Anzug vor, der aus der neuen Wunderfaser Dacron gefertigt war. Der Anzug war von einem Geschäftsmann siebenundsechzig Sommertage am Stück getragen worden, ohne dass er gebügelt werden musste. «Um ihn sauber zu halten», berichtete die *Times*, «ging der Besitzer zweimal darin schwimmen, und nachdem er ihn zweiunddreißig Tage getragen hatte, wusch er ihn in einer Haushaltswaschmaschine.» Ein Herrenausstatter, John David, warb für eine Krawatte, die aus 100 Prozent Dacron bestand: «DACRON gilt neben Zellophan, Nylon und Neoprengummi als eine der größten technischen Errungenschaften von DuPont», stand in der Anzeige. Die Krawatte sorge, so die Anzeige, «garantiert für Gesprächsstoff».

Zwischen den Vereinigten Staaten und der Sowjetunion hatten förmliche Gespräche begonnen, doch sie liefen überhaupt nicht gut. Auf einer Konferenz der Vereinten Nationen in Paris im November beschwerten sich die Russen, obwohl sie durch die Rosenbergs (die im April zum

Tode verurteilt worden waren) einige Bombengeheimnisse erhalten hatten, über den «irrsinnigen Rüstungswettlauf». Der sowjetische Außenminister Wischinski schlug ein Verbot sämtlicher Nuklearwaffen und die Vernichtung der bestehenden Arsenale vor. Außenminister Dean Acheson machte halbherzige Gegenvorschläge und sagte allerdings, dass die atlantische Gemeinschaft «ihre Stärke erhöht». Das veranlasste James Reston von der *Times*, der sich mit der Diplomatie auskannte, zu der Folgerung, der praktische Zweck des US-Vorschläge sei es wohl, «den ‹Kalten Krieg› nicht zu beenden, wie die Alliierten behaupteten, sondern ihn effektiver zu führen».

Mit dem wachsenden Bombenbewusstsein kam die Zivilverteidigung. Das nationale Verteidigungskomitee der Spediteure wies in einer ganzseitigen Anzeige darauf hin, dass, sollten die Vereinigten Staaten angegriffen werden, Bahnlinien ein Hauptziel wären. «Die Speditionen können nicht vom Erdboden gebombt werden, weil sie nicht auf feststehenden Straßenbetten fahren. Weil sie nicht konzentriert sind. Weil sie unverzüglich mobil sind!» Bewaffnete in Jeeps sorgten nun rund um die Uhr für den Schutz der Reservoire New Yorks, ausgerüstet mit «zwei mobilen Labors, die im Falle eines atomaren Bombenangriffs schnell Wasseranalysen erstellen könnten». Ein Psychologieprofessor der NYU meinte, das Absingen von Kirchenliedern könne eine Panik bei Überlebenden lindern helfen. Am 14. November um 19.30 nahmen über hunderttausend Menschen an einer gigantischen Zivilschutzübung teil. Man ging davon aus, dass zwei Atombomben eingeschlagen hatten – eine über der Kreuzung Bushwick und Myrtles Avenue in Brooklyn und eine nahe der Manhattan-Bronx-Linie, «die in beiden Bezirken ein großes Areal zerstört haben».

Aber dann fielen doch keine Bomben, und die New Yorker machten weiter wie bisher. In vier von sieben der neuen Ausstellungsräume in der Möbelabteilung des Kaufhauses Bloomingdale's hatten die Designer «entspannende hellblonde Farbmuster» gewählt. Rachel Carsons erstes Buch *The Sea Around Us* war ein Überraschungs-Bestseller. Salingers erster Roman *Der Fänger im Roggen* war nach Meinung eines Rezensenten der *Times* «übermütig, frisch und lebendig». Ein Film mit dem Titel *I Was a Communist for the F. B. I.* enthielt «hässliche Schreckgespenster» und «dreiste ‹rote› Verleumdungen», so ein Kritiker der *Times*; ein anderer mochte Howard Hawks' Monsterfilm *Das Ding aus einer anderen Welt*, warnte jedoch, dass Eltern es sich «zweimal überlegen sollten, ob sie ihre Kinder diesen Film sehen lassen, wenn ihre Gefühle nicht richtig entwickelt sind».

«Ich möchte Sie persönlich in meinem Restaurant begrüßen», sagte Jack Dempsey am 20. April auf Seite zwei unten; im Juni wurde der Halbschwergewichtler Jake La Motta im Yankee Stadium in einem «üblen, blutigen Spektakel verprügelt» – im Publikum saß auch General MacArthur. «Möchten Sie denn, dass Ihr Kind in ein *Nudisten*camp geht?», war Macy's Blickfang in der Werbung für seine umfassende Sommercamp-Abteilung. Eine Kandidatin scheiterte an ihrer Bewerbung um einen Sitz im Vorstand von AT&T – es habe «etliche Rip Van Winkles» in dem Unternehmen gegeben, so ein Aktionär. In New Jersey wurde die automatische Zehn-Ziffern-Wahl mit Vorwahlen eingeführt. Bushaltestellen wechselten auf die andere Seite von Kreuzungen in der Stadt, und in Manhattan tauchten die ersten Parkuhren auf. Die Polizei von Yonkers stellte zehn Frauen als Verkehrspolizistinnen an Schulüberwegen bei einem Gehalt von vier Dollar am Tag ein. Ex-König Zog bezahlte für ein Gut in Syosset mit einem Eimer voll Diamanten und Rubinen. Die Abwässer von Entenfarmen auf Long Island vernichteten Beete mit Blue-Point-Austern. Dashiel Hammett wanderte für ein halbes Jahr ins Gefängnis, weil er sich weigerte preiszugeben, wer Zahlungen für einen prokommunistischen Kautionsfonds geleistet hatte. «Ich glaube, ich war in seinem Fall extrem nachsichtig», sagte der Richter. Als der Tochter eines Gouverneurs in Indien ein Ring vom Finger rutschte und in einen See fiel, ließ der Gouverneur im Bemühen, den Ring zu holen, den See trockenlegen, was einen «Proteststurm» auslöste.

Jemand stahl viertausend Kugellager. In New Jersey gab es einen Überschuss an Süßkartoffeln; das Agrarministerium riet Hausfrauen, sie häufig zu servieren. Ein nicht essbarer Kuchen in Form einer geflügelten Victoria auf einem römischen Tempel gewann einen Preis im Salon der kulinarischen Kunst. Joseph McCarthy Einhalt zu gebieten, sei «die wichtigste politische Aufgabe, der Wisconsin sich seit Jahren gegenübersieht», sagte der Abgeordnete für Wisconsin, Henry Reuss. Eine absichtlich einschläfernde Schallplatte namens «Schlafenszeit» sollte unter das Gesetz zur Reinhaltung von Nahrung und Medikamenten fallen. Eine Anzeige verkündete einen kostenlosen Test der sensationellen neuen Polaroid-Kamera – «Macht und druckt fertige Bilder in einer Minute!». Zehn Fälle schwerer psychischer Krankheiten wurden als Folge hoher Dosen Kortison beobachtet. Roy M. Cohn, der stellvertretende Bundesstaatsanwalt, verhaftete Dealer «heißen Tees» – Marihuana. Staatsanwalt Cohn sagte, ein hochdekorierter Marine «fiel diesen Leuten in die Hände, sodass seine Gesundheit und sein ganzes Leben ruiniert sind»; das Bild dazu zeigte Polizeikommissar Murphy, wie er im Nebengebäude der Polizeizentrale eine Schaufel mit Drogenpäckchen in den Ofen warf.

Alte Zeitungen können einen sehr schnell tief in sich hineinziehen. Wie ich so die Seiten umblätterte, dehnten sich die Überschriften und Spalten eine Weile und drückten den ganzen Rest der Geschichte beiseite – unverallgemeinerbar dicht und geschäftig und voll vielsagender Verwirrungen. Am 1. Januar 1951 schrieb Anne O'Hare McCormick, die politische Kommentatorin der *Times*: «Die Nachrichten zerstören Illusionen und sind die obersten Politikgestalter.» Ich stimmte ihr zu.

Die Zeitung berichtete natürlich auch von ihrem eigenen Geburtstag. Am 18. September 1951 druckte die *Times* in einem lässlichen Anfall von Stolz Dutzende von Glückwunschschreiben ab – Präsident Truman lobte das Blatt wegen seiner «im Allgemeinen fairen und genauen» Berichterstattung, der Stadtrat verabschiedete eine lobende Resolution, die American Polar Society jubelte, und der kubanische *Diario de la Marina* schrieb: «Mögest Du Dein brillantes und wirkungsvolles Leben als Stolz der amerikanischen Presse fortsetzen.» Selbst die Erzrivalin der Zeitung, die *Herald Tribune*, zollte dem «hohen Standard von Würde, Gründlichkeit und Genauigkeit» ihren Tribut. Noch mehr kam am Tag darauf: «Glückwunschbotschaften zum 100. Geburtstag strömen weiter», lautet die Schlagzeile. Die *New York Post* brachte «einen herzlichen

Schreibmaschinen-Toast» aus: «Ihr würdet nicht wollen, dass wir so tun, als liebten wir Euch immer, aber als Amerikaner und als Journalisten können wir uns kaum vorstellen, ohne Euch zu leben.» Fünfzig Jahre später hat die *Post* noch immer recht.

(2001)

Sieh mal das Luftschiff da!

Vorwort zu *The World on Sunday* von Nicholson Baker
und Margaret Brentano

Joseph Pulitzer, dieses unruhige, schlaflose, aus Ungarn
gebürtige Genie, das am Ende des neunzehnten Jahrhunderts die moderne Zeitung schuf, verstand den Sonntag
besser als die meisten.

Wenn man vor hundert Jahren, in der Zeit der Sechs-
tagewoche, an einem Sonntag aufstand, einen Augenblick
Ruhe hatte und die Ruhelosigkeit spürte, die eine solche
Ruhe begleitet, was wollte man dann? Nachrichten? Wollte man Schlagzeilen über Washington, Tammany Hall und
Albany? Einige wohl schon, aber nicht viele. In jedem Fall
aber wollte man eine Zeitung: Man wollte den Trost einer
frischen, weichen Schöpfung, die der permanenten Verbindung ganzer Tanks voll Tinte mit elefantösen Rollen weißen Papiers bedurft hatte, um die elementare, aber irgendwie erregende Tatsache zu verkünden, dass der Morgen,
zu dem man da erwachte, trotz seiner vertrauten Merkmale
unbestreitbar, datierbar neu war.

Also, ja, man wollte eine Sonntagszeitung, doch was
man von ihr wollte, waren eher keine Nachrichten – son-

dern das Leben. Man wollte Liebesdinge, Ehrfurcht, knappe Rettungen, eine Prophezeiung, Ratschläge, wie man richtig Trinkgeld gibt, einen Ladendiebstahl begeht oder Erfolg beim Glücksspiel hat, neue Mode aus Paris, ein Lied zum Singen, etwas zum Ausschneiden für die Kinder, Theorien über Marsmenschen oder hochentwickelte Waffen, vielleicht eine neue Arbeitsstelle. Man wollte immer wieder aufs Neue gesagt bekommen, dass die Heimatstadt eine Stadt der Wunder wie keine andere war, aber man wollte auch für ein paar Minuten an den Nordpol, nach South Dakota oder zur Weltausstellung nach St. Louis flüchten oder mit dem Schiff den Mississippi hinabfahren. Man wollte etwas mit vielen «Büchern», die man unter seinen Zimmergenossen aufteilen konnte. Und man wollte Bilder – Comics, Karikaturen, «Prachtstücke bildlicher Schönheit» –, Layouts und handgefärbte Schlagzeilen, bei denen die Augen in der Kaufhausauslage jeder Seite herumwühlten und -huschten. Und das alles bekam man, wenn man zehn Cent hinlegte und sich Joseph Pulitzers *Sunday World* kaufte.

Die *World* – nach eigener Ansicht die «großartigste Zeitung der Welt» – bestand eigentlich aus drei Zeitungen, der *Morning World* (Montag bis Samstag, häufig mit einer politischen Karikatur von Walt McDougall oder C. G. Bush auf der Titelseite), der *Evening World* (die Box- und Sportergebnisse brachte und eine eher verwegene Aura verströmte) und «THE GREAT SUNDAY WORLD», die so viel wog wie ein kleines Roastbeef. Zusammen wurden diese drei *Worlds* in ihrer triumphalen Zeit simultan von mehr Menschen angeschaut als jede andere Publikation, mit der möglichen Ausnahme der Bibel. Morgens und abends ächzten Hunderttausende frischer *World*-Ausgaben aus dem Untergeschoss von Pulitzers eindrucksvollem Wolkenkratzer mit seiner goldenen Kuppel zu jeder New Yorker Straßenecke und Straßenbahnhaltestelle; 1899 behauptete die *World* ungeachtet der Konkurrenz des Epigonen William Randolph Hearst auf ihrer Titelseite glaubhaft, sie habe «die größte jemals von einer Zeitung in einem Jahr erreichte Auflage» erzielt.

Die *Sunday World* war ein wahres Wunder an realer Verbreitung: Manchmal verkaufte sie eine halbe Million Exemplare oder noch mehr, und sie wurde landesweit ausgeliefert. 1908 schrieb Adolph Ochs, der Verleger der kleineren, nüchternen *New York Times*, voller Bewunderung über den «phänomenalen und außerordentlichen Erfolg» der *World*; ein anderer Zeitungsmann, Frank Munsey, sagte über Pulitzer: «Er kam als Wirbelwind aus dem Westen und entwurzelte und zerstörte den damals herrschenden Konservatismus, so wie ein Zyklon alles auf seinem Weg beiseitefegt.»

Eigenartig allerdings ist, dass von dieser zyklonischen Aktivität so gut wie gar nichts übrig blieb. Bibliotheken sammelten und banden in ihrem Argwohn gegen niedrige und sich anbiedernde Kunst nur einige wenige vollständige Ausgaben von Massenblättern wie der *World* – sie zogen die *New York Times* und die *Evening Post* vor, Zeitungen mit «richtigen» Nachrichten und weniger Sensationen. Und dann, in den fünfziger Jahren, fasziniert von neuen Techniken fotografischer Verkleinerung, ersetzten die Bibliotheken die wenigen Ausgaben populärer Zeitungen in ihrem Besitz nach und nach durch monochrome Kopien auf knapp vier Zentimeter breiten, durchsichtigen Plastikstreifen: Mikrofilm. (Man kann Reproduktionen einer Mikro-film-Kopie der *Evening World* in vielen Subway-Filialen als Tapete sehen.) Nahezu jede amerikanische Bibliothek, die es sich leisten konnte, tauschte das schwere, platzrauben-de Holzschliff-Original gegen eine neue Plastikkopie – so-gar die beiden größten, die Library of Congress und die New York Public Library. Sie warfen die gebundenen Bän-de hinaus oder, später, verkauften sie an Altpapierhändler, die Comics, Autoanzeigen und historische Daten heraus-schnitten und den Rest als Steinbruch für die «originale Zeitung des Tages, an dem Sie geboren wurden» ausbeu-teten.

Daher stammen die Reproduktionen, die Sie in diesem Buch finden – die Kunst von Bush, J. Campbell Cory, Ri-chard Felton Outcault, Charles Saalburg, George McManus, Marius de Zayas, Dan Smith und Louis Biedermann, die Texte von Mark Twain, Robert Peary und anderen –, aus einer der allerletzten, vielleicht der letzten Reihe von Ori-ginalausgaben der *New York World* von der Jahrhundert-wende, die es noch gibt, in jedem Fall die letzte in einem solch makellosen Zustand. Der Satz kam aus England: Zu unserem Glück hielt die British Library 1898, als der Spanisch-Amerikanische Krieg drohte, Pulitzers *World* für eine wesentliche Quelle für Meinungen und Reportagen, und so abonnierten die dortigen Bibliothekare die *World* und banden sie (ebenso wichtig) in haltbare Bände mit ro-tem Rücken und Goldlettern. In ihrem Weitblick lagerten sie diese Bände durch verschiedene finanzielle Zwänge und geopolitische Umwälzungen hindurch sicher in ihren Re-galen. Dann, 1999, als sie nach der Eröffnung eines teu-ren neuen Gebäudes klamm waren, schmiedeten die Leiter der Bibliothek im Stillen Pläne, um einen Großteil ihrer ausländischen (d. h. nord- und südamerikanischen sowie kontinentaleuropäischen) Zeitungssammlung anderen Bibliotheken anzubieten und den nicht gewollten Rest an Händler zu versteigern. Ich schrieb gerade an einem Buch über die besonderen Verluste im Zusammenhang mit Mikrofilmen – die Grobheit des Mikrokopierens selbst, die Verderblichkeit des frühen Azetatfilms, die scheinwissenschaftlichen Voraussagen über den bevorstehenden Untergang von säurehaltigem Papier –, als ich von den Aussortierungsplänen der British Library hörte. Ich fuhr also nach England und bat sie, die amerikanischen Zeitungen zu behalten. Ich sagte, sie seien gehaltvoll und selten – was sie ja sind – und enthielten, wie ich wisse, beispielsweise echte «Erstausgaben» der Schriften von Stephen Crane, O. Henry, Robert Benchley, John Steinbeck, H. G. Wells, Thomas Edison, William Faulkner und Hunderten weiterer Schriftsteller, manche mit Namen, andere anonym. Ich sagte, ihre Sammlung ausländischer Zeitungen sei genauso wertvoll und erheblich seltener als praktisch jede anerkannte Rarität in ihrem Besitz – seltener beispielsweise als der zu Recht geschätzte Ausstoß von Renaissance-Druckern wie Aldus, Plantin und Wynkin de Worde. Hundert Jahre zuvor seien Zeitungen wie die *World*, die *Chicago Tribune*, die *New York Tribune* und viele andere überall präsent gewesen und von jedermann gelesen worden, jetzt dagegen gebe es sie fast nirgends mehr: Ihre historisch-artefaktische Pracht und Unverzichtbarkeit stehe, wie mir scheine, außer Frage. Nicht nur das – so argumentierte ich –, sondern sollten wir jemals bessere Reproduktionen der Zeitungen erstellen wollen, als der Mikrofilm sie biete

– sollten wir beispielsweise digitale oder auch nur altmodische analoge Reproduktionen in Farbe machen wollen –, bräuchten wir als Vorlage die Originalseiten: Man kann aus einer verschwommenen, kontraststarken Schwarzweiß-Mikrokopie keine scharfe Halbton-Farbfotografie herstellen. Das alles sagte ich den Bibliothekaren in England.

Doch mein Antiverkaufsgespräch blieb ohne Erfolg – die britischen Bibliothekare hatten zur Zeit meines Besuchs einige interessante gefaxte Gebote von einem Händler aus Pennsylvania bekommen, und offenbar wollten sie einfach nur sein Geld. Und was das bedeutete, wusste ich. Es bedeutete Gemetzel mit dem Teppichmesser und nummernweise Zerstreuung in Plastikhüllen, und da folgerte ich, dass ich die Sammlung nur retten konnte, indem ich Geld auftrieb, um sie selbst zu kaufen und sie in ein angemietetes Lager in den Vereinigten Staaten zu transportieren. Und so schufen meine Frau und ich – meine Frau ist Margaret Brentano, die Herausgeberin dieses Buches und Verfasserin der Bildunterschriften – eine gemeinnützige Organisation mit dem hochtrabenden Namen American Newspaper Repository, auch wenn sie nur aus uns beiden bestand, die wir von ein paar freundlichen Beratern angeleitet wurden, und kauften über sechstausend Bände amerikanischer Zeitungen (ein Band umfasste tägliche Nummern von zwei Wochen bis drei Monaten), dazu ein weiteres Tausend verpackter Bündel, die meisten in außerordentlich gutem Zustand und alle aus dem Besitz der englischen Regierung. Die Kosten, einschließlich zweier langer Serien, die wir schließlich einem Händler abkauften, der uns überboten hatte, belief sich auf rund 150 000 Dollar; die Sammlung traf in mehreren Lieferungen im Jahr 2000 ein.

Und so standen wir dann an Tischen in einem großen Backsteingebäude, einer ehemaligen Mühle in Rollinsford, New Hampshire, und blätterten staunend durch Pulitzers fast verlorene *World*. Die Mühle, die wir für zweitausend Dollar pro Monat gemietet hatten, war so groß wie zwei, vielleicht drei Tennisplätze, darin Reihen verschrammter fabrikblauer Metallsäulen und eine aufblasbare schwarze Fledermaus, die bei einer Feuertür am anderen Ende aufgehängt war. Zu Pulitzers Zeiten und schon lange davor hatten in dem Bau riesige, laute Webstühle gestanden, aus denen Öl tropfte (sie sahen ein wenig wie Druckpressen für Zeitungen aus), doch als wir hinkamen, war es extrem still. Nahe der Laderampe lagerte die Humpty Dumpty Potato Chip Company Kisten voller Snacks mit Barbecue-Geschmack in Metallkäfigen, und über uns schrumpfte stetig die Präsenz von Damart, dem französischen Hersteller von Seidenwäsche, den seit einige Zeit die asiatische Konkurrenz unter Druck setzte. Eines der Obergeschosse der Mühle stand voll mit ausrangierter Krankenhausausstattung — übel ramponierte Tragen und Untersuchungstische, kaputte Herzmonitore, altertümliche Röntgengeräte wie aus einem Horrorfilm —, alles von einem ebenso rätselhaften wie energiereichen Mann herangeschafft, der angeblich Kliniken in Drittweltländern aufbaute.

Ein ehemaliger Mitarbeiter von Damart erbot sich, uns eine Wand zu bauen und Leuchten zu installieren, und plötzlich hatten wir einen riesigen, stillen Raum, an dessen Tür ein Schild verkündete: AMERICAN NEWSPAPER REPOSITORY. Ich brachte ein paar Dutzend überlange Jalousien an, weil Zeitungen besser im Dunkeln gelagert werden, doch spätnachmittags stahl sich die Sonne an den

Fensterrahmen entlang herein und zog mit langen, staubigen Klingen Streifen auf den Fußboden, die sich über dem Rücken von Freiwilligen – Studenten, Lehrer, Bibliothekare, meine Kinder – krümmten, wenn sie Palette um Palette mit Zeitungen abluden und nach Titel und Datum zu Jahresstapeln sortierten. (Die British Library hatte sie uns in halbwahlloser Ordnung geschickt.) Wir kauften drei Meter hohe Industrieregale, bis uns das Geld ausging. Unsere eingeordnete *New York Times* war beeindruckend, wie eine Dampflok mit Tender lief sie fast durch die gesamte Länge des Raums. Gelegentlich kamen Geschichtsstudenten, blätterten, auf alten Krankenhausstühlen sitzend, in einzelnen Nummern und machten sich Notizen, oder ein Wissenschaftler besuchte uns auf der Suche nach einem bestimmten Artikel, Bild oder Thema.

Und die *World*? Wir mochten die schweren Bände mit den Pergamentecken, die schwach nach Säurepapier rochen: 1898 begann im oberen linken Regal, ganz oben, ein Regal weiter waren die dicken Monatsschwarten von 1903 bis 1906 (aus irgendeinem Grund mochte ich das Jahr 1906 besonders gern), danach kamen die Zehner, und auf der anderen Seite der Regale (bei den Fenstern, durch die man, wenn man unter den Jalousien hindurchlinste, auf den Salmon Falls River blickte) ging es weiter mit der niveauvolleren, literarischeren Periode der *World*, in der sie das Kreuzworträtsel erfand, Dorothy Parker und A. J. Liebling brachte und die Untaten des Ku-Klux-Klan aufdeckte. Mehrere Monate lang ging Margaret jeden *World*-Band von 1898 bis 1911 durch, dem Jahr von Pulitzers Tod. «Sieh mal das Luftschiff da!», rief sie. «Du musst dir diesen Biedermann ansehen!» Überall fand sie szenische

Merkwürdigkeiten und Kuriositäten, markierte sie mit Papierstreifen, besonders aber in den Sonntagsausgaben, wo die Redakteure, Illustratoren und Autoren der *World* offensichtlich großen Spaß gehabt und vor sich hin gekichert hatten, stellten wir uns vor, während sie Woche für Woche eine andere Varieté-Revue städtischer Bedürfnisse und Beschäftigungen vorführten. Die Welt sollte von der *World* erfahren, fanden wir. Warum sollte ein Künstler wie Dan McCarthy, der uns «Der amerikanische Wolkenkratzer ist ein moderner Turm zu Babel» schenkte, völlig in Vergessenheit geraten? Man kann sich in Museen die Gemälde des Ashcan-School-Künstlers George Luks ansehen, doch seine verstörenden Zeitungszeichnungen von 1898, «The Persecution Mania» und «All Is Lost Save Honor», existieren, soweit ich sehe, außer auf diesen Seiten nur auf Mikrofilm. Die Innovationen der *World* beim Seitendesign, beim «Elektrogravur»-Farbdruck, bei Puzzles und Kinderillustrationen, bei betörend elaborierten Tabellen und bei der schlenkernden, schwänzelnden Typographie sind für das moderne Auge überall evident; vielleicht ist es an der Zeit, einen ersten Schritt zu tun und der Sonntagszeitung ihren rechtmäßigen Platz in der Geschichte der amerikanischen Volkskunst zurückzugeben.

Im Herbst 2003 erbot sich David Ferriero, damals Bibliothekar an der Duke University, die gesamte Sammlung zur Duke zu schaffen, wo sie nun sicher in der Obhut der Bibliothek für seltene Bücher, Manuskripte und Sondersammlungen liegt. Doch bevor wir sie wieder auf Paletten stellten und auf Lastwagen luden (fünf Sattelzüge voll, wie sich zeigte, ein gewichtiges Geschenk), wollten wir wie stolze Eltern, die ihr erwachsenes Kind ans College ziehen lassen, Fotos machen – nicht nur digitale Schnappschüsse, sondern richtige Bilder. Ich mietete erst und kaufte dann eine Fachkamera samt Linse, baute aus einem alten Stativ und einer gusseisernen Röhre einen einen Meter fünfzig hohen Kopierstand, und dann fotografierten Margaret und ich die Seiten aus der *World*, die Sie hier sehen. Wir haben die Papiere genau so gelassen, wie sie im Original waren, das heißt, in streng chronologischer Reihenfolge, denn eine der Freuden der *World* wie aller Zeitungen ist, dass sie ebenso absolut gemischt wie datumsgebunden ist. Natürlich haben wir nichts ausgeschnitten – die Seiten sind in ihrem jeweiligen Band genau da, wo sie von der British Library (damals noch British Museum genannt) vor einem Jahrhundert eingenäht wurden. Es wird Zeit, dass das Ausschneiden schöner Dinge um ihres Kopierens willen aufhört.

Joseph Pulitzer war praktisch blind, als die ersten Kunstwerke auf diesen Seiten erschienen: Je mehr sich sein Blick trübte, desto flehentlich bunter wurde seine Zeitung. Er war zu nervös, um sich in der Öffentlichkeit sehen zu lassen – nie sah man ihn in der prunkvollen Redaktion der *World* mit ihrem Blick aufs Rathaus –, und meistens lebte er auf seiner Yacht, reiste von einem Hafen zum nächsten und leitete die Zeitung mittels eines Teams aus Lektoren und Referenten sowie leidgeprüften Generalbevollmächtigten. Durch sie hatte er seine geliebte Schöpfung, der er, wie er sagte, jeden Moment seiner Wachzeit schenkte, fest im Griff. 1898, in dem Jahr, mit dem die Reproduktionen in dem vorliegenden Buch beginnen, hatte Pulitzer eine neue superschnelle Farbdruckmaschine von Richard Hoe & Company gekauft. Die neue Druckpresse sei «entscheidend», schrieb Pulitzer; er trug seinen Redakteuren auf, «diese Neuerung der Öffentlichkeit als den größten Fortschritt im Sonntagsjournalismus zu vermitteln». Was sie auch taten. «Wie Regenbogenfarben in der Gischt sind die Farbtöne, die aus ihren Blitzzylindern spritzen und tropfen», hieß es in einer Anzeige, die die neue Druckpresse ankündigte. Es sei, so in einer anderen, «DER WUNDERBARSTE MECHANISMUS UNSERER ZEIT» – und in mancher Hinsicht war das auch so, denn er gestattete jedem Bürger, reich wie arm, jeden Sonntag den Zugang zu einem Privatmuseum.

Die Bilder in diesem Buch beginnen also 1898 mit dem Spanisch-Amerikanischen Krieg. Und sie enden 1911, in dem Jahr, in dem Pulitzer starb. Die *Sunday World* wollte stets überraschen: Sie übertrieb, wählte immer den bizarren Blickwinkel und machte aus kleinen Nachrichten große – doch ihre Übertreibungen haben uns heute ganz eigene Wahrheiten zu sagen. Wir hoffen, Sie werden, so wie wir, erkennen, dass der Blick auf diese zeitgegerbten Seiten Ihnen ein Gefühl für den Überschwang, die Modernität und Wunderlichkeit der Stadt der Jahrhundertwende gibt, das so schnell kein Geschichtsbuch liefert.

(2005)

Sex and the City, um 1840

Am 9. April 1842 erschien in *The Whip*, einem New Yorker
Wochenblatt, das sich verpflichtet hatte, «ein wachsames
Auge auf alle Bordelle und ihre schwachen Insassinnen zu
haben», ein Artikel über Kammerzofen. Kammerzofen sei-
en Frauen aus Fleisch und Blut, so der Artikel, «mit dem-
selben instinktiven Begehren wie ihre Herren, und ein
Großteil ihrer Zeit wird zwangsläufig allein verbracht, in
abgeschiedenen Wohnungen, die zumeist ein Bett enthalten». Begleitet wurde der Artikel von einer Zeichnung:
Eine Kammerzofe umfasste den langen Holzgriff einer Bett-
pfanne, die derb zwischen den Beinen eines befrackten
Herrn hervorragte.

The Whip gehörte, neben drei weiteren Zeitungen
– *The Flash, The Rake* und *The Libertine* –, zu dem, was
heute die «*flash press*» heißt: eine kurzlebige Eruption von
anzüglichen Reden, angedrohter Erpressung, Boxen mit
bloßen Fäusten und kunstvollen Schmähungen, die zu Beginn der 1840er Jahre durch New York fegte. Fast 150 Jahre
lang war die «*flash press*» von Historikern praktisch vergessen – bis Patricia Cline Cohen von der University of California in Santa Barbara sie wiederentdeckte. (*The Flash
Press: Sporting Male Weeklies in 1840s New York*, von Patricia Cline Cohen, Timothy J. Gilfoyle und Helen Lefko-

witz Horowitz, in Verbindung mit der American Antiquarian Society. The University of Chicago Press 2008.)

Ende der achtziger Jahre war Cohen bei der American Antiquarian Society in Worcester, Mass., und recherchierte für ein Buch über den sensationellen Mord an Helen Jewett, einer Kurtisane im 19. Jahrhundert. Die antiquarische Gesellschaft hatte gerade eine große Privatsammlung von *flash*-Zeitungen vom Sohn eines Sportjournalisten und Boxpromoters erworben. Fasziniert las Cohen die Nummern durch und machte sich Notizen. Sie erzählte einem anderen Wissenschaftler, Timothy J. Gilfoyle, jetzt an der Loyola University in Chicago, von ihren Funden, und Gilfoyle zitierte die Zeitungen in *City of Eros* (1992), seiner Geschichte der New Yorker Prostitution. Bald machte das in der akademischen Welt die Runde, und nun, da die Historiographie des bezahlten Sex in Mode gekommen ist, wurde die *flash*-Sammlung zu einer der stärker genutzten Sammlungen im unschätzbaren Hort der Gesellschaft aus der Zeit vor dem Sezessionskrieg.

Cohen, Gilfoyle und eine dritte Autorin, Helen Lefkowitz Horowitz − Historikerin am Smith College und Verfasserin von «Rereading Sex», einer Studie über Erotika −, haben gemeinsam *The Flash Press* vorgelegt, den ersten Überblick in Buchform über dieses Zeugnis der Lasterhaftigkeit in den 1840ern. Wer Kurt Andersens kürzlich erschienenen historischen Roman *Heyday* gelesen hat − wie überhaupt jeder, der sich dafür interessiert, wie New York vor dem Bürgerkrieg war −, wird da gern einmal hineinschauen. Die Autoren haben es geschafft, eine beachtliche Menge bereichernder Details über einen eigentümlich fleischlichen Augenblick in der Geschichte des New Yorker

Zeitungswesens zutage zu fördern und zusammenzustellen.

Der Stammvater der *«flash press»* war ein brillanter armer Teufel aus Boston namens William J. Snelling. Snellings Mutter starb, als er sechs Jahre alt war, sein Vater war ein Kriegsheld und Säufer. Nach seinem Abgang von der Militärakademie West Point verbrachte Snelling einige Zeit bei den Dakota-Indianern, über die er anschließend voller Zuneigung und Anteilnahme in *Tales of the Northwest* schrieb. Er kehrte nach Boston zurück, kam wegen Trunkenheit in der Öffentlichkeit ins Gefängnis, verarbeitete diese Erfahrung in einem Buch – und versuchte dann, von literarischem Ehrgeiz gepackt, die große amerikanische *Dunciad* zu verfassen: ein langes Gedicht namens «Truth» in Heroic Couplets, in dem er viele der damaligen kleineren Dichter angriff und einige auch lobte. Nach fünfzig Seiten scharfer jambischer Beschimpfungen schrieb Snelling erschöpft:

Now I have thump'd each lout I meant to thump,
And my worn pen exhibits but a stump.

[Nun da ich jeden Rüpel, den ich wollt', poliert,
Ist mein erschöpfter Stift auf einen Stummel reduziert.]

Nach «Truth» kam was? Das Verseschmieden war ihm, wie er einem Redakteur schrieb, fade geworden. «Ich kann nur in der Erregung starker Gefühle schreiben», sagte er. Inzwischen lebte er in New York, trank noch immer stark und verbrachte zu viel Zeit im Viertel Five Points nördlich des Rathauses, wo Angehörige der schwachen Schwesternschaft zu finden waren. Aus diesen Erlebnissen schufen er und ein weiterer Redakteur als Imitat von Skandalblättern aus Großbritannien *Polyanthos*.

Dann, im Sommer 1841, folgte Snellings große Innovation, *The Flash*. Es war ein vierseitiges Wochenblatt von normaler Größe, gesetzt in der damals üblichen (d. h. absurd kleinen, unlesbaren, Hadernpapier sparenden) Type mit einem ausgefallenen Titelkopf, in dem ein Hundekampf, eine langbeinige Balletttänzerin und andere gewagte Tropen abgebildet waren. (In Cohens, Gilfoyles und Horowitz' Buch steckt hinten eine ausklappbare, kleinformatige Reproduktion der Titelseite einer Ausgabe.) Das Blatt wurde von Snelling unter dem Pseudonym Scorpion redigiert, dazu von zwei weiteren Männern namens Startle und Sly. Startle war George Wilkes, ein elegant gekleideter Lebemann, der 1836 wegen Rüpeleien in einem Puff verhaftet worden war. Sly war George Woodbridge, der den Elssler Saloon, 300 Broadway, leitete, wo es Sauerfleisch und andere Delikatessen gab – die man in Privaträumen verzehren konnte, «wo der Besucher ohne Beobachtung sitzen kann». Startle und Sly lieferten den Klatsch und die Tipps aus dem Bordellleben, Scorpion griff in seine ätzende belletristische Trickkiste für eine Zeitung, die sich, so ihre Ankündigung, «schrecklichen Entwicklungen, fürchterlichen Unfällen und unerwarteten Enthüllungen» widmete.

Das Wochenblatt – für sechs Cent von lautstarken Zeitungsjungen verkauft und voller Anzeigen für die Speiselokale Grotto und Climax, für billige Fräcke, Hebammen und Mittelchen gegen Syphilis wie Hunter's Red Drop – war sofort ein Erfolg, und fast sofort geriet es auch in Schwierigkeiten. In der Ausgabe vom 17. Oktober 1841 erschien eine Folge einer Artikelserie mit dem Titel «Das

Leben der Nymphen». Darin wurde die Geschichte einer reichen, erfolgreichen Kurtisane namens Amanda Green erzählt – die hochgewachsene, wohlgeformte Tochter eines Damenschneiders, die von einem Mann in einer Kutsche entführt und mit Champagner abgefüllt wurde. «Beim Hahnenschrei war sie keine Jungfer mehr», hieß es in dem Artikel. Von ihrem Herrenverführer verlassen, tat sie sich mit einem deutschen Klavierstimmer zusammen – wonach als Zuflucht nur noch ein Leben in offener Schande blieb. «Mögen jene, welche noch nicht gesündigt haben, dies als warnendes Beispiel nehmen», schrieb der *Flash*-Reporter fromm. «Sie ist sehr hübsch. Sie wohnt bei Mrs. Shannon, 74 West Broadway.»

In derselben Ausgabe, die Amanda Greens Memoiren brachte – deren Details «Sly» Woodbridge geliefert hatte –, stand auch ein Angriff Snellings auf einen Wall-Street-Kaufmann namens Myer Levy. Levy hatte einen Feind, einen Börsenmakler namens Emanuel Hart, der Woodbridge nähere Einzelheiten aus Levys Vergangenheit zugesteckt hatte, die Woodbridge an Snelling weitergab, der darauf einen langen Schmähartikel hinwarf, in dem er behauptete, Levy habe als «Kuppler» für eine Prostituierte gearbeitet und sei unter anderem lüstern, verkommen und maßlos.

Levy beschwerte sich beim New Yorker Bezirksstaatsanwalt, der die drei Eigentümer des *Flash* umgehend der üblen Nachrede und, getrennt davon, der Obszönität anklagte. Woodbridge trat als Kronzeuge auf und kam frei. Bald danach gründete er eine neue Zeitung namens *The True Flash*, in der er Snelling angriff: «Seine besten Ergüsse sind jetzt das Gebrabbel eines Säufers», so der Artikel.

«Was bleibt ihm noch, als durch die Welt zu kriechen und seinen Schleim zu hinterlassen.» Snelling wanderte wegen der Obszönitätsklage (deren Auswirkungen in *The Flash Press* hübsch erläutert werden) hinter Gitter, und als er nach einigen Monaten freikam, taten er und Woodbridge sich erstaunlicherweise wieder zusammen und vereinten ihre Kräfte in einer neuen Zeitung, *The Whip* – die wie *The Flash* war, nur ein wenig gewagter und ein bisschen vorsichtiger in Sachen übler Nachrede.

Die Mengen gedruckter Unschicklichkeit erreichten ihren Höhepunkt 1842 – ja, wie die Autoren von *The Flash Press* zeigen, allein der Gebrauch der Wörter «unzüchtig» und «Unzucht» in amerikanischen Zeitschriften stieg von rund 1500 Beispielen 1830 auf 3000 im Jahr 1842 und sank danach wieder. In jenem Sommer gab es zwei weitere derartige Revolverblätter, *The Rake* und *The Libertine*, und ein Drucker und Karikaturist namens Robinson verkaufte fleißig schmutzige Zeichnungen mit Titeln wie «Gefällt Ihnen so etwas?». Das alles ging dem Bezirksstaatsanwalt James Whiting über die Hutschnur, weshalb er in diversen Fällen Anklage erhob. *The Flash* und *The Whip* machten trotz juristischer Probleme und starker redaktioneller Fluktuation bis 1843 weiter, drohten Missetätern mit Entlarvung, interviewten halbnackte Frauen im Park, attackierten Sodomiten und schrieben über die Schönheiten und Kleiderstile, die in den reichsten Bordellen zu finden waren. (Eine Persönlichkeit, Mary Walker, trug purpurn bestickte Seide: «Praxiteles hat nie eine köstlichere Gestalt gemeißelt, und Canova wäre beim unmöglichen Versuch gestorben, eine solche Büste zu formen», berichtete *The Whip*.)

Dann war alles vorbei. Snelling zog wieder nach Boston, wo er zu seiner dritten Frau zurückkehrte und Redakteur beim *Boston Herald* wurde. Er war «der Vater der schmutzigen Blätter», so ein Autor in *The Rake*. «Was wären wir alle ohne ihn gewesen?» Snelling starb 1848 verarmt, aber gesetzestreu, betrauert als eine Stütze der Bostoner Gesellschaft.

Unlängst fuhr ich nach Worcester, um mir diese Zeitungen im Original anzusehen. Da waren sie: große, hellbraune wissenschaftliche Objekte, geschützt von säurefreien Mappen, gelagert in kühlen Regalen mit Messingrollen – randvoll mit seltsamen, vergangenen Skandalen. In einigen der brüchigen Ausgaben – jenen, die Professor Leo Hershkowitz vom Queens College aus den Massen historischer Dokumente, die von der Stadt New York in den siebziger Jahren ausgesondert worden waren, gerettet hatte – finden sich Anmerkungen und cartoonartig zeigende Finger, von Staatsanwalt Whiting persönlich gezeichnet, als er mögliche Gründe für eine Anklage erwog. In einer Ausgabe las ich in einem Leitartikel: «*The Flash* ist in der gesamten Union bekannt; im Süden verbreitet er sich wie ein Lauffeuer.» Wie Al Goldsteins Wochenblatt *Screw*, das über ein Jahrhundert später florierte, erzählten die *Flash*-Blätter dem nervösen jungen Leser, was es alles gab – wo man hinging, wie man sich verhielt, was man erwarten konnte. «*The Sunday Flash* und seine Nachfolger wiesen männlichen Lesern Wege zur Erkundung der Stadt, ohne als Greenhorn übertölpelt oder in Verlegenheit gebracht zu werden», schreiben Cohen, Gilfoyle und Horowitz. «Selbst ein schüchterner Bursche, der in seiner Pension blieb, war so in der Lage, sich als schmucken Kerl vorzustellen, der

einen weltgewandten Auftritt in einem Bordellsalon hinlegte.»

Dank der Erhaltungsbemühungen der American Antiquarian Society und der minuziösen Recherche dieser drei
Wissenschaftler haben wir wieder die Möglichkeit, durch
ein winziges, verschmiertes Fenster in New Yorks längst
vergangenes verbotenes Leben zu schauen. Ach, und die
Zeichnung von der Kammerzofe und ihrer Wärmflasche ist
auf Seite 101.

(2008)

—— TECHNIK ——

Bring mir eine Gondel

Vor zwölf Jahren stand ich auf den Stufen der Kirche der Gesuati, in der Brusttasche meines Anzugs ein zeremonielles Einstecktuch, und sah zu, wie meine zukünftige Frau mit ihrem Vater an der anderen Seite von Venedigs breitester und am tiefsten ausgebaggerter Wasserstraße, dem Giudecca-Kanal, aufbrach. Der Himmel hatte die Farbe istrischen Steins – d. h., weiß –, und das Wasser war kabbelig. Ihr Boot krängte auf eine Seite (alle Gondeln krängen, aber das wusste ich da noch nicht): tief eingesunken zwischen den Kissen mit den Seidenbüscheln in ihrem byzantinischen Gefährt, schienen sich die Köpfe der Passagiere fast auf Höhe der Wasserlinie zu befinden. Ich hatte Angst, dass eine große Welle unerwartet von der Seite hereinschwappen und sie zum Kentern bringen würde.

Der Ruderer am Heck, Bruno Palmarin, war vom Kaufmann an der Ecke empfohlen worden. Schon seine Großväter, sein Vater, sein älterer Bruder und diverse Onkel und Vettern waren Gondoliere gewesen; Mitglieder der Familie Palmarin haben seit mindestens 1740 ununterbrochen gerudert. Wenn Bruno heute Hochzeiten macht, ist sein neunzehnjähriger Sohn Giacomo meist der zweite Ruderer. Ihr Boot ist, entsprechend einer uralten Verordnung, natürlich schwarz (es gibt sogar eine Farbe namens *nero*

gondola), die Ruderblätter sind, passend zu den Hochzeits-
hemden der Ruderer, rot-weiß gestreift, und über den Är-
meln ihrer weißen Jacketts tragen sie rote Armbänder mit
dem Familienwappen der Palmarins (Löwe und Palme) in
einer zehn Zentimeter hohen Messingraute. Die Dollborde
zieren vergoldete Cherubim, die an Zügeln aus schwarzen
Seidenspiralen ziehen – sie wiederholen die Ausstattung
der Staatsgondel, die König Viktor Emanuel III. gehört.
Die meisten Gondeln haben ein in ein dekoratives Messing-
band unmittelbar vor dem Passagierschacht gegossenes
Sprichwort. Brunos war für dessen Großvater Ambrogio
Palmarin von dem Dichter Gabriele d'Annunzio verfasst
worden: Ogni alba ha il suo tramonto («Jedes Morgengrau-
en hat seine Abenddämmerung»).

Bruno rudert nicht mehr auf dem Giudecca-Kanal, es
sei denn, ein Spezialauftrag wie unsere Hochzeit erfordert es. Als er noch ein Junge war, war der Verkehr auf
dem Kanal so schwach, dass er die ganze Strecke hinüber-
schwimmen konnte und dann mit dem Traghetto, einer
zweirudrigen Gondelfähre, die noch bis in die sechziger
Jahre fuhr, zurückkehrte; in den letzten Jahren ist er aber
zu einer Hauptverkehrsstraße geworden, einer Art Laster-
route, und das Wasser wird von den kreuz und quer laufenden Kielwassern einer Vielzahl von Booten aufgewühlt:
mittelgroße Motorboote, Autofähren mit einer Rampe
am Bug, Schwimmkräne, Schlepper, winzige Fiberglas-
Schnellboote, die mit dem Geräusch eines Rasenmähers
von einer Welle zur nächsten hüpfen, achtstöckige griechische Kreuzfahrtschiffe, die vorbeirauschen wie aus dem
Ruder gelaufene Versicherungsgesellschaften, sowie ovale
Flachdach-Vaporetti, die in legeren S-Bögen von Ufer zu

Ufer kurven. Vielleicht sieht man nur zehn Boote, aber man weiß, dass das Wasser sich die vorigen fünfundzwanzig murmelnd gemerkt hat. Erst sehr spät nachts kehrt die Oberfläche zu ihrer Prä-Propeller-Ruhe zurück.

Diese Fülle künstlicher Wellenbewegungen − den Venezianern unter dem ominösen Namen *moto ondoso* bekannt − beschleunigt der Verfall der Steinfundamente der Stadt. Und sie macht dem kühnen Gondoliere das Leben schwer, wenn er aufrecht auf einem Stück Teppich hoch über dem sich aufschwingenden Heck eines halbtonnenschweren Fahrzeugs ohne Kiel steht und es, indem er und sein gewichtsausgeglichener, stahlbewehrter Bug ungehemmt wippen, mittels eines gegen einen Ast im polierten Walnussholz gestemmten Ruders vorantreibt. Das Boot mit seiner geschmeidigen, sich seitlich wiegenden, vom Kurs abweichenden und sich dabei selbst korrigierenden Fortbewegungsweise ist ein Kuriosum, vielleicht gar ein Wunder entwickelter Hydromechanik, doch seine besondere nautische Anmut und Effizienz zeigen sich nur, wenn es in relativ glattem Wasser fährt. Etliche Gondoliere halten den Giudecca-Kanal für gefährlich. Bruno Palmarin meidet ihn nicht, weil er ihm Angst macht, sondern weil er findet, dass er dort fehl am Platz ist. «In dem kabbeligen Wasser, wenn man sich da abmüht und *distrait* ist, kommt man sich lächerlich vor», sagte er zu mir. «Man kommt sich vor wie ein Clown.»

Doch am Tag unserer Hochzeit fand meine verschleierte *fidanzata* − vielleicht ein unbeflecktes Wort als das spießig wirkende *Verlobte* − die Überfahrt schön. «In der Kanalmitte war es perfekt», sagt sie heute. «Alles war silbern oder bleifarben und diesig. Ich erinnere mich gar

nicht, dass es kabbelig war.» Wir heirateten, schritten zur
Vordertür durch einen Reisregen hinaus und stiegen gemeinsam in das Langschiff des Lebens. Inzwischen war
es dunkel geworden; der rote Teppich im Passagierraum
leuchtete. Das Rückenbrett hinter unseren Sitzen war mit
Meerjungfrauen aus Goldblatt verziert; seine spitze Form
und der sich verjüngende Bug, der vor uns ins Dunkel rag-
te, erinnerten mich an das Batmobil. Es gab zwei kleine
vergoldete Sitze für den Brautführer (meinen Vater) und
die Ehrendame Minette mit ihrem schönen Lächeln. Wir
fuhren los. Es ging im Dunkeln einen schmalen Kanal hinauf, den San Vio, und wir waren verblüffend schnell. Auf
dem Canal Grande sagte mein Vater: «Wenn man schon ab-
treten muss, dann auf jeden Fall so.» Als eines der Hoch-
zeitsgeschenke überreichte er uns das Plastikmodell einer
Gondel mit einem kleinen roten Birnchen in der goldenen
Kabine. Stolz stellten wir es auf einen Beistelltisch in unserer ersten Wohnung, und als wir dann umzogen, kam es in
eine mit «Spielzeug» beschriftete Kiste, und dann dachte
ich lange nicht mehr an Gondeln.

Vor einem Jahr kehrten wir im Sommer nach Venedig zurück, wo wir in der Wohnung meiner Schwiegereltern auf
der Giudecca wohnten. In der ersten Woche durchwander-
ten wir oft die dichtbelebten Schmuckgassen von Rialto
und San Marco, in denen die Fortbewegung mit einem
Dreijährigen schwierig ist. Ein Mann rempelte mich an,
hielt mich kurz an beiden Armen fest, und gleich darauf
merkte meine Frau, dass man ihr die Brieftasche gestohlen
hatte; später schalt ich auf der Piazza einen Teenager, weil
er mit einer Handvoll Körner eine Taube zu sich gelockt

und sie dann wie einen Fußball getreten hatte. (Der Taube hatte es offenbar nichts ausgemacht.) In der zweiten Woche hatte meine Frau einen Traum, in dem ihre Zunge ein großer schwarzer Hund war, mit dem sie Gassi gehen musste. Das war ein Zeichen. Wir liefen zu viel herum. Am Tag darauf machten wir unsere erste Familiengondelfahrt. Es war verblüffend angenehm – als sänke man in eine warme Badewanne, nur trockener und mit interessanterer Umgebung. Im Wasserschatten bogen wir in unserer langen, manuell gesteuerten Limousine um enge Kurven, umschifften um Zentimeterbreite bröselige Backsteinkanten, bewunderten hier und da eine Gedenktafel (Byron ist noch immer groß), hoch über uns Sonnenlicht, seltsam umgedrehte konische Schornsteine und von Leben kündende Wäsche. Es gab keine schlechten Gerüche. Mein dreijähriger Sohn legte den Kopf auf meinen Schoß und schlief ein, meine neunjährige Tochter wies darauf hin, dass die verfallenden Eingänge und vorübergleitenden Tableaus wie aus Disneys *Piraten der Karibik* waren. Einige Französinnen auf einer Brücke schalten kokett den Gondoliere, der einen lockeren Pferdeschwanz und eine Panoramasonnenbrille trug, weil er keinen Hut aufhatte. Gelegentlich störte ein im Stil der dreißiger Jahre mit Holzpaneelen verkleidetes Wassertaxi unsere edwardianische Trance, indem es mit dem grüblerischen Geräusch einer Toilettenspülung vorbeidieselte. Die Leute darauf lösten das Gesicht für einen Moment vom Gummiflansch ihrer Videokamera und warfen uns sehnsüchtige Blicke zu. Sie hatten sich für sehr clever gehalten, dass sie ein Wassertaxi mieteten, weil man damit viel weiter kommt, aber als sie uns nun auf unserer lautlosen, kunstvollen, wonnigen Fahrt sahen, wie wir uns in der idealen Geschwindigkeit für architektonische Selbstoffenbarung fortbewegten, waren sie nicht mehr so überzeugt: Vielleicht hätten doch auch sie eine Gondel nehmen sollen.

Aus heiterem Himmel überfiel mich das «Von Familienglück in einem teuren Urlaub aufwallendes Schluchzen»-Gefühl. *Wir hatten uns für die Gondel entschieden.* Es war kein banales Touristenboot, auch wenn sich die stählerne Spaghettigabel des *ferro* in jede Radierung drängt; es war ein altes, edles Boot, das mehrere untergegangene schöne Dinge in sich vereinte, und Venedig selbst schien ja auch jedes Reiseführergetue zu rechtfertigen. Ein Transportmittel, das binnen fünfzig Minuten für etwas über hundert Dollar einschließlich Trinkgeld so viel Freude spenden konnte, verdiente eine weitere Untersuchung.

In der Palladio'schen Bibliothek auf San Giorgio Maggiore las ich «The Evolution of the Venetian Gondola» von G.B. Rubin de Cervin, das die unpalladische Asymmetrie des Bootes – seine «Abweichung vom Schwung der Mittellinie» – dem zunehmenden Einsatz nur eines Ruderers statt zweien in den ärmeren Zeiten zuschreibt, die der Unterwerfung der venezianischen Republik durch Napoleon folgten. Und ich las «The Energy Cost of the Venetian Rowing Stroke» in Carlo Donatellis sympathischem und drollig übersetztem Buch *The Gondola: an Extraordinary Naval Architecture.* Donatellis Dynamometer-Werte und Messungen des Sauerstoffverbrauchs ergeben Erstaunliches, nämlich dass dieselbe Menge Energie verbraucht wird, wenn man eine beladene Gondel bei einer Geschwindigkeit von drei Stundenkilometern rudert, wie wenn man mit leeren Händen auf flachem Land im selben Tempo geht. (Was erklärt, warum Gondoliere in der Hauptsaison fünfzehn Stunden am Tag arbeiten können.) Ich las auch Goethes Beschreibung der Spielzeuggondel seines Vaters, die in ihm den Wunsch weckte, Venedig zu besuchen und seine Abenteuer dort aufzuzeichnen, womit er poetische Mengen romantischer und viktorianischer Anhänger gen Süden lockte. Und ich lernte, dass Modellgondeln aus Plastik, wohl identisch mit derjenigen, die mein Vater uns schenkte, in Deutschland in den fünfziger Jahren en vogue gewesen waren, wo man sie auf Fernsehgeräte stellte und sie *Rauchverzehrer* nannte, weil ihr Licht angeblich die Auswirkungen von Zigarettenrauch neutralisierte.

Wir unternahmen noch weitere Gondelfahrten. An einem sehr windigen Vormittag bestiegen wir ein Boot, das von einem kantigen Regattameister namens Franco Grossi bemannt war, einem Ruderer in der siebten Generation, der fernöstliche Medizin praktizierte und den daher Kollegen mit allerlei Leiden (z. B. Tennisarm und Rückenschmerzen) aufsuchten, die Ruderer plagen. Ich sagte ihm, ich wolle die Gondel so benutzen, wie man es im neunzehnten Jahrhundert getan hätte, einfach als Mittel, um irgendwohin zu kommen. Ob er uns zur Ponte dei Pugni, der Brücke der Fäuste, bringen könne, wo es dem *Blue Guide* zufolge eine englischsprachige Buchhandlung gebe. Grossi sagte, das mache heute niemand mehr mit einer Gondel, von Ponte A zu Ponte B zu fahren. Alle machten eine Rundfahrt und landeten wieder da, wo sie abgefahren seien. «Aber ich mag verrückte Sachen», sagte er. Er löste die Leinen, und wir stießen von seinem Liegeplatz beim Dogenpalast zurück wie ein Passagierflugzeug. Die Liegeplätze der Gondeln sind durch zahlreiche dünne, zweigartige Stöcke markiert, die vertikal aus dem Wasser ragen; sie verleihen der Promenade mit ihren vielen Hotels den Anschein, als läge sie an einem Schilfsumpf. Wir schaukelten eine Weile dahin, und als wir uns der Einfahrt in den Canal Grande näherten, kam ein heftiger Windstoß, der die Wellen kräuselte. Durch die Bö, im Verbund mit den schweren Wogen einer Fähre, schwangen wir unvermittelt zur Seite und sahen uns der Heilskirche gegenüber. Ich hörte hinter mir ein «Wow!» und dachte, Grossi sei heruntergefallen. Doch er stand noch. «Wir hatten da ein kleines Problem», räumte er ein paar Minuten später ein. Die Gondel habe einen flachen Boden, sagte er, weshalb der Wind unter bestimmten seltenen Bedingungen darunterfahren und es kentern lassen könne.

Es wurde ruhiger, als wir in den San-Trovaso-Kanal einfuhren und eine Werft oder *squero* passierten, wo häufig drei, vier Gondeln wie dösende Dugongs auf der Seite liegen, damit ihr Rumpf gesandstrahlt und neu lackiert werden kann. Dann bogen wir nach rechts in den Allerheiligenkanal und wieder rechts in den Kanal der Anwälte, wo Grossi uns auf das Zentrum der Gondelgeschichte hinwies, die Werkstatt der Brüder Tramontin. Domenico (El Grando) Tramontin perfektionierte in den 1880ern die Asymmetrien der modernen Gondel, und Grossi fand, dass die Brüder Tramontin noch immer die besten und langlebigsten Gondeln herstellten. Doch sie kosteten zehn Millionen Lire mehr als die aller anderen, sagte Grossi. Sein eigenes Boot war von «Nino» Giuponi gebaut worden, auch er ein legendärer Squerarolo, der jetzt im Ruhestand ist. Giuponi war experimentierfreudiger als die späteren Tramontins; er verwendete bei einigen seiner Boote Sperrholz, was von manchen kritisiert wird, aber dazu beitragen kann, dass

der Rumpf angesichts der ständigen Wellen von Motor-
booten die Form behält.

Schließlich erreichten wir die Brücke der Fäuste. Die
Buchhandlung gab es nicht mehr. In ihren alten Regalen
lagen nun Salatköpfe und Rettiche, die in den überaus erfolgreichen Gemüsekahn, der dort ankert, nicht mehr hin-
einpassen. Aber das machte nichts. Wir kauften Spinat
und fuhren nach Hause – es war eine ganz wunderbare
Fahrt.

Dann unternahm ich in der schläfrigen Gesellschaft
meines Sohnes eine Fahrt mit einem Gondoliere namens
Marco, der an der Gondelstation bei der Heilskirche arbeitete und wie Billy Crystal aussah. Als ich Marco fragte, was
das Schwierigste am Gondelfahren sei, überlegte er einen
Augenblick. «Die andere Gondoliere», sagte er. «Vor allem
die alte Gondoliere. Habe nix in Kopf, glaube Sie mir.» Als
wir die Kirche San Trovaso passierten, in der ein Altar für
Bootsbauer mit einer hineingeschnitzten Gondel steht, bekam Marco einen Anruf auf seinem Handy. Er vereinbarte
einen Termin, während er sich unter einer Brücke hinweg-
duckte. Wir fuhren an der Tramontin-Werft vorbei, die
nun bis auf einen braunen Hund, der an frischen
Sägespänen schnüffelte, verlassen war. Wir kamen auf das
Thema Wartung der Boote. Es sei wichtig, sagte Marco, das
Boot täglich eine halbe Stunde zu waschen. «Hat mir meine
Vater beigebracht, als ich klein war. Jede Tag. Mit frische
Wasser, nicht Salzwasser. Neues Wasser die Gondel, dann
trocknen die Gondel.»

«Einige Gondoliere sind wohl sehr gut –», begann ich.

Marco missverstand das Wort «sind» und unterbrach
mich. «Glaube Sie mir, Sir», sagte er mit einem selbstironi-

schen Lachen, «ich habe furchtbare Stimme. Lieber nicht singen, nur schöne Wetter genießen.» Zur Zeit seines Vaters, vor zwanzig, dreißig Jahren, mietete eine Familie eine Gondel für einen ganzen Tag. Ich fragte ihn, was das wohl heute kosten würde. «Ich glaube, achthunderttausend Lire.»

Das ist ein ziemlich heftiger Tagessatz, aber (wie ich mir selbst sagte) ein voller Gondeltag – mit einem Minirundfahrt-Etat von vierhundertfünfzig Dollar – gäbe einem, der Venedig zum ersten Mal besucht, eine umfassende Vorstellung von den verschiedenen Vierteln und vielen Kirchen aus der Bootsperspektive. Und jede gekaufte Fahrt hätte eine politische Komponente: Sie wäre ein Akt des Widerstandes gegen die Wassertaxis und andere parvenüartige Wellenerzeuger, eine Stimme für eine stillere Stadt, etwas mehr als bloßer Tourismus. Warum nicht das zwölfte oder dreizehnte lachhaft teure Essen, in dem drei Arten blasser Meeresfrüchte mit wenig aufregenden Nudeln zusammengemischt sind, auslassen und stattdessen für acht Dollar Käse, Oliven und dergleichen in der Salumeria an der Ecke kaufen, um in der Abenddämmerung in einem solchen Boot zu essen, in dem Könige, Päpste und launische Dichter gefahren sind?

Neben dem *squero* der Brüder Tramontin ist das Gondelgeschäft von Daniele Bonaldo. Unlängst baute dort ein vierundzwanzig Jahre alter amerikanischer Anthropologiestudent namens Thomas Price mit Hilfe eines Watson-Stipendiums eine Gondel in Originalgröße. Bonaldo ist kinderlos und meint, er habe den Bootsbau satt, daher habe er eingewilligt, Price diese Kunst zu lehren. Am zehnten Mai ging ich zu einer Party bei Bonaldo, um den «Stapellauf der ersten amerikanischen Gondel» zu feiern. Prices Boot wirkte authentisch – schwarz, mit dunkelrotem Rumpf und einer kleinen, geschmackvollen, fein wiedergegebenen amerikanischen Fahne, die windgezaust von einem fahrenden Handwerker in eine der zahlreichen Zierelemente hineingeschnitzt worden war. Price hatte in Maine Segelboote und Ruderboote gebaut, doch die Gondel habe ihn angezogen, sagte er mir, weil daran so vieles ungewöhnlich sei. Nicht nur sei sie asymmetrisch und werde im Stehen gerudert – ihre Komponenten würden auch zurechtgebogen, indem man sie über einem Feuer aus Riedgras mit Wasser bürste (eine Lötlampe tue es auch und sei im Winter bequemer), und ohne Bauzeichnung zusammengefügt, indem man die Teile mittels einer Holzschablone, dem *cantier*, aussäge. Der Prosecco, den Price auf den Bug goss, um das Boot zu taufen, vermischte sich mit dem sonnenwarmen und noch nicht vollständig getrockneten schwarzen Lack und erzeugte so einen anregenden Samstagvormittagsgeruch. Price erzählte mir, er hätte es gern, wenn seine Gondel auf den Kanälen Venedigs gerudert würde, es könne aber auch sein, dass zwei Unternehmer aus Maine sie für einen neuartigen Flussbootservice dort erwarben: Das liege ganz bei Bonaldo, der das Boot verkaufe.

Bevor ich die Party verließ, unterhielt ich mich noch mit Prices Schwester Anne. Sie lebte in Mestre und verdiente sich ihren Lebensunterhalt, indem sie auf den Stufen venezianischer Kirchen Fiedelmusik aus North Carolina spielte, was ohne eine Straßenmusikantenlizenz verboten ist. Ich fragte sie, ob sie schon einmal mit einer Gondel gefahren sei. Einmal sei sie über eine Brücke gegangen, sagte sie, da habe ihr ein junger, hübscher Gondoliere mit langen blonden Haaren eine kostenlose Fahrt angeboten. Sie habe eingewilligt. Sie fuhren durch einen verschlammten Kanal an einem Konservatorium vorbei, aus dem sie Klaviere und Klarinetten hörte, dann hinaus auf den Canal Grande. Die ganze Zeit sagte der Gondoliere, wie schade es doch sei, dass sie auf der Gondelfahrt niemanden zum Küssen habe. Ich fragte sie, ob sie es am Ende getan hätten. «Ja», sagte sie, «aber ich bin auf Distanz geblieben. Ich treffe mich nur gelegentlich mit ihm. Eine Gondel fahren ist wie Musik spielen. Wenn ich Gondoliere sehe, die den ganzen Tag nur auf einer Brücke stehen und *Gondola, gondola* sagen und warten, dann ist das wie Betteln. Es ist ganz ähnlich, wie wenn ich auf der Straße Geige spiele und darauf warte, dass jemand stehen bleibt und zuhört.» Ihr Gondoliere hieß Eros.

Eros der Ruderer ist noch heute so bekannt wie damals in *Lady Chatterleys Liebhaber*, wo Giovanni der Gondoliere «seinen Damen ergeben ist, so wie er früher seiner Fracht aus Damen ergeben war». Nachts findet, wie ich bemerkt habe, in der Stadt reichlich kicherndes Gondoliereküssen in der Öffentlichkeit statt, vor allem durch Gruppen ausländischer Frauen mit Weinflaschen. Meine Frau dichtete ein Lied: *Komm in die Gondel zu mir, dann haben wir viel Pläsier*. Einmal fuhren wir abends um zehn mitten auf dem Canal Grande an einer Gondel vorbei, die bewegungslos auf dem Wasser lag, darin zwei Frauen und zwei Männer in gestreiften Hemden; einer der Männer grüßte unseren Ruderer und rief (meine Frau übersetzte für mich): «Was heißt ‹Doppelbett› auf Spanisch?»

Das alles ist, wie es sein sollte. Ich finde es nur ein wenig schade, dass es auf diesen Booten für die Passagiere keinerlei Privatsphäre gibt – nicht unbedingt, um es wild zu treiben, sondern einfach für zwanglose Gespräche. Man wird genötigt, in einem Cabrio aufs Wasser zu gehen. *Felze* (hölzerne Winterkabine) und *tendalin* (Sommerdach aus Segeltuch) wurden schon vor vierzig, fünfzig Jahren aufgegeben – zu zeitaufwendig aufzubauen und, wie man glaubte, für die Belange des Tourismus unnötig. Wenn diese traditionellen Behausungen nicht wiederbelebt werden, wird der konventionelle zärtliche Augenblick auf dem Wasser für immer vom ständigen Rudergeknarr und Fremdenführergehabe von achtern gehemmt sein. Man greift zögernd nach der Hand der Ehefrau, und gleich hört man von hinten: «Das ist Goethe-Haus. In dem Haus Goethe hat gelebt.» Jede potenzielle Romantik ist auf den Gondoliere über einem zugeschnitten. Männliche Fahrgäste sind Anhängsel, Fleischbrocken mit angehender Glatze und Brieftasche.

Die einzige echte Liebesgeschichte zwischen einem Gondoliere und einer *straniera*, die ich kenne, ist die zwischen Bruno Palmerin, dem Erb-Gondoliere mit dem üppigen Schnauzbart, der bei unserer Hochzeit gerudert hat, und Susan Nickerson, einer amerikanischen Mosaizistin. Susie wuchs als Tochter einer Richterin und eines Richters auf Long Island auf. 1972, nach Abschluss der Kunstakademie, kam sie nach Venedig, um die Mosaikkunst zu studieren. Ende Dezember, an ihrem Geburtstag, fuhr sie allein nach Torcello. Der Sakristan schloss ihr die Kirche auf; sie war die einzige Besucherin. Dann fuhr sie mit dem Boot zurück nach Venedig und ging in einen Antiquitätenladen, wo sie Leute kannte. Sie sagte, sie habe Geburtstag, worauf sie eine Flasche Spumante kauften, um ihn zu begießen. In dem Moment kam Bruno Palmerin vorbei – ein großer, höflicher Mann mit zwei jungen Kaninchen in einem Käfig. (Sie waren ein Weihnachtsgeschenk für seine Nichte und seinen Neffen.) Bruno sah ein wenig aus wie die Büste des Kaisers Konstantin, dachte Susie: die gleichen großen, durchgeistigten Augen. Erst später erfuhr sie, dass er Gondoliere war.

Wenn Bruno mit der Arbeit fertig war, band er seine Gondel wie ein Pferd nicht weit von Peggy Guggenheims Palazzo (Brunos Vater war eine Zeitlang Peggy Guggenheims Gondoliere gewesen) in dem kleinen Kanal an, wo Susie sich mit einer Russin ein Mosaikstudio teilte. Er spähte durch das Fensterchen in der Tür und grüßte sie; sie wischte den nassen Zement von ihrem aktuellen Projekt (damals arbeitete sie viel mit alten Spiegelglasscherben) und ging mit ihm hinaus. Nach und nach lernte Susie selbst rudern, und sie ruderten viel – nach Rialto zum Einkaufen, um Essensgäste zu unterhalten, um Susies schwere Mosaiken zum Ausstellungsort zu fahren. Beide nahmen sie zusammen mit einem Amerikaner und Brunos Bruder Ambrogio (der Gondoliere war, bis ihn Probleme mit dem Ellbogen zwangen, Geschäftsmann zu werden) 1975 an der ersten Volgalonga teil – die Volgalonga ist ein Marathon, bei dem es um nichts geht und der jedem ruderbetriebenen Fahrzeug aus jeder Weltgegend offensteht. «Die sollte zu Hause sein und Geschirr spülen!», riefen manche am Ufer (auf Italienisch). Andere riefen: «Viva la donna!»

1978 heirateten sie im Rathaus von Venedig; ihr erstes Kind, Giacomo, lernte die Grundzüge des Ruderns schon mit zwei, indem er sich, einen Besenstiel in der Hand, in eine Holzwiege stellte, die Bruno ihm gebaut hatte. Heute ist Giacomo achtzehn; er weiß noch nicht, ob er Trompeter oder Gondoliere oder beides werden will. Im letzten Jahr hat er die Regata Storica für Jugendliche und jedes andere Rennen gewonnen, an dem er teilnahm. Ich fragte ihn, ob er mir Rudertipps geben könne. «Das Boot muss immer vorwärts fahren, niemals zurück», sagte er. «Das Ruder muss kräftig hineingehen und glatt wieder heraus und dann schnell wieder hinein.» Bruno fährt keine Regatten, dennoch bewundert Giacomo die Virtuosität seines Vaters. «Jeder kann schnell fahren, wenn er trainiert», sagte er, «aber nicht jeder ist auf den Kanälen schnell.»

Bruno hat die *ferri*, die Ornamente an Bug und Heck, verschiedener Verwandter an Wänden und Decken ihres Hauses angebracht. Unlängst verbrachte er drei Winter damit, eine filigran verzierte *felze* von der Jahrhundertwende zu renovieren, eine Kabine, in der Henry James oder William Dean Howells herumgefahren sein könnten. («Ich weiß nicht, wohin auf der Lagune mein Gondoliere mich brachte», schrieb James, «wir trieben ziellos dahin, mit langsamen, seltenen Schlägen.») Bruno hat eine Sammlung alter Gondelkomponenten, die er in einem niedrigen Lagerraum in der Nähe seines Elternhauses im Dorsoduro aufbewahrt. (Seine Familie zog 1960 auf die Giudecca, nachdem immer mehr Kanalwasser in Brunos Zimmer gelaufen war.) An der Wand hängen Porträts von Verwandten, die ebenfalls Gondoliere waren, alte Gemälde von Regattasiegern und ein Foto von ihm und Susie, wie sie nach ihrer Hochzeit das Rathaus verlassen. Immer läuft leise das Radio. «Ich mag alte Sachen einfach», sagte er und enthüllte immer mehr von seiner tuchverhangenen Sammlung Gondoliana. Er besitzt zwei Gondeln – diejenige, in der er uns bei unserer Hochzeit ruderte (die wir damals ziemlich schick fanden), und eine etatsprengende Hochzeitsschaluppe, die er 1990 bei Tramontin in Auftrag gab. Das Heck ist eine elegante Stahlspirale, die sich um einen farnartigen Kringel windet, darin eingraviert sind das Palmarin'sche Wappen und die Initialen «PB». («Von einem Freund handgefertigt», sagte Bruno.) Die Stühle sind diejenigen, die sein Onkel auf seiner Hochzeitsgondel hatte, neu vergoldet; Susie fertigte die bestickten Kissen und entdeckte das Putten-und-Blumen-Muster, das der Holzschnitzer in die oberen Paneele schnitzte. Am Bug steht ein kleiner goldener Mann mit einer Flasche Wein in der Hand, den Bruno nach einer Statue auf einer alten Uhr modelliert hat, die ihm gehört – für Bruno stellt die Figur den gastfreundlichen Bacchus dar, der alle Fahrgäste begrüßt und ihnen gute Fahrt in seinem Boot wünscht. Bruno zögert, mir zu sagen, wie viel das alles gekostet hat: «Dreißigtausend Dollar würden nicht reichen», sagt er. Das Boot heißt Aurelia Stephanie, nach seiner Tochter.

Eines Morgens ging ich mit Bruno zum Ospedale Civile, um die Ergebnisse eines Herztests abzuholen. Auf den Stufen des Gebäudes, vor einer Trompe-l'Œil-Steinfassade aus dem fünfzehnten Jahrhundert, riss er den Umschlag auf, doch die Ergebnisse bestanden aus Zahlen und Abkürzungen, auf die er sich keinen Reim machen konnte. Kurz davor hatte er bei einem Streit mit Giacomo am Telefon einen, wie er es nannte, «Anfall von Herzrasen» gehabt. Beim Rudern spürt er aber kein Flattern. Untätigkeit ist sein Feind. «Je härter ich arbeite, desto besser geht es mir.

Bin ich erschöpft und dann richtig schön müde, geht es mir viel besser.» Eine der Schwierigkeiten seiner Arbeit ist das Warten – in der Hitze vor dem Dogenpalast zu stehen. Passanten stellen ihm hundertmal am Tag dieselben Fragen und lassen sich neben ihm fotografieren, als wäre er ein Denkmal. Die Sonnenstrahlen werden von den Palastwänden und vom Wasser zurückgeworfen, es ist, als stünde er in einem Toaster.

Im Rialto hielten wir an einem Kleidergeschäft an; ich blieb draußen stehen und bewachte den Weidenkorb, den Bruno in einem Müllhaufen an einem Kanal gefunden hatte, während er drinnen zwei schwarze Gondolierehosen kaufte. Dann erzählte er mir noch eine Geschichte von seinem Großvater Ambrogio. «Im Winter gab es wenig, um die Familie zu ernähren, aber er war ein grandioser Mann», sagte er. Ambrogio hatte ein großes rotes Taschentuch, in das er drei Kohlköpfe wickelte. «Dann kaufte er drei Truthahnhälse – nur die Hälse. Die ließ er aus dem Taschentuch herausragen, und drinnen waren die Kohlköpfe. So fuhr er durch den San Vio – alle sollten denken, dass drei Truthähne drin waren.»

Auch Brunos Kindheit war nicht begütert. Er ist Autodidakt, verließ nach der fünften Klasse die Schule und bekam einen Job, bei dem er Kisten mit Kutteln auf den Schultern durch die Stadt tragen musste. Später arbeitete er für einen alten Gondoliere, reinigte dessen Boot und machte Vertretung. Schließlich erbte er die Gondoliere-Lizenz seines Vaters und Großvaters. Heute sind die Lizenzen wertvoll, wie Taxilizenzen. Unlängst wollte jemand eine Verordnung einführen, der zufolge die Übertragung einer Lizenz auf die Kinder verboten sein sollte. «Da wollte doch einer verhindern, dass ich sie irgendwann an meinen Sohn weitergebe», sagt Bruno ungläubig. «Nein, nein, lächerlich.» Die Verordnung wurde abgelehnt. Andererseits hat Bruno die leise Hoffnung, dass er der letzte Palmarin-Gondoliere ist – dass Giacomo sich einen anderen Beruf sucht. «Nicht dass ich diese Arbeit nicht mag, aber ich finde, manchmal ist sie eingeschränkt, wenn du weißt, was ich meine, begrenzt.»

Er stellt sich vor, ein Haus in den Bergen zu besitzen, weit weg von Booten, wo er Landtiere aufzieht – Pferde, Schweine, Hühner. Venedig kann zugepflastert und eng wirken. Englisch und Französisch hat er gelernt, als er in seinen Zwanzigern einige Winter im Ausland verbrachte. «Ich wollte nicht das große Leben führen, als ich in Paris oder London war. Aber – ah! – dort atme ich mehr. Hier hätte ich eben Gondoliere sein, mich mit einer netten jungen Venezianerin verloben und dann heiraten sollen, und das wäre dann das Leben gewesen.» Als er Susie kennenlernte, war es anders. «Ich hatte hier ein paar bescheidene Möglichkeiten», sagte er. «Aber sie erstickte mich nicht. Eine Venezianerin würde das nämlich machen. Und so ist zwischen uns etwas gewachsen. Oft sagt sie zu mir: ‹Du hättest eine Venezianerin heiraten sollen, die gut kocht und so weiter.› Aber sie weiß gar nicht, wie glücklich sie mich so gemacht hat.»

Sollte Giacomo sich irgendwann entscheiden, Gondoliere zu werden, kann er ein bequemes, wenn auch saisonales Leben erwarten. Die Tarife steigen stetig, und jeder Gondoliere ist Mitglied einer Kooperative, in der die Einkünfte zusammengelegt werden und ein Prozentsatz davon für

Krankenversicherung und Rentenvorsorge abgeführt wird. «Die Gondel lebt wegen des Geldes fort», erinnerte Bruno mich. «Ich bin selbst auch kein Engel.» Aber Bruno ist bekümmert, wie starr einige seiner Kollegen heute aufs Geld sehen. Sie geben ihre traditionelle Rolle als Botschafter und Bürgervertreter auf. «Es gab einmal einen Gondoliere, den nannten alle *Zar delle Russie*, Zar von Russland, weil er so aufgeblasen war», erzählte Bruno. «Kam jemand nach Venedig, ging er zur Piazza San Marco und sagte: ‹Die Gondoliere heißen Sie willkommen, Sir.› Und schüttelte ihm die Hand. Das war ein bisschen pathetisch, wenn Sie so wollen. Aber er hat es elegant gemacht. Die Gondoliere heute, was sind die? Wir haben keine Identität mehr. Wir haben keine Vergangenheit. Wir haben alles aufs Geld gesetzt.»

Das Verhältnis zum Rathaus ist zurzeit auch nicht gut. Als neulich ein paar Spinner eine Fähre entführten und San Marco mit Hilfe eines Papppanzers besetzten, verkündete ein berühmter italienischer Fernsehkommentator, er werde den nächsten Tag auf dem Platz verbringen. Die Gondoliere protestierten durch ihre offiziellen Vertreter bei der Stadt, die Fernsehausrüstung beeinträchtige ihr Geschäft, dafür wollten sie entschädigt werden. Bruno hält das für falsch. «Unser Image ist doch wichtiger als das schnelle Geld. Auf lange Sicht zahlt sich das Image aus.» Früher ruderten die Gondoliere politische Würdenträger und Regattameister bei alljährlichen Feiern wie der Regata Storica oder der Sensa (dem Tag, an dem der Bürgermeister von Venedig die Ehe der Stadt mit dem Meer feiert, indem er draußen am Lido einen Ring ins Wasser wirft, während ein Mann mit einem Mikrophon seine dröhnenden Kommentare dazu abgibt); heute sind die vierrudrigen Ehrenboote mit freiwilligen Mitgliedern der Rudervereine der Stadt bemannt. «Es stimmt schon, dass die Stadt Geld spart, indem sie diese Dienste den Rudervereinen überträgt», sagte Bruno. «Aber ich war einer derjenigen am Tisch, der sagte: ‹Nein, nein, das müssen *wir* machen. Wer, wenn nicht die Gondoliere? Wir sollten das kostenlos tun. An einem Tag im Jahr sollten wir unser Volk bezahlen, um da unseren Platz einzunehmen.›»

Ein Großteil des Streits zwischen der Stadt und den Gondoliere ist eine Folge des zügellosen *moto ondoso*. Auf dem Giudecca und dem Canal Grande stehen Schilder mit Tempolimits – elf km/h für Vaporetti, sieben für Lastboote und fünf für Wassertaxis –, aber die werden nur selten überwacht. Die Gondoliere wollen eine «strenge Umsetzung», womit sie Verkehrspolizisten meinen, die die Schiffsführer – besonders die Wassertaxifahrer – anhalten sollen, wenn sie die Geschwindigkeit überschreiten und rücksichtslos fahren. Doch die Schiffsführer haben offensichtlich mächtige Freunde. Auf einer großen *moto ondoso*-Konferenz im Juni unter der bemalten Decke von Venedigs Athenäum aus dem achtzehnten Jahrhundert, der ich beiwohnte, standen etliche grob wirkende Wassertaxifahrer mit Goldschmuck, die Arme verschränkt, an der Wand aufgereiht und johlten vernehmlich während der gesamten Diaschau mit Bildern von zerfallendem Mauerwerk und springenden zweimotorigen Booten. «Das sind Tiere», sagt Bruno. «Wilde sind das. Man sollte sie aus dem Fenster werfen.»

Prinzipiell haben die Gondoliere nichts gegen Motoren. Brunos Gondelkooperative (die Ducale) besitzt zehn große Ausflugsdampfer für dreißig bis fünfzig Fahrgäste sowie das einzige wellenreduzierte Wassertaxi der Stadt, das Eco, das über einen gedrosselten Motor und einen Rumpf verfügt, mit dem die von ihm verursachte Wasserwunde besser heilen kann. 1988 brachte Bruno seine Gondel ins Trockendock und fuhr ein Jahr lang Wassertaxi. Aber dann kehrte er wieder zum Ruder zurück, weil er, wie er sagt, «nicht genug schwitzte». Schwitzende Ruderer schufen die Republik Venedig, wie man sich erinnert; die Gondel ist eine direkte Verbindung zu der großen Zeit, als fünfzigrudrige Triremen auf den Weltmeeren unterwegs waren und der Stadt ihr Renaissance-Vermögen verdienten oder stahlen. Aus gutem Grund ist das allgegenwärtige Ansichtskarten-symbol Venedigs nicht die Evinrude-Schraube, sondern der Bug der Gondel, und es wäre traurig, wenn es dem unregulierten Motorverkehr gelänge, die schwarzen Boote aus dem chaotischen Gewässer vor San Marco ebenso zu verdrängen wie jetzt schon vom Giudecca-Kanal.

Heute schwebt Bruno die Schaffung einer Eliteeinheit rudernder Polizisten vor. Jeder würde in einer Sektion der Stadt patrouillieren, stehend in einem kleineren, *s'ciopon* genannten Boot. Solche schwimmenden Mounties hat es schon gegeben, denn da ihre Boote kleiner und flinker als die vorhandenen Polizeiboote waren, konnten sie auch die schmalen Kanäle im Auge behalten, die inzwischen manchmal vollständig von Gesetzesbrechern verstopft sind. Die Ruder-Cops würden dann selbst die destabilisierende Wirkung von Wellen spüren, was die jetzige Polizia und die Carabinieri nicht können; sie wüssten besser, womit die Gondoliere tagtäglich zu kämpfen haben. «Aber wenn ich darüber mit Leuten spreche, glauben die, ich komme vom Mars», sagte Bruno.

Wäre es denn nicht möglich, eine *ora-remi* – eine Ruderstunde oder zwei am Nachmittag (wenn das Geschäft ohnehin ruhiger ist) einzurichten, in der oder denen auf allen Kanälen Venedigs nur von Menschenhand betriebene Fahrzeuge erlaubt wären? Dann könnten statt des allgegenwärtig grollenden Vaporetto der Linie 1 einige große, vier- oder sechsrudrige Kähne wie die Burchielli des Barock, die einst den Fluss Brenta von und nach Padua befuhren, von San Marco aus durch den Canal Grande friedlich dahinziehen, voll besetzt mit fröhlichen, kartenwedelnden Touristen. Man stelle sich Wasser bei Tageslicht vor, das sich so weit beruhigt hat, dass sich darin, wie einstmals, die Redentore oder die Porphyrpaläste spiegeln, wie sie hinter der Kurve des Canal Grande verschwinden. Man stelle sich vor, wie die Wassertaxifahrer zahnstocherkauend am Rand stehen. Man stelle sich die geschichtswahrende Stille vor. Gondeln würden von ihren Liegeplätzen zur Feier strömen, Hochzeitsglocken würden in ihren schiefen Türmen schwingen, Frauen würden ihren Mann oder den Gondoliere küssen, und alle würden weinen und einen Haufen Geld ausgeben.

(1998)

Der Charme von Wikipedia

Eine Rezension von *Wikipedia: The Missing Manual,*
von John Broughton, Pogue Press/O'Reilly 2008.

Die Wikipedia ist einfach unglaublich. Sie ist faktenprall
und riesig, sie ist idiosynkratisch, sorgfältig, chaotisch,
lustig, schockierend und voller schwelender Kontroversen – und sie ist kostenlos und schnell. Binnen weniger Sekunden kann man beispielsweise «Diogenes von Sinope»,
«Speiserübe», «Crazy Eddie», «Bagoas», «quadratische
Gleichung», «Bristol Beaufighter», «Abzieher» oder «San-
ford B. Dole» nachsehen, und man bekommt ein Wissen,
das man vorher nicht hatte. Sie ist wie eine weitläufige, in
die Luft gebaute Stadt, deren Menschen mit Picknickkör-
ben voller nahrhafter Snacks flott auf Stegen herumlaufen.

Die Wikipedia wird von mehr Menschen genutzt als
Amazon oder eBay – ja, sie rangiert neben den reichen
Rummelplätzen MySpace, Facebook und YouTube in den
Top Ten. Und warum? Weil sie 2,2 Millionen Artikel hat,
weil sie bei einer Google-Suche sehr häufig der erste Treffer
ist und weil es einfach schön ist, dort etwas zu finden – sogar und besonders dann, wenn der gefundene Artikel vielleicht ein wenig umständlich geschrieben ist. Jede Schwer-

fälligkeit, jeder Tippfehler, jedes Relikt von Vandalismus erinnert einen daran, dass diese gigantische Enzyklopädie kein kommerzielles Produkt ist. Es gibt keine Banner für E*Trade oder Classmates.com, keine Berieselung mit Werbung von AdSense am Rand.

Sie wurde in weniger als acht Jahren von Fremden aufgebaut, die in allem Möglichen verschiedener Meinung waren, aber ein gemeinsames, nicht kommerzielles Ziel vor Augen hatten. Und zwar deshalb, weil Wikipedia für ein Nachschlagewerk ungewöhnlich bescheiden daherkam. Sie bat um Hilfe und benutzte dafür ein besonders einnehmendes Wort: «*stub*», «Stummel». Am Ende eines kurzen Artikels über etwas steht dann: «Dieser Artikel über X ist ein Stub. Sie können Wikipedia helfen, indem sie ihn erweitern.» Und Sie denken: Der arme, traurige Stub: Dem helfe ich. Nicht jetzt gleich, weil ich gerade an einem Buch schreibe, aber irgendwann, ja, werde ich versuchen, ihm zu helfen.

Und wenn die Leute dann halfen, bekamen sie einen schmeichelhaften Namen. Sie hießen nicht «Wikipedias Helferlein», sie hießen «*editor*». Es war wie ein gigantisches gemeinschaftliches Laubhark-Projekt, bei dem alle Platzwart sind. Einige kamen mit einer sehr elaborierten professionellen Metallharke oder gar einem Laubbläser auf dem Rücken, manche waren aber auch nur Kinder, die das Laub mit den Füßen beiseitefegten oder es handvollweise in die Sweatshirttaschen steckten, aber alles Laub, das sie zum Haufen brachten, wurde dankend angenommen. Und der Haufen wuchs, und alle sprangen darauf herum und fanden es großartig. Und er wuchs immer weiter und wurde schließlich zum größten Laubhaufen, den man je gesehen hatte, ein Weltwunder. Und dann traten die selbsternannten Laubhaufenwächter auf den Plan, die Zweifler und Abwerter, die die angebotene Handvoll schief ansahen, den Kopf schüttelten und sagten, die Blätter sind zu krumpelig oder glitschig oder zu gewöhnlich, und sie wegwarfen. Und das war sehr schade. Die Leute, die den Laubhaufen auf diese Weise bewachten, hießen «*deletionists*», «Löscher».

Aber das kam später. Erst war es nur lustig. Ein anonymer Autor schrieb in jener Anfangszeit:

> Ich bewunderte die Wikipedia, als sie gegründet wurde, und ich lieferte etliche Artikel, manche davon ausführlich, und immer anonym. Die Wikipedia von damals war ein bunter Haufen von Autoren, und jeder fügte zu den Artikeln, bei denen er sich auskannte, kleine Stückchen dazu, und kein Admin oder *editor* war in Sicht.

Sie funktionierte und wuchs, weil sie die bis dato ungeordneten Energien der offiziell nicht Zugelassenen anzapfte. Die Thesenabwäger, die Geschichtsfüchse, die leidenschaftlichen Fans der alternativen Universen von Garth Nix, Robotech, Half-Life, P. G. Wodehouse, Battlestar Galactica, Buffy the Vampire Slayer, Charles Dickens oder Ultraman – all die Leute, die hofften, dass ihre Jahre des Comicsammelns, Romanelesens oder Fernsehglotzens keine Zeitverschwendung gewesen waren – schütteten die Früchte ihres Hirns in die Wikipedia, weil bei der Wikipedia etwas herauskam. Das war anders, als auf Amazon Rezensionen zu schreiben, wo man bloß einer unter Millionen war, die der Welt ihre unmaßgebliche Meinung und eine Listmania-Liste aufdrängten – es war das Bemühen, etwas aufzubauen, was über die eigene Meinung hinaus etwas Sinnvolles darstellte, etwas, was der Sache der gesamten Menschheit voranhalf.

Die Wikipedia war der Konvergenzpunkt der Autodidakten und teuer Ausgebildeten. Die Spinner mussten mit den Mainstreamern verkehren und sich zusammenraufen – und keiner wusste, wer eigentlich wusste, wer worüber redete, weil jede Identität hinter einem lustigen Benutzernamen verborgen war. Das Einzige, was jeder wusste, war, dass das Endprodukt einen leserlichen Sinn ergeben und enzyklopädisch klingen musste. Es musste ein wenig flach – ein wenig allgemein – unvoreingenommen – komprimiert – werbefrei – neutral sein. Die Notwendigkeit, dass das Ergebnis aller Bearbeitungen in lesbaren, emotionslosen Sätzen zusammenpasste, dämpfte – in gewissem Maße – natürliche Antagonismen. Daher herrschte ein belebender Missionseifer, nämlich die Großartigkeit des Internets durch eine nie da gewesene Zusammenarbeit zu beweisen. Sehr kluge Leute ließen andere Beschäftigungen sein und verbrachten Tage, Wochen, manchmal gar Jahre ihres Lebens damit, «Stubs zu beseitigen», Hilfssoftware zu schreiben, Themen zu kategorisieren und zu verlinken, Artikel zu formulieren, zu überarbeiten und zu glätten – und das ohne jede Anerkennung, abgesehen von dem gelegentlichen Glückwunsch-Barnstar auf ihrer Benutzerseite und der Befriedigung heimlichen Ruhms. Die Wikipedia gedieh zum Teil deshalb, weil sie ein Altar des Altruismus war – ein Ort für schüchterne, gebildete Menschen, die dort ihre Funde ablegten.

Sie wurde aber auch deshalb groß, weil sie einen Vorsprung hatte: Von Anfang an nahm das Projekt Artikel von der berühmten Ausgabe der *Encyclopedia Britannica* von 1911 auf, die gemeinfrei ist. Und nicht nur der *Encyclopedia Britannica*. Ebenfalls aufgenommen wurden Smiths *Dictionary of Greek and Roman Bibliography*, Nuttalls *Encyclopedia* von 1906, die *Chamber's Cyclopedia*, Aikens *General Biography*, Roses *Biographical Dictionary*, Eastons *Bible Dictionary* und viele andere mehr. Im August 2001 wurde eine Reihe von Artikeln aus W. W. Rouse Balls *Short Account of the History of Mathematics* – von einem Professor vom Trinity College, Dublin, ins Netz gestellt – von einem frühen Wikipedianer entdeckt; er schrieb an seine Freiwilligen-Kollegen: «Kann man die einfach als Quellenmaterial für unsere Wikipedia nehmen? Ich weiß, wir ziehen uns Sachen aus der 1911er-Encyclopedia rein, und das hier ist von 1908, also dürfte es auch dafür keine Beschränkungen geben …» So war es. Rouse Ball schrieb, Pierre Varignon sei ein enger Freund von Newton, Leibniz und den Bernouillis gewesen und nach l'Hôpital der früheste und mächtigste französische Befürworter des Gebrauchs der Differenzialrechnung.

Im Januar 2006 importierte Wikipedia diesen Artikel von 1908, zusammen mit einem Einschub und einigen Modernisierungen, sodass er jetzt lautet:

Varignon was a friend of Newton, Leibniz and the Bernouilli family. Varignon's principal contributions were to graphic statics and mechanics. Except for l'Hôpital, Varignon was the earliest and strongest French advocate of differential calculus.

231

[Varignon war ein Freund Newtons, Leibniz' und der Familie Bernouilli. Seine wichtigsten Beiträge waren die zur graphischen Statik und Mechanik. Neben L'Hôpital war Varignon der früheste und stärkste Befürworter der Differenzialrechnung.]

Mittlerweile ist er allerdings dreimal so lang, mit interessanten Hinzufügungen berankt, und enthält auch einen Link zu einem anderen Artikel, der Varignons mechanische Theorie der Schwerkraft erörtert.

Der stete Zustrom von Zylinder-und-Gamaschen-Quellen hob Wikipedias Ton. Es war nicht nur eine Schul-Enzyklopädie, eine Hinterhof-Encarta – es war Drinks im Fakultätsclub. Man sah bei Diogenes nach, und zack, hatte man etwas wunderbar vollendet Klingendes aus der 1911er-Britannica. Das wurde zu Diogenes' Ausgangspunkt. Und dann widerfuhren dem griechischen Philosophen über viele Monate und Hunderte von Überarbeitungen hinweg alle möglichen Veränderungen – seltsame Theorien, Prosa über die Gewohnheiten von Hunden, Umschreibungen, Verbesserungen von Verbesserungen. Nun findet sich in Wikipedia folgende Zusammenfassung von Diogenes' Provokationen:

Diogenes is said to have eaten (and, once, masturbated) in the marketplace, urinated on some people who insulted him, defecated in the theatre, and pointed at people with his middle finger.
[Diogenes soll auf dem Marktplatz gegessen (und einmal sogar onaniert), Leute, die ihn beleidigt hatten,

bepinkelt, ins Theater gekackt und mit dem Mittelfinger auf andere gezeigt haben.]

Und dennoch hat inmitten der modernen Anhäufung noch eine kurvenreiche Stelle aus der 1911er-Britannica wörtlich überlebt:

Both in ancient and in modern times, his personality has appealed strongly to sculptors and to painters.
[In alten wie in modernen Zeiten übte seine Persönlichkeit große Anziehungskraft auf Bildhauer und Maler aus.]

Die Fragmente aus den Originalquellen halten sich wie jene Steinrelikte antiker Gebäude in einer mittelalterlichen Mauer.

Doch die Quellen und der Altruismus erklären nicht hinreichend, warum aus der Wikipedia eine solche Boomtown wurde. Den wahren Grund, warum sie so schnell wuchs, erkannte Mitbegründer Jimmy «Jimbo» Wales schon in ihrem ersten Lebensjahr. «Das Wesentliche an der Wikipedia ist, dass sie Spaß erzeugt und süchtig macht», schrieb Wales. Süchtig, ja. Alle großen Internet-Erfolge – E-Mail, AOL Chat, Facebook, Gawker, Second Life, YouTube, Daily Kos, World of Warcraft – haben eine mehr oder weniger große Suchtkomponente; sie machen abhängig, weil sie einsame Wege zur Geselligkeit sind: Man checkt ein, schaut vorbei wie bei einer lauten Party, die einen Stock tiefer abgeht, während man selbst eigentlich schlafen will.

Brion Vibber, eine Zeitlang Wikipedias einziger festangestellter Mitarbeiter, erklärte die Anziehungskraft der Enzyklopädie 2006 bei einem Gespräch mit Google-Angestellten. Für Suchende sei es ein Ort, wo man Sachen nachlesen könne, für Bearbeiter dagegen «ist es fast mehr wie ein Online-Spiel, insofern als es sich um eine Gemeinschaft handelt, in der man sich ein wenig tummelt und etwas macht, was ein bisschen Spaß bringt: Man haut ein paar Trolle, man baut ein wenig Material auf usw». Trolle hauen macht für manche Wikipedia-Bearbeiter einen Großteil des Reizes aus, dessentwegen sie immer wiederkommen.

Angenommen, man arbeitet an dem Wikipedia-Artikel übers Altern. Man hat eine hübsche Wissenschaftssprache, und es wird richtig gut:

> After a period of near perfect renewal (in Humans, between 20 and 50 years of age), organismal senescence is characterized by the declining ability to respond to stress, increasing homeostatic imbalance and increased risk of disease. This irreversible series of changes inevitably ends in Death.

> [Nach einer Zeit nahezu perfekter Erneuerung (bei Menschen zwischen 20 und 50 Jahren) zeigt sich der organische Alterungsprozess in nachlassender Stressresistenz, zunehmender homöostatischer Unausgeglichenheit und erhöhtem Krankheitsrisiko. Diese irreversiblen Veränderungen führen zwangsläufig zum Tod.]

Nicht schlecht!

Und dann ersetzt jemand – ein Benutzer mit der Adresse 206.82.17.190, ein «Vandale» – den gesamten Artikel durch einen einzigen Satz: «*Aging is what you get when you get freaking old old old*. [Altern ist das, was dir blüht, wenn du scheiß-alt alt alt wirst.]» Das passierte am 20. Dezember 2007. Eine Minute später macht man die Bearbeitung dieses anonymen Bearbeiters mit ein paar Klicks wieder «rückgängig»; man geht im Verlauf zurück zu dem Artikel, wie er davor dagestanden hat. Vorerst hat man den Alterungsartikel gesichert. Aber man muss wachsam bleiben, weil sich jederzeit ein anderer darauf stürzen könnte und man dann dessen Schaden mit dem Power-Rückwandlerstrahl ungeschehen machen muss. Jetzt ist man süchtig. Man ist allein dadurch zu einer Kraft des Guten geworden, dass man aufpasst und nach jugendlichen Straftätern Ausschau hält.

Manche Artikel sind so abseitig, dass ihnen sehr wenig Vandalistisches widerfährt. (Obwohl ich einmal eine winzige Seite über einen Pflanzenpilz repariert habe, das *Colletotrichum trichellum,* das den englischen Efeu infiziert; jemand vor mir hatte behauptet, 40 Prozent der von ihm befallenen Menschen stürben.) Manche Artikel werden oft vandalisiert. Am 11. Januar 2008 wurde der gesamte faszinierende Eintrag über das Erdferkel, durch «ein richtig hässliches Vieh» ersetzt; im Februar wurde das Erdferkel knapp als «mittelgroße aufblasbare Banane» beschrieben. Am 7. Dezember 2007 änderte jemand den langen Artikel über Bettwanzen so, dass er sich wie ein Horrorfilm las:

Bedbugs are generally active only at dawn, with a peak attack period about an hour before dawn, though given the opportunity, they may attempt to feed at your brain at other times.

[Bettwanzen sind im Allgemeinen nur in der Morgendämmerung aktiv, wobei die Angriffswahrscheinlichkeit etwa eine Stunde vorher am höchsten ist, obwohl sie gelegentlich auch zu anderen Zeiten versuchen, Ihnen das Hirn wegzufressen.]

Ein paar Wochen später ersetzte jemand alles durch:

BED BUGS MOTHER FUCKER THEY GON GET YO MOTHERFUCKING ASS BRAAAAAAAT FOOL BRAAAAAAAAAAAAAAAAP.
[BETTWANZEN KRIEGEN DICH AM VERDAMMTEN ARSCH, DU KLEINER DUMMBEUTEL DUU-UU.]

Eine Anti-Vandalismus-Software namens VoABot II änderte diese Bearbeitung, mit einem kleinen Seufzer, weniger als eine Minute, nachdem sie gemacht worden war.

Der Vandalismus erreichte seinen Gipfel im August 2006, nachdem der Komiker Stephen Colbert – nach Stacy Schiffs hervorragendem, aber etwas frostigem *New Yorker*-Artikel über die Wikipedia – die Zuschauer seiner Sendung aufforderte, erfundene Fakten über die Steigerung der Population afrikanischer Elefanten zu posten, um damit die Existenz von etwas zu beweisen, das keine Realität war, sondern «Wikialität» – eine billige Nummer, aber ganz lustig. Wiederholt machten sich die Leute dann an der Elefantenseite zu schaffen, sodass sie eine Zeitlang geschlossen wurde. Aber nicht sehr lange. Dann zog die Party weiter.

Auch die Pop-Tarts-Seite ist oft in Aufruhr. Der Verkauf

von Pop-Tarts, so heißt es heute (8. Februar 2008), wurde in Australien im Jahre 2005 eingestellt. Vielleicht stimmt das ja. Davor allerdings hieß es, der Verkauf von Pop-Tarts sei in Korea eingestellt worden. Davor in Australien. Vor ein paar Tagen stand da: «*Pop-Tarts is German for Little Iced Pastry O' Germany.* [Pop-Tarts ist deutsch für Kleines glasiertes Deutschland-Gebäck.]» Was ich sonst noch aus früheren Versionen lernte: Jedes Jahr werden über zwei Billionen Pop-Tarts verkauft. George Washington hat sie erfunden. Sie wurden Anfang der sechziger Jahre in China entwickelt. Beliebte Geschmacksrichtungen sind «frosted strawberry, frosted brown sugar cinnamon, and semen [glasierte Erdbeeren, glasierter brauner Zimtzucker und Sperma].» Pop-Tarts sind ein «flat Cookie [flacher Keks]». Nein: «Pop-Tarts are a flat Pastry, KEVIN MCCORMICK is a FRIGGIN LOSER not to mention a queer inch. [Pop-Tarts sind flache Gebäckstücke, KEVIN MCCORMICK ist ein LOSER und ein schwuler Sack.]» Nein: «A Pop-Tart is a flat condom. [Ein Pop-Tart ist ein flaches Kondom.]» Letzten Herbst wurde die ganze Seite einmal durch «NIPPLES AND BROCCOLI [NIPPEL UND BROKKOLI] !!!!!» ersetzt.

Das klingt chaotisch, doch selbst die Pop-Tarts-Seite ist meistens unter Kontrolle. Die «wenig hilfreichen» oder «unangemessenen» Änderungen − manche stoned, rassistisch, brutal, hardcore − lassen sich von menschlichen Stompers und algorhythmisierten Helfer-Bots schnell reparieren. Es ist eben ein Spiel. Die Wikipedianer betrachten den Vandalismus als Problem, und das kann er tatsächlich auch sein, doch ein diogenesisch gesinnter Beobachter würde darauf verweisen, dass Wikipedia ohne seine Dämonen niemals diesen ungeheuren Erfolg gehabt hätte.

Es ist ein Nachschlagewerk, das ganz plötzlich fies werden kann. Wer weiß, ob man, wenn man Harvards einstigen Krieger-Präsidenten James Bryant Conant aufschlägt, einen faden, fairen Artikel über ihn bekommt oder ob die ganze Seite lautet (wie es am 26. April 2006 siebzehn Minuten lang der Fall war): «HES A BIGSTUPID HEAD. [ER IST EIN RIESENIDIOT.]» Immerhin war James Conant in mancher, wichtiger Hinsicht durchaus ein Riesenidiot. Er war gezielt antisemitisch und glaubte fest an Wunderwaffen – ein Mann, der zwar eine große Universität leitete, aber auch gern neue Varianten des Tötens von Menschen ausheckte. Ohne die Spinner, die Schmäher und die Sprühdosen-Tagger wäre Wikipedia einfach nur die nützlichste jemals erstellte Enzyklopädie. Stattdessen ist sie ein schnelles Paintball-Spiel.

Nicht nur braucht die Wikipedia – in Maßen – ihre Vandalen, die Vandalen brauchen auch eine geordnete Wikipedia. Ohne Ordnung fehlte ihrem Culture Jamming der Kontext. Würde Wikipedia gänzlich chaotisch und obszön dargestellt, wäre es kein Spaß, beispielsweise einen Teil des Artikels über Archimedes durch Folgendes zu ersetzen:

Archimedes is dead.
He died.
Other people will also die.
All hail chickens.
The Power Rangers say «Hi».
The End.

[Archimedes ist tot.
Er starb.

Auch andere werden sterben.

Es leben die Hühner.

Die Power Rangers sagen «Hi».

Ende.]

Selbst der interessante Artikel über Culture Jamming war einige Male betroffen: «Culture Jamming», hieß es im Mai 2007, «is the act of jamming tons of cultures into one extremely hot room [ist, wenn man einen Haufen Kultur in einen extrem heißen Raum quetscht].»

Als im vergangenen Jahr Computerwissenschaftler von der Universität Minnesota Millionen Wikipedia-Bearbeitungen untersuchten, fanden sie heraus, dass die meisten guten – diejenigen, deren Wortlaut viele spätere Durchsichten unbeschadet überstanden hatte – von einem winzigen Prozentsatz von Autoren verfasst worden waren. Eine ungeheure Zahl von Benutzern hat gelegentlich einmal ein bereicherndes Bröckchen dazugetan – und ohne das Wissen dieser Beobachter wäre aus der Enzyklopädie nichts geworden –, doch nur relativ wenige wissen, wie sie ihrem Beitrag eine Form geben können, die von Dauer ist.

Wie wird man also zu einem Teil von Wikipedias Oberschicht – zu einem der mehreren Tausend, deren Worte eine Zeitlang Bestand haben, bis spätere verbale Fumarolen das, was man geschrieben hat, erodieren? Einfach ist es nicht. Man braucht einen kühlen Kopf, damit man sich nicht auf an die Nieren gehende Dispute einlässt, und auch etwas praktische Schreibfähigkeit, ein schnelles Auge und ein Händchen für Synthese. Und man braucht jede Menge Freizeit – Zeit, die merkwürdigen Konventionen und das unvertraute Vokabular beherrschen zu lernen (Wörter wie «*smerge*», «*POV warrior*», «*forum shopping*», «*hatnote*», «*meat puppet*», «*fancruft*» und «*transclusion*»); Zeit, Anleitungen und Richtlinien, Essays und die endlosen Chroniken alter Scharmützel zu lesen; und Zeit, sich sanft, aber mit Nachdruck oder vielleicht auch Schärfe von anderen Bearbeitern daran erinnern zu lassen, wie man sich verhalten soll. Es ist eine lange Lehrzeit voller Versuch und Irrtum.

So jedenfalls war es einmal. Jetzt gibt es einen kürzeren Weg zur Meisterschaft: John Broughtons *Wikipedia: The Missing Manual*, Teil der *Missing-Manual*-Reihe, herausgegeben von dem fröhlichen Elektronik-Experten der *New York Times*, David Pogue. «Dieses *Missing Manual* hilft Ihnen, Anfängerfehler zu vermeiden, und lässt Sie von Ihrer ersten Bearbeitung an wie ein Profi klingen», steht hinten auf dem Buch. In seiner Einleitung verspricht Broughton, der selbst über 15 000 Wikipedia-Einträge bearbeitet hat, was ihn in die Elite der 1200 Spitzenbearbeiter bringt, «die Informationen, die Sie unbedingt brauchen, um nicht gegen die Regeln zu verstoßen». Und tatsächlich: Diese Anleitung ist erhellend, gut organisiert und durch und durch vernünftig. Ihr Erscheinen könnte eine neue, mittelalte Phase in der Geschichte der Wikipedia einläuten; manche ihrer Leser sehnen sich dabei wahrscheinlich nach den verrückten Do-it-yourself-Tagen, als das ganze Projekt noch im Aufbau war. Im Oktober 2001 erschien die erste wikipedianische Regel. Sie lautete:

Ignoriere alle Regeln: Wenn Regeln dich nervös machen und deprimieren und du deshalb nicht mehr an der Wiki teilnehmen willst, ignoriere sie einfach völlig und leg los.

Die «Ignoriere alle Regeln»-Regel wurde vom Mitbegründer Larry Singer verfasst und vom Mitbegründer Jimbo
Wales abgezeichnet, dazu noch von WojPob, AyeSpy,
OprgaG, Invictus, Koyaanis Qatsi, Pinkunicorn, sjc, mike
dill, Taw, GWO und Enchanter. Zwei Abweichler waren
aufgeführt, tbc und AxelBoldt.

Heute finden sich Regeln und Richtlinien an jeder Ecke
– dazu dringende Warnungen, Pflichtaufgaben, Regelvorgaben, Relevanz-Leitlinien und komplexe Kriterien für diverse Entscheidungen –, ein Symptom von etwas namens
instruction creep: in der Wikipedia definiert als «wenn Anleitungen an Zahl und Größe mit der Zeit so zunehmen,
dass sie nicht mehr zu handhaben sind». John Broughtons
Buch mit seinen lediglich 477 Seiten durchdringt den bürokratischen Dschungel. Es enthält ein ganzes Kapitel darüber, wie man bessere Artikel erstellt («Unterdrücke oder
vermeide keine Kontroverse»), und eines über «Grobheiten
und persönliche Angriffe und wie man damit umgeht».
Broughton rät, über eine Idee oder Erfindung, auf die man
selbst gekommen ist, keinen Wikipedia-Artikel zu schreiben, sich von Artikeln über Dinge oder Menschen, die man
sehr oder gar nicht mag, fernzuhalten und die Enzyklopädie nicht als PR-Vehikel zu benutzen – etwa für eine neue
Rockband oder eine aufstrebende Schauspielerin. Manchmal klingt Broughton wie ein frischgebackener Englischlehrer, der sich ein wenig zu sicher ist, dass es richtiges
und falsches Vorgehen gibt. Aber die Wikipedia kann auch
wirklich verwirrend sein, da muss man sich sein Selbstvertrauen schon aus einer Benutzeranleitung holen.

Als Erstes nahm ich auf Wikipedia (unter dem Benutzernamen Wageless) ein paar nicht sehr gute Bearbeitungen des Eintrags «Bovine somatotropin» [«Rinder-Somatotropin»] vor. Ich klickte auf «Bearbeiten» und hatte sogleich ein seltsames, fast benommenes Gefühl, als wäre ich durch den Spiegel getreten und dürfte mit einer riesigen Maschine oder einem empfindlichen biomedizinischen Gerät herumspielen. Es schien fast zu einfach, Schaden anzurichten; man fragt sich: Warum leisten mir die Wörter nicht mehr Widerstand? Aber bald hat man sich daran gewöhnt. Man erinnert sich an die zentrale wikipedianische Direktive: «Sei kühn.» Schon bald gefällt einem das Leben drinnen.

Nach den Rinderhormonen bastelte ich ein bisschen an der Zusammenfassung der Handlung von *Schlaflos in Seattle* herum, während ich den Film sah. Etwas später brachte ich ein paar Korrekturen in der Einführung zu dem Artikel über Hydraulikflüssigkeiten an – später verbesserte wieder jemand anderes erfreulicherweise meine Eingaben. Eines Abends suchten meine Frau und ich nach Rezepten für einen Cobbler, danach arbeitete ich noch eine Weile an dem Cobbler-Artikel, aber er stimmte immer noch nicht. Ich änderte ein paar Sachen an dem Artikel über «Periodization» [«Periodisierung»]. Ungefähr um diese Zeit begann ich mich dann mit meinem offenen Computer an die Arbeitsfläche in der Küche zu stellen, starrte auf meine wachsende Watchliste, checkte und hielt die Augen offen. Nach ungefähr einer Woche war ich auf dem besten Weg zur ersten Stufe einer gediegenen Wikipedia-Abhängigkeit.

Was mich dann so richtig hineinzog, war der Versuch, Artikel vor der Löschung zu bewahren. Diese Arbeit wurde zu meiner erwählten Mission. Und das kam so. Ich las einen kurzen Artikel über einen Post-Beatpoeten und Kleinverleger namens Richard Denner, der in den Sechzigern in Berkeley studiert und dann, nach einigen verlorenen Jahren, viele Lesehefte auf einer Handpresse im pazifischen Nordwesten herausgebracht hatte. Der Artikel war von einem Benutzer namens PirateMink für die Löschung vorgeschlagen worden. Er behauptete, Denner sei keine relevante Gestalt, was immer das bedeutete. (Es gibt bögen-, ries- und ballenweise Kontroversen darüber, was Relevanz bei Wikipedia bestimmt: Daraus wird nie jemand schlau werden.) Ein anderer, Stormbay, pflichtete PirateMink bei: keine Drittquellen, ergo nicht relevant.

Denner war nun in ernsten Schwierigkeiten. Ich versuchte, den Artikel weniger löschbar zu machen, indem ich ein Zitat aus einem Interview im *Berkeley Daily Planet* einfügte – Denner sagte dem Reporter, in den Sechzigern habe er versucht, Straßenpoet zu sein: «Ich schrieb im Café Med gegen Espressos mit Magic Marker auf Servietten oder Mädchen auf Arme und Beine.» (Wimmelt es in einem Artikel von Zitaten aus externen Quellen, können diese, wie die Borsten einer Raupe, die Tötung erschweren.) Ich stimmte zudem auf der Lösch-Diskussionsseite für «behalten» und wies darauf hin, dass viele Lyriker nur Lesehefte veröffentlichten: «Wem oder was schadet es, diesen Eintrag zu behalten?» Ein Administrator namens Nakon – einer von rund tausend durch Peer-Nomination gewählten freiwilligen Administratoren – nahm sich eine Minute, um sich die beiden «Löschen»-Stimmen und meine «Behalten»-Stimme anzusehen, dann killte er den Artikel. Denner war weg. Verschreckt testete ich die «AfDs» (die Diskussionsseiten für die «*Articles for Deletion*») und die noch drängenderen «*speedy deletes*» und «PRODS» («*proposed deletes*» – vorgeschlagene Löschungen) für andere Themen, die zu Unrecht in Gefahr waren; waren sie es, versuchte ich, sie zu retten. Eines war Taekwang Industry – eine südkoreanische Textilfirma. Ein Benutzer namens Kusunose hatte sie «geproddet», das heißt, über den Artikel ein Banner mit rotem Rand gelegt, womit er die Löschung binnen fünf Tagen vorschlug. Ich entfernte das Banner, signalisierte damit, dass ich anderer Meinung war, und putzte den Artikel hastig auf, indem ich anmerkte, die Firma stelle «Acelan»-Spandex her, Regenmäntel, Schirme, Natriumcyanid und einen schwarzen Abaya-Stoff. Der Artikel verschwand nicht: Mann, tat das gut.

Also machte ich weiter. Ich fand Pressezitate und trat für die Beibehaltung des Jitterbug-Telefons ein, ein Handy mit großen Tasten und weichem Ohrstück für Ältere, für Vladimir Narbut, einen weniger bedeutenden russischen Acmeist-Dichter, dessen zweites Buch *Halleluja* von der Polizei konfisziert wurde, für Sara Mednick, eine Neurowissenschaftlerin aus San Diego und Autorin von *Take a Nap! Change Your Life*, für Pyro Boy, eine kleine Berühmtheit, die sich auf der Bühne in einen menschlichen Feuerwerkskörper verwandelt. Ich stritt für die Arifs, eine zypriotisch-türkische Verbrecherfamilie in London (auf LexisNexis entdeckte ich, dass der *Irish Daily Mirror* sie als «Großbritanniens Verbrecherfamilie Nr. 1» bezeichnete), für Card Football, ein pokerartiges Football-Simulationsspiel, für Paul Karason, einen Mann mit Hosenträgern, dessen Gesicht blau wurde, nachdem er kolloides Silber getrunken hatte, für Jim Cara, einen Gitarrenrestaurator und mit Modem arbeitenden Studiomusiker, der sich bei einem Skiflugwettbewerb eine schwere Kopfverletzung zugezogen hatte, für den Schriftsteller Owen King, den Sohn Stephen Kings, für Whitley Neill Gin, der mit südafrikanischen Kräutern versetzt ist, für Whirled News Tonight, eine Chicagoer Improvisationstruppe, sowie für Michelle Leonard, eine europäische Liedermacherin, die den jüngsten Glam-Hit mit dem Titel «Love Songs (They Kill Me)» mitgeschrieben hat.

All diese Leute und Dinge waren von anderen Bearbeitern für nicht bedeutsam befunden worden, manchmal mit gedankenloser Strenge – der Artikel über Michelle Leonard enthielt angeblich «totale Lügen». (Falsch – wie ein anderer Bearbeiter, Bondegezou, zeigte, der mit europäischen Hitparaden vertrauter war.) Schaffte ich es, zur Rettung beizutragen, erlebte ich ein stilles Hochgefühl – ich ging erhobenen Hauptes, wie Henry Fonda in *Die zwölf Geschworenen.*

Während ich mit diesen kleinen, (für mich) faszinierenden «Behalten»-Rangeleien beschäftigt war, liefen gleichzeitig in der ganzen Wikipedia Hunderte andere ab. Ich meldete mich, nachdem ich sie in Broughtons Manual gesehen hatte, bei der Article Rescue Squadron an; die ARS ist eine kleine Gruppe, die sich «überzogener Löschung» widersetzt. Und ich entdeckte ein Projekt namens WPPDP (für *«WikiProject Proposed Deletion Patrolling»*), in dem Leute die PROD-Listen nach Artikeln durchsuchen, die nicht verschwinden sollten. Da täglich rund 1500 Artikel gelöscht werden, kann diese Arbeit leicht zur Lebensaufgabe werden, aber manche Bearbeiter (beispielsweise ein geduldiger Bibliothekar mit dem Benutzernamen DGG) scheinen in der Lage zu sein, sie

Woche für Woche regelmäßig zu leisten, ohne dabei verrückt zu werden. Mich dagegen trieb es bis geradewegs zu den Isles of Shoals hinaus. Ich hörte nicht mehr, was meine Familie zu mir sagte – ungefähr zwei Wochen lang verschwand ich praktisch in meinem Bildschirm und versuchte, kurze, manchmal auch allzu eigenwerbende, aber gleichwohl wertvolle Biographien zu retten, indem ich sie in eine neutrale Sprache umschrieb und hastig Datenbanken von Zeitungen und Google Books nach Verweisen durchkämmte, die ihren Bedeutsamkeitsquotienten erhöhten. Ich war zu einem «Inklusionisten» geworden.

Das soll nicht heißen, dass ich für jeden Artikel kämpfen wollte. Jemand erstellte einen namens Plamen Ognianov Kamenov. Der gesamte Artikel lautete: «Hi my name is Plamen Ognianov Kamenov. I am Bulgarian. I am smart. [Hi, ich heiße Plamen Ognianov Kamenov. Ich bin Bulgare und smart.]» Dieser Artikel ist weg – verständlicherweise. Jemand anderes, offensichtlich ein Kind, erfand eine reizende kleine Geschichte über eine fiktive Frau namens Kaiserin Alamonda, die die Kammerzofen ihres Mannes hasste. «Sie wurde so eifersüchtig, dass sie ohnmächtig umfiel», hieß es in dem Artikel. «Alamonda starb um sechs Uhr morgens in ihrem Zimmer. Am 4. August 1896.» Auch Alamonda ist dahin.

Dennoch, ein Haufen guter Artikel – verifizierbar, informativ, hirnsprengend seltsam – werden von Leuten aus diesem papierlosen, unendlich erweiterbaren Ziehharmonikaordner hinausgeworfen, die eine enge, fast schon grundschulische Vorstellung davon haben, was für eine Neugier eine Online-Enzyklopädie in den kommenden Jahren befriedigen können wird.

Jeder kann einen Artikel «abschießen» (wie Broughton es formuliert) − man fügt einfach eine Software-Vorlage in doppelten Klammern ein. Es ist schwieriger, etwas zu verbessern, was schon geschrieben wurde, oder etwas ganz Neues zu schreiben, zumal jetzt, wo so viele der *World Book*-sanktionierten enzyklopädischen Früchte bereits gepflückt sind. Heute tummeln sich auf Wikipedia Leute, die einfach nur Rüpel sind, denen es Freude bereitet, die Arbeit anderer kaputt und sich darüber lustig zu machen − sogar so weit, dass sie über nicht ganz korrektes «Engrish» lachen. Sie spicken Artikel so lange mit Warnungen, Forderungen nach Zitaten und Lösch-Prods, bis sie verschwinden.

Im Herbst 2006 machten sich ganze Gruppen von Bearbeitern daran, Artikel über Webcomic-Zeichner − mit die originellsten und artikuliertesten Leute im Netz − rauszuschmeißen. Sie markierten einen Artikel als unbedeutsam und wählten ihn dann en masse ab. Einer nannte das ganz offen die «*web-comic articles purge of 2006*» − die Webcomic-Artikel-Säuberung von 2006. Ein Opfer, Trev-Mun, Autor eines Comics namens *Ragnarok Wisdom*, schrieb: «Ich hatte den Eindruck, dass ihnen das einen ähnlichen Spaß machte wie einem Kind, das die Sandburgen anderer zertritt.» Ein anderer Künstler, Howard Tayler, sagte: «Relevanzsäuberungen werden in der ganzen Wikipedia von kontrollwütigen kleinen Diktatoren durchgeführt, die sich als bescheidene Bearbeiter gerieren.» Rob Balder, Autor eines Webcomics namens *Partially Clips*, verglich die organisierten Löscher mit Bücherverbrennern und sagte: «Eure Worte sind höflich, ja, aber eure Handlungen sind obszön. Jedes Wort in jedem berechtigten Artikel, den ihr zerstört habt, soll in eine Obszönität verwandelt und euch ins Gesicht geschrien werden.»

Als Löschungen und Unmut sich 2007 ausbreiteten – Löschungen nicht nur von Webcomics, sondern auch von Firmen, Orten in Städten, Webseiten, Listen, Menschen, Kategorien und Ideen – allesamt für trivial, «NN» («*non-notable*», also unbedeutsam), «*stubby*», nicht hinreichend belegt oder in anderer Weise unenzyklopädisch erachtet –, sagte Andrew Lih, einer der aufmerksamsten Beobachter der Geschichte der Wikipedia, zu einem kanadischen Reporter: «Man zieht es inzwischen vor, Informationen zu entfernen, zu löschen, zu beschränken, statt sie einfach da sein und wachsen zu lassen.» Im September 2007 postete Jimbo Wales, Wikipedias Großmeister – auch er Inklusionist, der glaubt, wenn die Leute einen Artikel über jede Pokémon-Figur haben wollen, dann sollen sie ihn eben haben –, einen Stub aus einem einzigen Satz über Mzoli's, ein Restaurant in einem Vorort von Kapstadt. Rasch wurde er zur Löschung vorgeschlagen. Andere retteten ihn, und nach einem Vandalismus-Schauer (z. B. wurde die Seite durch «*I hate Wikipedia, its a far-left propaganda instrument, some far-left gangs control it*» [«Ich hasse Wikipedia, das ist ein linksradikales Propagandainstrument, es wird von linksradikalen Banden kontrolliert»] ersetzt) ist das Mzoli's jetzt ein Modellartikel mit jeder Menge Pressezitaten. Seit Januar gibt es sogar auch einen Artikel über «*Deletionism and Inclusionism in Wikipedia* [Löschung und Inklusionismus bei Wikipedia]» – auch er hat einen frühen Säuberungsversuch überstanden.

Mein Rat an jeden, der sich überlegt, Bearbeiter zu werden – und der besser darin ist als ich, seinen zwanghaften Bearbeitungsdrang im Griff zu haben –, ist der, sich Broughtons *Missing Manual* zu besorgen und einfach hinzuzufügen, zu kreieren und zu retten. Ich glaube, fürs Erste bin ich fertig damit. Aber ich habe eine heimliche Hoffnung. Ein Bibliothekar, K. G. Schneider, schlug unlängst eine Wiki-Leichenhalle vor – eine Tonne der zerbrochenen Träume, in der alle Abgewiesenen noch gelesen werden können, solange sie nicht verleumderisch oder sonst wie illegal sind. Wie andere Mülltonnen hätte sie uns mit der Zeit einiges zu erzählen. Wir könnten sie Löschopedia nennen.

(2008)

Der Kindle 2

Ich bestellte mir bei Amazon einen Kindle 2. Wieso auch nicht? Im ganzen Web wurde dafür geworben. Jedes Mal, wenn ich auf die Amazon-Seite ging, wurde ich gedrängt, einen zu kaufen. «Say Hello to Kindle 2 [Sag dem Kindle 2 hallo]» hieß es da in großen Lettern auf der Startseite. Schaute ich auf Amazon einen bestimmten Autor nach – sagen wir, Mary Higgins Clark – und gelangte zu der Seite mit ihrem spannenden Roman *Mondlicht steht dir gut*, hieß es oben: «*Moonlight Becomes You* and over 270000 other books are available for Amazon Kindle – Amazon's new wireless reading device. Learn more. [*Mondlicht steht dir gut* und über 270000 weitere Bücher sind für den Amazon Kindle – Amazons neues drahtloses Lesegerät – erhältlich. Erfahren Sie mehr.]» Unter der Abbildung von Clarks physischem Taschenbuch (7,99 Dollar) war eine weitere Lockwerbung: «Start reading *Moonlight Becomes You* on your Kindle in under a minute. Don't have a Kindle? Get yours here. [In knapp einer Minute können auch Sie *Mondlicht steht dir gut* auf Ihrem Kindle lesen. Sie haben noch keinen? Hier bekommen Sie ihn.]» Ging ich dann auf die Kindle-Seite mit dem digitalen Download von *Mondlicht steht dir gut* (6,39 Dollar), gab es keinen Link zurück zur gedruckten Version. Ich wurde gesteuert.

Alle sagten, der neue Kindle sei ungeheuer wichtig – ein wahrer Stoß ins Alphorn post-Gutenberg'scher Aufwertung. Der Kulturkritiker Steven Johnson schrieb im *Wall Street Journal*, er habe einmal allein in einem Restaurant in Austin, Texas, gesessen und plötzlich den Drang verspürt, einen Roman zu lesen. Binnen Minuten, dank Kindles kostenloser 3G-Verbindung mit Sprint-Wireless – dort heißt es Whispernet –, war er schon tief im ersten Kapitel von Zadie Smiths *Über die Schönheit* (9,99 Dollar fürs E-Book, 10,20 Dollar fürs Taschenbuch). Schreiben und Veröffentlichen, glaubte er, würden nie mehr so sein wie früher. In *Newsweek* verkündete Jacob Weisberg, Chefredakteur der Slate Group, er lese schon seit Wochen seine gesamte Freizeitlektüre auf dem Kindle 2, und behauptete, der biete «ein fundamental besseres Erlebnis» als Tinte auf Papier. «Jeff Bezos» – Gründer und CEO von Amazon – «hat ein Gerät gebaut, das eine Kulturrevolution markiert», schrieb Weisberg. «Das gedruckte Buch, die wichtigste Schöpfung der menschlichen Zivilisation, tritt nun mitsamt Zeitungen und Zeitschriften den Weg ins Vergessen an.»

Auch viele Normalsterbliche waren vom Kindle 2 begeistert – im Kindle-Store gab es rund fünfzehnhundert Fünf-Sterne-Kundenbewertungen, die immerzu «I love my Kindle» sagten, und nur ein paar hundert mäkelige mit einem Stern. Kindle-Bücher waren sauber. «Ich fand Bibliotheksbücher und gebrauchte Bücher immer widerlich», schrieb eine Besucherin, Christine Ring, auf der Amazon-Seite. «Man weiß nie, wo sie schon gewesen sind!» – «Er hat mein Interesse am Lesen neu belebt», sagte ein weiterer Rezensent. «Ich bin süchtig danach», sagte wieder ein anderer. «Wenn mir mein Kindle in den Gully fiele, würde ich mir sofort einen neuen kaufen.»

Und das Ding verkaufte sich: Im April ging in den Tech-Blogs das Gerücht, seit dem Erscheinungstag, dem 24. Februar, seien schon dreihunderttausend Stück verkauft worden. Bezos schrieb einen Brief an die Aktionäre: «Die Kindle-Verkäufe haben unsere kühnsten Erwartungen übertroffen.» Er ging in die «Daily Show» und lachte. (Vgl. das YouTube-Video *«Jeff Bezos Laughing Freakishly Loud on The Daily Show with Jon Stewart»*.)

Auf der Amazon-Seite war eine Frau mit Sonnenbrille zu sehen, die an einem Strand saß, einen Kindle auf den Knien. Darunter waren Videokommentare von großen Schriftstellern wie Michael Lewis und Toni Morrison, recycelt vom Start des Ur-Kindle im Herbst 2007. James Patterson, die Kraft hinter einem Strom von Top-Bestsellern in der *Times*, sagte, er lese gern im Freien, weil er, wie er mitteilte, «einen herrlichen Garten, einen netten Pool und so weiter» habe. Patterson entdeckte zu seiner Freude beim Kindlen am Pool, dass der Wind keine Seiten zum Flattern brachte. «Es gibt ja nur eine Seite», erklärte er. Neil Gaiman war erst skeptisch gewesen, aber schließlich «absolut überzeugt».

Na dann! Mich beschlich schon das leicht euphorische Gefühl, das man nach zehn Minuten in einem Infomercial hat. Sicher, der Kindle ist teuer, doch die Ausgabe ist ein Weg, sich ins totale Engagement einzukaufen. Das könnte meine Art zu lesen für immer verändern. Ich war nie ein schneller Leser. Ich bin unbeständig, ich lese Bücher, die ich angefangen habe, nicht zu Ende, ich lege ein Buch für fünf, zehn Jahre beiseite und lese es dann weiter. Vielleicht, dachte ich, wenn ich diesen drahtlosen

Kindle 2 bestelle, werde ich in eine Welt des zwanghaften, dämonischen Bücherkonsums gezogen wie Pippin, der auf den Stein von Orthanc starrt. Vielleicht würde ich Rebecca West verschlingen, Jack Vance oder Dawn Powell. Vielleicht war der Kindle ja das Bowflex der Belesenheit: etwas Teures, das, wenn man sich ihm verschreibt, einen zwingt, mehr von dem zu tun, von dem man schon immer dachte, man müsse mehr davon tun.

Gut, der Produktname war nicht so toll. Kindle? Er war niedlich und unheimlich zugleich – schlimmer als Edsel, Probe oder das Microsoft Bob. Aber einen schlechten Namen verzeiht man. Man kann ihn sogar mögen, wenn das Produkt selbst prima ist.

Er kam mit UPS in einem großen Pappkarton. In dem Karton waren dicke, durchsichtige Plastikblasen, ein Packzettel mit «359 Dollar» darauf und ein weiterer Pappkarton. Auf diesem stand in kargen Kleinbuchstaben «kindle». Seitlich an dem Karton war ein Plastikstreifen in der Pappe, den man ziehen sollte, um das Paket sauber aufzureißen. Darauf standen die Worte «Once upon a time. [Es war einmal.]» Ich zog und öffnete.

Darin war ein weiterer Karton, schicker als der erste. Schwarze Pappe war mit einem Schwarm schimmernder schwarzer Lettern bedruckt, und mittendrin wieder das Wort «kindle». An der Seite war ein weiterer Zugstreifen, auf dem ebenfalls «Once upon a time» stand. Ich war in eine verschachtelte, calvinoeske Märchenwelt der Verpackung eingetreten. (Calvinos italienische Volksmärchen sind übrigens noch nicht im Kindle-Store erhältlich.) Wieder zog ich und öffnete.

Darin lag, in einer weiß gefütterten Schatulle, das Gerät selbst. Es war blass, etwa so groß wie ein gebundener Roman, nur viel dünner, und es hatte einen eher kleinen Bildschirm und eine QWERTY-Tastatur aus winzigen runden Lustpunkt-Tasten, die dem Drücken widerstanden. Ich betrachtete die Tasten eine Weile und dachte an ein Knopfakkordeon.

Der Stecker, der mit dem USB-Anschluss verbunden war, war extrem gut gestaltet, im besten Post-Apple-Stil. Es war ein sehr, sehr guter Stecker. Ich schaltete den Kindle an und drückte auf die Home-Taste. Auf Home erhält man die Liste dessen, was man in seinem Kindle hat. Darin warteten ein paar Bücher auf mich, die ich schon bestellt hatte – das war nett –, und auch ein Begrüßungsbrief von Jeff Bezos. «Der Kindle ist ein vollkommen neuartiges Gerät, und wir sind begeistert, Sie als frühen Kunden begrüßen zu dürfen!», schrieb Bezos. Ich las den Brief und ein wenig von *Die Feuerreiter Seiner Majestät* (ein Drachen-Fantasy-Roman von Naomi Novick, der während der Napoleonischen Kriege spielt, gratis), *Gullivers Reisen* und *Slow Hands*, einen «Harlequin Blaze»-Roman von Leslie Kelly, ebenfalls ein Werbegeschenk. Ich änderte die Schriftgröße. Ich suchte den Text-String. Ich kämpfte mit einem antiklimaktischen Gefühl.

Das Problem war nicht, dass der Bildschirm schwarzweiß war; schwarzweiß wäre ja in Ordnung gegangen. Das Problem war, dass der Bildschirm grau war. Und nicht einfach nur grau, er war grünlich, kränklich grau. Ein Postmortemgrau. Die größenveränderbare Schrift, Monotype Caecilia, erschien als dunkleres Grau. Dunkelgrau auf blasserem Grünlichgrau, das war die Palette des Amazon Kindle.

Das sollte das sogenannte E-Paper sein? Dieses vier mal fünf Zoll große Fenster auf einen bewölkten Nachmittag? Wo war das Papierweiß oder Papiercreme? Vergessen wir RGB oder CMYK. Wo waren scharfe schwarze Lettern, die wie lackierte Stäbchen auf einem sauberen Tischtuch lagen?

Ich zeigte ihn meiner Frau. «Schade, dass er keinen kleinen Ständer hat», sagte sie. «Dann könntest du ihn wie einen Rasierspiegel aufstellen und beim Essen lesen.» Mein Sohn klickte in der Kindle-Version eines Romans von Bernard Cornwell über das alte Britannien herum. «Gar nicht so schlecht», sagte er. «Die Karten sind ziemlich gut. Ein paar von den kleineren Namen kann man nicht lesen. Ich würde lieber das da lesen» – und zeigte auf sein Cornwell-Taschenbuch, das auf dem Bauch offen daneben lag –, «aber das hier kann ich eindeutig auch lesen.»

Doch, man kann eindeutig Sachen auf dem Kindle lesen. Und das tat ich auch. Erst Brocken von Sachen. Ich las ein wenig von De Quinceys *Bekenntnissen*, etwas von Robert Benchleys *Love Conquers All* und ein wenig aus mehreren Versionen von Kiplings *Dschungelbuch*. Leider zog ich aus diesen großen Werken keine neue Freude. Beim Benchley waren die Zeichnungen von Gluyas Williams verschwunden, und selbst der Abschnitt mit den Wespen in *Do Insects Think?* war im Kindle-Grau einfach nicht dasselbe. Ich machte ein Experiment. Ich holte mir den Common-Reader-Nachdruck von *Love Conquers All* und las genau denselben Wespenabschnitt. Ich lachte: Haha. Dann wechselte ich wieder zum Kindle und las den Wespenabschnitt erneut. Kein Lachen. Klar, inzwischen hatte ich die Passage schon dreimal gelesen, daher war sie jetzt nicht mehr so lustig. Das Entscheidende aber ist, dass es auch beim ersten Mal, auf dem Kindle-Bildschirm, nicht lustig war. Die Monotype Caecilia war grimmig und kalvinistisch, sie hatte eine Art, alles auf einen beliebigen Haufen Wörter zu reduzieren.

Ich las ein wenig in *Max*, einem James-Patterson-Roman, und experimentierte dabei mit der Text-to-Speech-Funktion. Der Robo-Leser hatte eine höfliche, stockende, mitteleuropäische Intonation ähnlich der von Tom Hanks in *Terminal*, und manchmal ließ er sich von Punkten verwirren. Einmal hielt er «miss [fehlschießen]» für die Abkürzung eines Bundesstaats: «He loved the chase, the hunt, the split-second intersection of luck and skill that allowed him to exercise his perfection, his inability to Mississippi. [Er liebte die Hatz, die Jagd, das blitzschnelle Zusammenspiel von Glück und Geschick, das es ihm erlaubte, seine Perfektion auszuspielen, seine Unfähigkeit zu Mississippi.]» Ich schaltete das Gerät aus.

Und trotzdem gefällt es vielen. Aus Fairness dem Kindle gegenüber musste ich wenigstens *ein* ganzes Buch darauf lesen. Jeff Bezos nennt das «Long form»-Lesen. Ich hatte einen gewissen Erfolg, als ich mich eines Vormittags tief in *The Complete Idiot's Guide to Writing Erotic Romance* von Alison Kent durchkindelte. Ich lernte, dass es in der Liebes- und Erotikroman-Industrie vier unterschiedliche Intensitätsniveaus gibt: nett, hitzig, brodelnd und sengend. Das fand ich eine sachdienliche Information, da Liebesromanleser große Kindler sind. «Der Erfolg des E-Book wird vom Liebes- und Erotikroman-Markt beflügelt», berichtet Peter Smith von ITworld. Smith zitiert die Schauspielerin und Kindle-Begeisterte Felicia Day aus *Buffy – im Bann der*

Dämonen, die sich mit Paranormalem wie *Tanz des Verlangens* vollgestopft hat. «Ich habe diese Woche sechs Bücher gelesen und zirka zehn weitere bestellt», bloggte Day. «Solche Sachen hätte ich nie bei Barnes and Noble gekauft, weil ich wegen der glänzenden, eingeölten Männerbrüste zu sehr errötet wäre.»

E-Liebesromane erklären den Erfolg des Kindle aber nicht vollständig – auch nicht die Ergebenheit, die er auslöst. Um darüber mehr herauszufinden, fuhr ich nach Freeport, Maine, und sprach mit Eileen Messina, der Geschäftsführerin des Ladens für britische Importwaren direkt gegenüber von L. L. Bean. Messina, eine nachdenkliche, intelligente Frau Mitte dreißig, hat alle möglichen Sachen auf ihrem Kindle, darunter *Anna Karenina*, Murakamis *Kafka am Strand*, Bücher von Dan Simmons und Abraham Verghese, die Comic-Version von *Stolz und Vorurteil* sowie *Zombies*. Sie ist so glücklich damit, dass sie sich wie rund hundert weitere freiwillig gemeldet hat, ihn als Teil von Amazons «See a Kindle in Your City»-Werbung potenziellen Kunden zu zeigen. Ihr Kindle steckte in ihrer Handtasche; sie hatte eine Hülle aus grünem Garn dafür gehäkelt. Früher, sagte sie, habe sie sich Bücher in der Bibliothek ausgeliehen, aber einige rochen nach Rauch – ein Kindle-Buch ist eine rauchfreie Zone. Ich dankte ihr und kaufte Kekse und eine Teekanne, dann ging ich nach nebenan in Sherman's Buch- und Schreibwarengeschäft. Ich bat Josh Christie, der dort arbeitete, mir einen so richtig atemberaubend spannenden Roman zu empfehlen. Ich wollte einen Vergleich zwischen dem Taschenbuch und der Kindle-2-Version anstellen. Christie empfahl *Die Bourne-Identität* und ein Buch von Michael Connelly, *Unbekannt verzogen* — eine seiner Kolleginnen aus dem Geschäft schwor darauf. Ich kaufte beides.

Draußen setzte ich mich vor L.L. Bean auf eine Bank, aß ein Eis und versuchte, *Die Bourne-Identität* drahtlos beim Kindle-Store zu bestellen. Doch nein — es gibt keine Kindle-Version von *Die Bourne-Identität*. Was?

Was fehlte sonst noch alles? Zu Hause stand ich eine Stunde vor einigen Literaturregalen und suchte nach Titeln. Es gibt keine Amazon-Kindle-Version von *Das Juwel der Krone*. Es gibt kein Kindle von Jean Stafford, keinen Vladimir Nabokov, kein *Flauberts Papagei*, kein *Was vom Tage übrig blieb*, kein *Parfüm* von Patrick Süskind, keine Bharati Mukherjee, keine Margaret Drabble, keinen Graham Greene außer einem Rundfunkmanuskript, keinen David Leavitt, kein *Geboren in Amerika* von Bobbie Ann Mason, keinen Pynchon, keinen Tim O'Brien, keine *Schwimmbad-Bibliothek*, keine Barbara Pym, keinen Saul Bellow, keinen Frederick Exley, kein *Garp oder wie er die Welt sah*, kein *Catch-22*, kein *Frühstück bei Tiffany*, kein *Portnoys Beschwerden*, kein *Henry und Clara*, keine Lorrie Moore, kein *Edwin Mullhouse*, kein *Uhrwerk Orange*.

Natürlich wird die Zahl der Titel zunehmen. Sie wird es, weil ein nicht eben subtiler Druck auf Verleger und Autoren ausgeübt wird. Unter den Beschreibungen aller Nicht-Kindle-Bücher, die bei Amazon verkauft werden, findet sich ein Kasten, in dem steht: «Tell the Publisher! I'd like to read this book on Kindle. [Sagen Sie dem Verleger: Dieses Buch will ich auf dem Kindle lesen.]» Klickt man ihn an, zeigt Amazon eine Danke-Seite: «We will pass your specific request on to the publisher. [Wir werden Ihren Wunsch an den Verlag weiterleiten.]»

Aber angenommen, Sie haben das Buch, das Sie wollten, tatsächlich im Kindle-Store gefunden. Sie kaufen es. Bekommen Sie auch, was im Katalog beschrieben ist? Ja und nein. Ja, Sie bekommen die Wörter und manchmal auch die Bilder, so einigermaßen. Fotografien, Graphiken, Diagramme, ausländische Schriftzeichen und Tabellen laufen auf dem kleinen grauen Bildschirm nicht so gut. Die Seitenzahlen sind weg, also funktionieren auch die Register manchmal nicht. Die Behandlung von Endnoten ist schwierig. Wollen Sie aus einem Buch zitieren, das Sie gekauft haben, müssen Sie es nach dem «*location range*», dem «Positionsbereich» tun – z. B. den Satz «She was on the verge of the mother of all orgasms [sie stand kurz vor der Mutter aller Orgasmen]» findet sich im *location range* 1596–1605 von Mari Carrs erotischem Liebesroman *Tequila Truth*.

Wenn Sie die Kindle-Ausgabe von Konrad Lorenz' *König Salomons Ring* kaufen und nicht die Taschenbuchausgabe, sparen Sie drei Dollar und achtundfünfzig Cent, doch die reizenden Illustrationen von Lorenz, etwa eine Graugans und ihre Gänschen, die mitten aus einem Absatz heraus den rechten Rand hinunterwatscheln, sind vom Text abgetrennt – die Marginalie wurde demarginalisiert. Der Kindle-Store bietet *The Cheese Lover's Cookbook and Guide* von Simon & Schuster an. «The picture of the Ricotta Pancakes with Banana-Pecan Syrup may just inspire you enough to make it the first recipe you want to try [Das Foto des Ricotta-Pfannkuchens mit Bananen-Pekannuss-Sirup könnte Sie so inspirieren, dass Sie dieses Rezept als Allererstes ausprobieren wollen]», schreibt eine glückliche Amazon-Rezensentin. Sie bezieht sich damit auf das Rezept in der gedruckten Ausgabe, dessen Beschreibung im Kindle-Store wiederverwendet wird – doch in der Kindle-Version findet sich kein Foto von einem Pfannkuchen.

Ja, man spart neun Dollar, wenn man die Kindle-Ausgabe von *The Algorithmic Beauty of Seaweeds, Sponges, and Corals* von Jaap A. Kaandorp et al. kauft – sie kostet 85,40 Dollar online gegenüber 94,89 Dollar gedruckt. Laut *New Scientist* ist Kaandorps Buch «schön, wenn auch zuweilen exzentrisch mit Fotografien, Zeichnungen und Computersimulationen illustriert». Die Illustrationen gibt es auch in der Kindle-Version, aber sie sind äußerst schwierig auszumachen, selbst wenn man mit Hilfe des fünfwegigen Klickschalters oder «control nipple», wie ein Kindler ihn nennt, darauf zoomt. Ein preisgekröntes medizinisches Lehrbuch namens *Imaging in Oncology* (zweite Auflage) gibt es bei Kindle für 287,96 Dollar. Die Tabellen sind entstellt. Die Farbkodierung – Gelb für bösartiges, Blau für gesundes Gewebe – ist verlorengegangen. Die Pfeile, die auf die dunkleren Tumoren zeigen, sind in dem Grau unsichtbar. Ja, die Tumoren selbst sind verschwunden.

Ein noch teureres Beispiel. Die Kindle-Ausgabe von *Selected Nuclear Materials and Engineering Systems*, ein E-Book für Leute, die Atomanlagen entwickeln, wird für über achttausend Dollar verkauft. Abbildung zwei ist eine ausführliche Graphik eines Reaktionsschemas mit vielen Kästen und chemischen Gleichungen. Sie ist vollkommen unleserlich. «Sie sparen 1607,80 Dollar (zwanzig Prozent)», steht auf der Kindle-Seite. «Ich kaufe das Buch erst, wenn es billiger wird», schrieb ein strenger Amazoner.

Folgendes kaufen Sie, wenn Sie ein Kindle-Buch kaufen. Sie kaufen das Recht, mit Hilfe eines von Amazon genehmigten elektronischen Anzeigegeräts eine Wörter-anordnung zum privaten Gebrauch vor Ihren Augen an-zuzeigen. Das Unternehmen verwendet dabei ein Codie-rungsformat namens Topaz. (*Topas* ist auch der Titel eines Romans von Leon Uris, im Kindle-Store nicht erhältlich.) Es gibt auch noch andere Softwareformate für das E-Book – zum Beispiel Adobe Acrobat und Microsoft Reader sowie ein freies Format namens ePub –, doch Amazon ist einen eigenen Weg gegangen. Keine andere Hardware darf Topaz ohne die Erlaubnis von Amazon benutzen. Das heißt, dass man Kindle-Bücher nicht auf dem eigenen Computer lesen kann, auch nicht auf einem E-Book-Reader, der mit dem Kindle konkurriert. (Allerdings kann man Kindle-Bücher auf dem iPod Touch und dem iPhone lesen – mehr dazu später –, weil Amazon beschlossen hat, dass es im eige-nen Interesse liegt, es zu gestatten.) Vielleicht haben Sie schon vom Sony Reader gehört? Die Umblätterfunktion des Sony Reader ist besser gestaltet als die des Kindle, und der Reader ist über ein Jahr früher als der Kindle heraus-gekommen, auch ist sein Bildschirm etwas weniger grau, sein Schriftbild ist besser, und es bewältigt auch ePub- und PDF-Dokumente ohne Umformatierung, aber verges-sen Sie's. Ein Kindle-Buch kann man nicht auf einem Gerät von Sony lesen, auch nicht auf dem Ectaco jetBook, dem BeBook, dem iRex iLiad, dem Cybook, dem Hanlin V2 oder dem Foxit eSlick. Kindle-Bücher sind nicht übertragbar. Man kann sie nicht verschenken, verleihen oder verkau-fen. Man kann sie nicht ausdrucken. Sie sind geschlossene digitale Code-Klumpen, die nur ein Käufer besitzen kann. Die Kopie eines Kindle-Buchs stirbt mit seinem Besitzer.

Auf der anderen Seite gibt es kein Kuddelmuddel, keinen Stapel Taschenbücher neben dem Sofa. Ein Kindle-Buch kommt online: Es ist unberührbar, es existiert auf einer höheren, reineren Ebene. Angeblich ist es auch umweltfreundlich. Gut, es besteht aus exotischen Materialien, die über sämtliche Weltmeere hergefahren werden, gut, es braucht Strom, um zu laufen, und klimatisierte Serverfarmen, gut, es ist zerbrechlich und es dupliziert das, was andere Geräte machen, gut, es ist schwierig zu recyceln, gut, es wird in fünf Jahren wahrscheinlich eine letzte Schiffsreise auf eine nigerianische Müllkippe unternehmen. Aber um ein Kindle-Buch zu produzieren, werden keine Baumfarmen abgeerntet, keine zehn Tonnen schweren Druckpressen drehen sich, keine Druckerschwärze wird vergossen.

Statt Druckerschwärze auf Papier gibt es etwas namens Vizplex. Vizplex ist der Handelsname der geschichteten Substanz, aus der das Display des Kindle besteht – also das in der Diagonale fünfzehn Zentimeter lange Rechteck, von dem man abliest. Es ist ein Wunderwerk bistabiler Mikrokugeln, und seine Entwicklung hat eine Menge Arbeit und über hundertfünfzig Millionen Dollar gekostet, aber eigentlich ist es immer noch in der Prototypphase. Vizplex wird in Cambridge, Massachusetts, von einer Firma namens E Ink als Slurry hergestellt. E Ink trägt es in seiner Fabrik im westlichen Massachusetts auf einen Film bzw. ein «*frontplane laminate*» auf und schickt das Laminat dann nach Taiwan, wo sein Mutterkonzern P. V. I. (was für Prime View International steht, wiederum eine Tochter eines größeren Unternehmens) es mit einem elektronischen Gitter bzw. einer Backplane verbindet. Die Backplane sagt der Frontplane, was sie tun soll.

Die Aussicht auf Vizplex entstand im Hirn eines Wissenschaftlers namens Joseph Jacobson, der jetzt im Media Lab am M. I. T. arbeitet und Interviews zum Thema E-Paper meidet. Irgendwann Mitte der neunziger Jahre saß Jacobson, einem Kollegen zufolge, an einem Strand und las. Er las sein Buch aus. Und nun? Er wollte nicht den Strand verlassen, um ein anderes Buch zu holen, und er wollte auch nicht am Strand liegen, mit den Füßen feuchte Löcher graben und an die algorithmische Schönheit des Seetangs denken. Vielmehr wollte er auf einen kleinen Knopf drücken, wodurch die Wörter in dem Buch, das er da in Händen hielt, gegen die Wörter eines anderen Buches irgendwo anders ausgetauscht wurden. Er wollte, dass das Buch, das er da hielt, unendlich umschreibbar war — ja, dass es das letzte Buch war, das er je besitzen würde. Er nannte es «The Last Book». Um dieses letzte Buch zu machen, würde er ein neuartiges Papier erfinden müssen: RadioPaper.

Am M. I. T. erstellten Jacobson und eine Gruppe Studenten dann Listen von Erfordernissen, Methoden und Materialien. Einer ihrer Grundsätze war: RadioPaper muss reflektieren wie echtes Papier. Es darf nichts abstrahlen. Ausgangsbasis konnte aber kein verbesserter Flüssigkristallbildschirm sein, gleich, wie hoch die Auflösung sein würde, gleich, wie absolut edelsteinartig die Farben, gleich, wie unmerklich schnell er flackert, da Flüssigkristalle hintergrundbeleuchtet sind und eine Hintergrundbeleuchtung grundsätzlich schlecht ist, weil sie die Augen anstrengt. RadioPaper muss auch flexibel sein, dachten sie, und es muss so lange halten, bis es an Ort und Stelle recycelt wird. Es soll das Bild konservieren und dabei keinen Strom verbrauchen, genau wie Papier. Wie sollte das gehen? Ein Student kam auf die Idee einer Decke aus winzigen weißen Kügelchen über einem Farbstoff. Um etwa den Buchstaben «A» darzustellen, schnappten sich winzige Elektrizitätswichte einige der Mikrokügelchen und zogen sie in ihre Kapsel herunter, wodurch sie sie mit dem Farbstoff tränkten, sodass diese Kapsel und Kapseln daneben dunkel wurden und es auch so lange blieben, bis eine Sekunde, ein Tag oder auch eine Woche später wieder Elektrizität hindurchfloss. Das war die Magie der Elektrophorese.

1997 gründeten Jacobson und Russ Wilcox, ein Unternehmer von der Harvard Business School, gemeinsam E Ink. «Als wir damit anfingen, sagten die Leute: ‹Ach, ihr versucht, das Buch zu töten›», sagte Wilcox neulich am Telefon. «Und wir darauf: ‹Nein, wir lieben das Buch.› Aber leider fürchten wir um seine Zukunft, weil die Leute heute digitale Medien einfach erwarten. Der wirtschaftliche Druck ist immens.»

Die Zeitungsindustrie, schätzte Wilcox, ist hundertachtzig Milliarden Dollar schwer, und mit den Buchverlagen kommen noch einmal achtzig Milliarden dazu. Die Hälfte davon geht für die Papierherstellung, das Mischen der Druckerschwärze, Transport, Inventar und die Lagerung der materiellen Güter drauf. «Man kann also hundertdreißig Milliarden pro Jahr sparen, wenn man die Information digitalisiert», sagte er zu mir. «Da arbeiten viele verborgene Kräfte zusammen, um eine solch große Flutwelle auszulösen, und die wird kommen.»

Nach 2000, als weniger Risikokapital vorhanden war, geriet E Ink in Schwierigkeiten. Die Firma orientierte sich ein wenig um. Sie wollte nun das letzte Buch nicht mehr selbst machen, sondern anderen Unternehmen die Mittel dafür verkaufen. Die Vorbilder der Firma waren Coca-Cola – das wuchs, indem es den Sirup verkaufte und die Abfüllung anderen überließ – und NutraSweet. «Stellen Sie sich vor, Sie sind NutraSweet», sagte Wilcox. «Die Cola-Industrie hat schon einen Riesenvorsprung. Ausgeschlossen, dass Sie Ihre eigene Cola Light machen und mit denen konkurrieren können. Was machen Sie also? Sie verkaufen die Zutat.»

E Inks erster großer, sichtbarer Kunde war Sony. Sony kaufte viele Display-Bildschirme für seinen Reader, den PRS-500, den Howard Stringer, der Vorstandsvorsitzende von Sony, bei der Konsumelektronik-Ausstellung in Las Vegas im Januar 2006 vorstellte, während er vor einer Fotografie der elektrophoretischen Version von Dan Browns *Da Vinci Code* stand. Sony baute eine Online-Buchhandlung auf und verkaufte seine Geräte bei Borders Books und im Sony Store, später dann auch bei Target, Costco, Staples und WalMart. Sony ist im Handheld-Design natürlich richtig gut. Der Reader war sehr gut, trotz der Beschränkungen des Vizplex-Mediums beim Etch-a-Sketch, aber es fehlte die Drahtlosigkeit – man musste ihn mit einem USB-Kabel an einen Computer anschließen, um ein Buch herunterzuladen –, und Sony hatte kein Händchen für den Bucheinzelhandel. Inzwischen sind Hunderttausende Sony Reader verkauft – und man kann jetzt eine halbe Million gemeinfreie Google-Bücher im ePub-Format darauf laden –, aber merkwürdigerweise nimmt niemand es zur Kenntnis.

Neben Sony beeilten sich auch andere Unternehmen, Geräte auf Vizplex-Basis zu entwickeln. Darunter Amazon. Seit 2000 hatte Amazon verschiedene E-Books (auf einem Computer-Bildschirm zu lesen) angeboten, ohne Erfolg. «Niemand kauft E-Books», sagte Jeff Bezos im November 2007 um die Zeit, als der Kindle 1 herauskam, zu Charlie Rose. Der Wechsel zum digitalen Umblättern war nicht passiert. Warum? «Weil Bücher eben so gut sind», so Bezos. Und sie sind gut, erklärte er, weil sie beim Lesen verschwinden: «Man gelangt in so einen Flow-Zustand.» Bezos wollte ein Gerät entwickeln, das dem Leser half, ebendiesen Flow zu erreichen – und sich (auch wenn er es nicht sagte) als hochwertig verkaufte, Sonys Übergriffe ins Buchgeschäft abwehrte und die Käufer dauerhaft an Amazon band.

Und so machten sich Bezos' Ingenieure – darunter auch Gregg Zehr, der zuvor bei Palm und Apple gearbeitet hatte – daran, ein Stück Hardware zu entwickeln. «Das ist das Wichtigste, was wir je unternommen haben», sagte Bezos damals zu *Newsweek*. «Es ist sehr ambitioniert, etwas so Hochentwickeltes wie das Buch noch zu verbessern.»

Doch der Kindle 1 war keine Verbesserung. Das Umblättern ging langsam und war auch noch von einem irritierenden schwarzen Blitz begleitet, wenn die Mikrokugeln in ihre ölgefüllten Knötchen abtauchten, um dann einen neuen Text zu formen. «Als Erstes fällt einem auf, dass der Bildschirm beim Lesen nicht wie richtiges Papier wirkt», schrieb Joseph Weisenthal auf paidContent.org. «Er ist nicht so hell, und es blendet, wenn das Licht zu direkt ist.»

Das lag nicht nur an dem Vizplex-Bildschirm. Das Design des Kindle 1 war eine Retro-Bizarrerie – ein unhandlicher, asymmetrischer Plastik-Fontinakeil. Sein Keyboard bestand aus vielen rechteckigen Tasten, die wie Autos auf einem Parkplatz angeordnet waren, sowie einer langen Nächste-Seite-Taste, die, wie Hunderte Benutzer klagten, versehentlich umblätterte, wenn man ihn mit herumtrug. «Ehrlich, dieses Gerät ist potthässlich», sagte ein Kommentator namens KenC auf dem Silicon Alley Insider: «Die frühen 90er haben angerufen, sie wollen ihr Gerät zurückhaben.» Die Kommentare auf Engadget.com waren besonders pointiert. «Es sieht aus wie ein Times Sinclair, den man unten an einen überdimensionalen Palm der 1. Gen. geklebt hat», schrieb Marcus. «Ein hässlicher Scheiß ist das», fand auch Johan. «Ist das verdammte Ding von einem Haufen besoffener Elfen entwickelt worden?», fragte Jerome. CB fasste zusammen: «Das ist echt total hässlich. wow. hässlich.»

Unbeeindruckt davon verpassten die Amazon-Leute dem Kindle 1 Ende 2007 einen kräftigen Marketing-Schub. Um dieser Bedrohung zu begegnen, steigerte Sony die Werbung für den PRS-500, konnte aber nicht mithalten. Noch vor Weihnachten 2007 waren alle Kindles ausverkauft. Dann kam ein weiterer Glücksfall: Oprah verkündete im Fernsehen, sie sei besessen von dem Kindle. «Das ist absolut mein neues Liebstes, Liebstes auf der Welt», sagte sie. «Es hat mein Leben verändert.»

Die Lektüre der Ein-Stern-Rezensionen für dieses Gerät, die sich im Verlauf des Jahres 2008 ansammelten, muss für die Produktingenieure bei Amazon schmerzhaft gewesen sein. Doch sie arbeiteten unverdrossen an der überarbeiteten Version weiter – machten sie eleganter und behoben die offensichtlichsten äußerlichen Fehler. Nun konnte man schneller umblättern, wodurch der schwarze Blitz weniger irritierte, und der Bildschirm zeigte sechzehn

Grautöne, nicht nur vier, eine Verfeinerung, die besonders bei Fotografien hilfreich war.

Trotz des schickeren Designs ist der Kindle 2, wie manche sagen, schwerer zu lesen als der Kindle 1. «Mir fiel sofort auf, dass der Kontrast beim K 2 schlechter als bei meinem K 1 war», schrieb ein Rezensent namens T. Ford. Eine Kindlerin, Elizabeth Glass, begann eine Online-Petition, in der sie Amazon aufforderte, den Kontrast zu verbessern. «Als würde man eine nasse Zeitung lesen», so die Unterzeichnerin der Petition, Louise Potter.

Der überarbeitete Kindle wies ein weiteres Problem auf – er verblasste. Bei manchen Besitzern (allerdings nicht bei mir) verschwanden die Buchstaben, wenn sie in der Sonne lasen. Die Leser mussten wiederholt Alt-G drücken, um sie zurückzuholen. «Heute ist der erste sonnige Tag, also ging ich mit dem Kindle in die Sonne und sah zu meiner Bestürzung, dass der Text (besonders in der Bildschirmmitte) binnen Sekunden verblasste», schrieb ein Besitzer, Woody. Ein anderer, Mark, sagte: «Ich habe vier Kindles ausprobiert, bis ich einen guten fand, der nicht in der Sonne verblasst. Es war ein ziemliches Theater, aber Amazon hat einen tollen CS.» (CS heißt Kundendienst.)

Doch Amazon hält an der Elektrophorese fest. «Wir finden, dass Lesen eine so wichtige Tätigkeit ist, dass sie ein eigens dafür entwickeltes Gerät verdient hat», sagte Bezos im April vor Börsenanalysten. Von der Presse über den Kindle 2 ermutigt, führte Amazon Mitte Juni ein größeres Gerät ein, den TV-Dinner-großen Kindle DX, von dem man einen Krampf im Daumen bekam. Der DX kann sein Bild selbsttätig weiterblättern, wenn man ihn seitlich dreht, so wie der iPod Touch (obwohl sein empfindliches

Trägheitsleitsystem manchmal umblättert, wenn man es gar nicht will), und man kann darauf auch nicht konvertierte PDF-Dateien lesen – aber nicht zoomen oder schwenken. Und wieder war der mit dem Tastaturdesign betraute Ingenieur von einem göttlichen retro-futuristischen Feuer beseelt: Das Ergebnis ist eine gequetschte Ansammlung pillenförmiger Tasten, in denen die Zahlenreihe in einer eigentümlichen Teegesellschaft des Unergonomismus mit der obersten Qwerty-Reihe vereint ist. An mehreren Universitäten, unter anderem in Princeton, sind Pilotprogramme entstanden, die das Potenzial des Kindle DX als Ersatz für Lehrbücher und Papierausdrucke von Lernsoftware testen. Das Princeton-Programm wird im Namen der Nachhaltigkeit von der High Meadows Foundation mitgefördert: Für Amazon ist das auch eine Möglichkeit, auf dem ergiebigen Markt der Leselisten neben Barnes & Noble, Konko's und einer Firma namens XanEdu Fuß zu fassen.

Die eigentliche Aufregung um den neuen DX hat jedoch mit dem Schicksal von Zeitungen zu tun. Der DX bietet über doppelt so viel Vizplex wie der Kindle 2 – ungefähr die halbe Fläche einer briefgroßen Zeitung –, für manche genug, um Web-Leser wieder daran zu gewöhnen, für die digitale Ausgabe beispielsweise der *Times* zu bezahlen und damit den gedruckten Tagesjournalismus vor dem finanziellen Ruin zu retten. «Mit dem großen Display des neuen Kindle macht Zeitunglesen mehr Spaß denn je», so Amazons Webseite.

Spaß macht es, wenn man gern Nexis-Ausdrucke liest. Der Kindle-*Times* (13,99 Dollar im Monat) fehlen die hervorragenden Fotos der gedruckten Ausgabe – ebenso die Zwischentitel, Kästen und Teaser, ihre spinnakerartige typographische Eleganz und Vielfalt, ihre Durchstöberbarkeit, ihre Webseiten-Links, ihre aufgeführten Namen der Reporter und fast sämtliche betitelten Tortengrafiken, Diagramme, Wetterkarten, Kreuzworträtsel, summarischen Sportergebnisse, Finanzdaten und natürlich Anzeigen für Schmuck, für Badeanzüge, für Urlaubsländer und für unlängst gerettete Investmentfirmen. Anderthalb Jahrhunderte entwickelter Schönheit und informationeller Ausdruckskraft werden in dieser digitalen Reductio praktisch vollständig weggespült.

Manchmal fehlen auch ganze Artikel und Kommentare. So zum Beispiel drei aus der Printausgabe der *Times* vom 8. Juli 2009 – Adam Nagourney über Sarah Palins Rücktritt, Alessandra Stanley über Michael Jacksons Begräbnis und David Johnston über die Bürgerrechte von Häftlingen, zumindest konnte ich sie nicht finden (auf der Webseite der *Times* sind sie kostenlos erhältlich); der Kindle-Ausgabe vom 9. Juli fehlte die Reportage über gemischtrassige Zimmergenossen am College und die Infektiositätsraten bei Abtreibungspillen. Ich schaute mir auch den 20. und 21. Juli an: Es fehlte Verlyn Klinkenborgs Würdigung von Walter Cronkite, ebenso ein langer Artikel über Schamanen in der Mongolei.

Der Kindle DX (489 Dollar) rettet keine Zeitungen, er schmälert und unterbietet sie – er verdirbt die Freude daran. Er macht aus ihnen ernste, aber entbehrliche Blogs.

Mit seinen Listmania-Listen, seinen manchmal inspirierten Empfehlungen und zahllosen faszinierenden Rezensionen kann Amazon richtig gut Dinge verkaufen. Weniger gut können sie, bis jetzt jedenfalls, Dinge herstellen. Will man E-Books lesen, gibt es aber zum Glück eine andere Möglichkeit. Die geht so. Kaufen Sie einen iPod Touch (ist siebzig Dollar günstiger als der Kindle 2, auch noch, seit der Preis des Kindle unlängst reduziert wurde) oder ein iPhone und laden Sie die kostenlose «Kindle for iPod»-App darauf. Wenn Sie dann um drei Uhr morgens aufwachen und wollen, dass große, traurige, wohlgesetzte Wörter langsam in Ihr Gedankenbecken purzeln, und Sie den Menschen, der neben Ihnen im Bett liegt, nicht stören wollen, können Sie unters Kissen greifen, das coole Apple-Teil hervorholen und anmachen. Es ist vollkommen laut-los. Halten Sie es sich ein paar Zentimeter vors Gesicht, ver-größern Sie die Schrift, schieben Sie den Helligkeitsregler des Bildschirms auf die niedrigste Stufe und lesen Sie zehn, fünfzehn Minuten lang. Müssen Sie umblättern, streichen Sie einfach mit dem Daumen darüber, als wollten Sie gleich eine Spielkarte geben, worauf die Seite weggleitet und eine neue erscheint. Nach einer Weile schweifen Ihre Gedanken zu dem ungenutzten Abstellgleis, wo das alte, hohe Un-kraut wächst, dann wird die Reihe geschwungener Wörter kummervoll tuten und anfahren. Sie kommen zum Stehen. Einen Augenblick später erwachen Sie und merken, dass Sie das Gerät noch immer in der Hand halten, es sich aber ausgeschaltet hat. Schieben Sie es wieder unters Kissen. Schlafen Sie.

Das habe ich mit Joseph Mitchells *Zwischen den Flüs-sen* (13,80 Dollar Kindle, 17,25 Dollar Taschenbuch) und mit Wilkie Collins' *Der Monddiamant* gemacht. Die Bild-schirmauflösung des iPod ist bei hundertdreiundsech-zig Pixeln pro Zoll ziemlich hoch. (Dabei könnte sie aber noch viel höher sein. Wenn man elektronische Prosa liest, braucht man, finde ich inzwischen, keine spiegelnde Oberfläche, sondern eine hohe Pixeldichte.) Es gibt auch noch andere Möglichkeiten, Bücher auf dem iPod zu lesen. Am liebsten mag ich die Eucalyptus-App von einem schottischen Softwareentwickler namens James Montgomerie: Für 9,99 Dollar bekommt man über zwanzigtausend gemeinfreie Bücher, deren Seiten sich mit sinnlicher Anmut blättern lassen. Dann gibt's noch den Iceberg Reader von ScrollMotion mit festen Seitenzahlen und eine sehr beliebte App namens Stanza. Bei Stanza kann man die Farbe der Buchstaben und der Seite wählen und die Helligkeit beim Lesen mit einem waagrechten Daumenstrich verändern. Mit Stanza gelangt man zu Harlequin Imprints, dem Fictionwise Book Store, O'Reilly Ebooks, Feedbooks und einigen anderen Katalogen. Schon eine Million Menschen haben Stanza heruntergeladen. (Stanza ist sogar so gut, dass Amazon gerade Lexcycle gekauft hat, das die Software herstellt; unterdessen wurde Fictionwise voller Besorgnis von Barnes & Noble gekauft.)

Vierzig Millionen iPod Touchs und iPhones sind in Umlauf, und die meisten Leute lesen keine Bücher darauf. Manche aber wohl. Das Nette an diesem Gerät ist, dass es a) schön ist und b) nichts nachmacht. Es versucht nicht, Druckerschwärze auf Papier zu sein. Man kann nachts darauf lesen, was man mit dem lichtlosen Kindle nicht kann. Und die Wespenpassage in *Do Insects Think?* ist auf dem iPod wieder lustig.

Die amerikanische Taschenbuchausgabe von *Der Mandant* [*The Lincoln Lawyer*] (7,99 Dollar bei Sherman's in Freeport) hat ein hellgrünes Cover mit einem verschwommenen Foto eines Autos davor. Man liest in riesigen metalliclila Lettern «michael connelly», und auf dem Rücken ist ein lila Band: «#1 New York Times Bestseller». Auf dem Rückumschlag steht: «Eine Handlung, die zischt wie ein Schluck Red Bull.» Es ist glänzend neu, die Schrift passt, und es hat den starken Pheromongeruch von Papierbrei und Leim. Liest man das Buch, klafft der Steg vor einem, und man hat das Gefühl, mittendrin zu sein. Gedruckt hat mich *Der Mandant* mitgerissen. Nachts wechselte ich zur E-Book-Version auf dem iPod (7,99 Dollar beim Kindle-Store), damit ich im Dunkeln weiterlesen konnte. Ich blätterte die winzigen iPod-Seiten immer schneller um.

Dann zwang ich mich aus einem Pflichtgefühl heraus, das Buch auf dem Kindle 2 zu lesen. Es war wie der Wechsel aus einem Mini Cooper in einen weißen 82er-Impala mit kaputten Stoßdämpfern. Aber egal: Zu dem Zeitpunkt war ich schon tief in der Handlung, und es störte nicht weiter. Puff, der Kindle verschwand, wie Jeff Bezos es versprochen hatte. Ich ging in der Einfahrt auf und ab, las in der Sonne. Irgendwo in der Ferne liefen drei Rasenmäher. Jemand in einem lachsfarbenen Hemd sprengte mit einem Wasserschlauch die Straße. Ich aber war im Gerichtssaal und hörte mir die Aussage des Mörders an. Ich spürte den primitiven, nagenden Druck, wissen zu wollen, wie es ausgeht.

Ich drückte den Nächste-Seite-Klicker immer öfter und begieriger, so begierig, dass meine Gewohnheit des Umblätterns, in langen Jahren des Lesens gelernt – nämlich ein wenig verfrüht nach der Seitenecke zu greifen, um mich auf die Bewegung vorzubereiten –, unbewusst eintrat. Ich klickte Nächste Seite schon, wenn ich den Beginn der letzten Zeile erreichte, worauf die Seite schwarz wurde und wechselte, bevor ich sie ganz gelesen hatte. Ich versuchte, den Kindle anzutreiben. Das darf man beim Kindle aber nicht machen. Aber verdammt, es war mir schnurz. Der Verlaufsbalken unten sagte, ich sei zu einundneunzig Prozent fertig. Ich war auf Location 7547. Ich flog nur so dahin. Grau ist eine gute Farbe, dachte ich. Endlich war ich beim letzten Teil. Er hieß «Eine Welt ohne Wahrheit». Ich seufzte tief und stockend auf. Ich las die Danksagungen und den Absatz über den Autor – Michael Connelly lebt in Florida. Guter Mann. Die kleine Verlaufsanzeige stand auf neunundneunzig Prozent. Ich klickte auf die Nächste-Seite-Taste. Darauf erschien wieder der Buchumschlag. Ich klickte noch einmal Nächste Seite, doch eine nächste Seite gab es nicht. Mein erster Kindle-Roman war zu Ende.

(2009)

Papierhersteller

In dem Städtchen Jay in Maine, am Androscoggin River, stehen zwei Papiermühlen. Die eine, jetzt im Besitz der Verso Paper Corp., macht das Papier für *Martha Stewart Living, National Geographic, Cosmopolitan* und andere Zeitschriften. Es ist eine große Fabrik, in den Sechzigern erbaut von International Paper. Die andere Papiermühle ist älter und aus Backstein und Stein. Sie heißt Otis Mill und wurde 1896 von Hugh Chisholm erbaut, dem Gründer von International Paper. Damals war sie ein Wunder – «Die größte Papiermühle der Welt», so eine Schlagzeile im *Lewiston Weekly Journal,* was übertrieben war, aber nur ein bisschen.

Die Otis Mill hatte im Lauf der Jahre alle möglichen Papiere produziert – für Postkarten, Schmuckkartenspiele, Tapeten, Kopierpapier, Papier für Tintenstrahldrucker und glänzendes, abziehbares Papier für Klebeetiketten. Heute aber stellt die Otis Mill gar nichts mehr her. Die Papierindustrie steckt in einer Krise. Der neue Besitzer, die Wausau Paper Company, schloss eine von Otis' zwei Papiermühlen im August 2008. Die Zahl der Beschäftigten fiel von rund 250 auf 96. Dann, im letzten Frühjahr, schloss Wausaus CEO Thomas J. Howatt die Fabrik ganz. Die Schließung sei eine schwierige Entscheidung gewesen, sagte er in einer

Pressemitteilung, sie sei jedoch nötig gewesen, um «in einer Zeit großer wirtschaftlicher Schwierigkeiten die Liquidität zu erhalten und die Kapazität mit der Nachfrage zu vereinbaren». Die letzte Papierrolle verließ die Mühle am 1. Juni 2009 morgens um sechs Uhr 50. Es war Pergamentpapier, wie Bäcker es für Kekse brauchen.

Eines schönen Tages Mitte Oktober fuhr ich nach Jay, in Gedanken an Wälder mit Holzwegen, daran, dass im ganzen Land 37 000 Quadratmeter große Internet-Rechenzentren mit Kühltürmen und über tausend Hektoliter fassenden Reservetanks mit Diesel entstehen, an Kohlegewinnung im Gipfelabbau und an relative CO_2-Fußabdrücke. Ich hatte mit Don Carli telefoniert, einem wissenschaftlichen Mitarbeiter am Institut für Nachhaltige Kommunikation. Carli sagte, die Gefahr für die Wälder Maines – und für die in Washington, Wisconsin und anderswo – komme nicht von der Holzgewinnung, sondern davon, was passiert, wenn die Holzgewinnung endet. Ein ausgedünnter, selbst ein vollständig abgeholzter Wald wächst nach, wenn aber ein Waldbesitzer seine Einnahmen vom Bäumefällen verliert, muss er sich nach anderen Einkommensquellen umsehen. Bauvorhaben von geringer Dichte mit all ihren Unwiderruflichkeiten – befestigte Straßen, Parkplätze, Stromleitungen, Propangasdepots, Kläranlagen und Minimalls – gehören dazu. «Hamburger und Wohnprojekte lassen mehr Bäume sterben als jemals Druckwerke», sagte Carli. «Sollte der Markt für Holz, das nachhaltig aus den Wäldern Maines gewonnen wird, wegen der Verbreitung des Mythos, dass Zeitungen Bäume töten – was manche als Betrug ansehen –, zusammenbrechen, dann kann der Landbesitzer nicht mehr den Betrag erwirtschaften, den er einem Holzfäller für nachhaltiges Holzernten bezahlt, und auch nicht mehr seine Steuern bezahlen. Dann bietet ein Bauunternehmer für das Land einen Preis, der weit über seinem ehemaligen Wert als Wald liegt, rodet den Wald und stellt ein dünn besiedeltes Wohngebiet hin. Und dann ist der Wald wirklich weg.»

Ich fuhr durch Auburn und Turner, nach Norden auf der Route 4, vorbei an vielen Zu-vermieten-Schildern, vorbei am Softie Delight (geschlossen), vorbei am White Fawn Trading Post, wo einmal Handschuhe aus Hirschleder verkauft wurden (geschlossen), vorbei am Antique Snowmobile Museum (geöffnet) und der Apfelverarbeitungsfabrik (geschlossen) und den Blockhütten von Moose Creek (geöffnet). Die Straße macht eine Kurve, wenn man nach Jay hineinfährt, dann geht's weiter an der Bahnlinie entlang zur Otis-Mühle. Der Turm ist aus Backstein und sieht seltsamerweise ein wenig wie der Campanile in Venedig aus. Oben steht noch immer: INTERNATIONAL PAPER CO./1906.

In einem kleinen Laden mit Pizzeria kaufte ich eine Cola und drei Zeitungen. Eine, das *Franklin Journal*, hatte die Schlagzeile «Wausau-Mühle verkauft, Schließung». Auf der ersten Seite des *Lewiston Sun Journal* stand ein großer Artikel: «Otis-Mühle verkauft». Ein Paar aus Jay, die Besitzer von Howie's Welding & Fabrication, einem Schweißbetrieb, hatte die Mühle von Wausau gekauft, finanziert von einem Konsortium aus Städten in der Gegend. Dem *Sun Journal* zufolge überlegten sie nun, was sie damit machen sollten. Sie wollten das Gebäude erhalten und neue Arbeitsplätze schaffen. Und was die Maschinen betrifft: «Da werden wir viel liquidieren müssen.»

Ich fuhr durchs Fabriktor von Otis auf einen der Parkplätze an der Bahnlinie. Als ich ausstieg, stand ein Mann bei einem leuchtend roten Pick-up. Ich sagte ihm, ich schriebe für eine Zeitung in San Francisco über die Papierindustrie, worauf er mich an Larry verwies, weil Larry schon seit über dreißig Jahren im Geschäft sei. Er selbst sei erst seit zehn dabei. Er bat mich hinein.

Wir gingen in einen niedrigen weißen Raum mit blauen Leisten. Von der Decke hingen Stoffbanner, die von alljährlichen Sicherheitsauszeichnungen für den Betrieb kündeten. Auch die amerikanische Fahne hing da. Es gab etliche Korkbretter für Bekanntmachungen der Gewerkschaft, doch die Bekanntmachungen waren alle abgenommen und die bunten Reißzwecken säuberlich nebeneinander in den Kork gedrückt. Auf einer Bank lagen lauter Broschüren für Weiterbildung und Erwachsenenbildung – auch von Kirchengruppen, Unterstützergruppen für Stellungslose und Workshops für Betriebsgründungen. Eine von United Way lautete: «SIE KÖNNEN ARBEITSLOSIGKEIT ÜBERLEBEN!»

Larry, Mitte sechzig, führte mich nach oben in die dunkle, unaufgeräumte Büroetage. Larrys eigenes Büro dagegen war noch immer gut organisiert. Offiziell war es sein letzter Tag als Angestellter von Wausau – der 15. Oktober 2009. Er hatte 33 Jahre in der Fabrik gearbeitet, erst in der Instandhaltung, dann in der Technikabteilung. Schaubilder und elektrische Diagramme der Mühle, die er besser als fast jeder andere kannte, waren säuberlich in einem Hängeregister aufgereiht, und in einem Bücherschrank hinter ihm standen Bilder von seinen Enkeln. «Als ich hier angefangen habe» sagte er, «wurde Kopierpapier hergestellt. Dann wurden die Märkte so groß, dass wir mit den größeren Mühlen nicht mehr mithalten konnten. Wir verlegten uns auf Spezialpapier, beispielsweise Trennpapier wie das, was man bei einer selbstklebenden Briefmarke oder einem Autoaufkleber wegwirft. Davon haben wir viel gemacht. In den Anfängen der Tintenstrahlzeit haben wir auch Papier für Tintenstrahldrucker gemacht. Und wieder wurden wir verdrängt. Unsere Nische war Spezialpapier, kleine Aufträge.»

Larry lächelte nicht viel, nur wenn er erzählte, wie er sich um seine Enkel kümmert. In der Fabrik kannte jeder jeden, sagte er, und die Schließung der zweiten Papiermaschine war ein Schock für die ganze Stadt. «Keine gute Nachricht, das steht fest», sagte Larry. «Man hatte erwartet, dass die eine Maschine noch ein paar Jahre laufen könnte.»

Ob die Fabrik wieder von einem neuen Besitzer in Betrieb genommen werden könne, fragte ich, wenn der Papiermarkt sich erholt habe? Nein, sagte Larry: Wausau habe den Besitzern von Howie's Welding & Fabrication die Fabrik unter der Auflage verkauft, dass ihre Maschinen nie wieder für die Papierherstellung in Nord- oder Südamerika benutzt werden würden. «Sie wurde mit einer Wettbewerbsklausel verkauft», erklärte er. Wausau hatte nicht nur die Fabrik dichtgemacht, sondern faktisch auch jede Möglichkeit ihrer Wiedereröffnung als Papiermühle ausgeschlossen.

Als er mir die Hand schüttelte, sagte Larry, ich solle mich mit Sherry Judd in Verbindung setzen, die Maine's Paper & Heritage Museum leite.

Ich setzte mich ins Auto, fuhr seufzend los und überlegte, wo ich als Nächstes hin sollte. Als ich an der Otis Federal Credit Union vorbeikam, sah ich ein beleuchtetes

Schild, auf dem stand: «Benefizessen für das PAPER & HE-
RITAGE MUSEUM, Samstag, 17. Oktober, 16.30 bis 19 Uhr,
Gemeindesaal St. Rose Jay.» Ich hielt an und fotografierte
es. Dann fuhr ich ein paar Kilometer flussaufwärts zu der
großen Verso-Papiermühle – «Andro», wie die Einheimi-
schen sie nennen –, wo das Papier für *Cosmo* und *Martha
Stewart Living* hergestellt wird. Ich parkte neben einem
grünen Jaguar-Oldtimer.

Ich stand eine Weile da, sah zu, wie die Sonne hinter den zwei Fermentertürmen mit ihren mähnenartigen
Dampfwolken unterging. Nicht Rauch – Dampf. Die Fabrik
war riesig, kastenartig, sauber und, wie ich fand, auf ihre
Weise elegant. Das war Schwerindustrie, aber man sah ihr
die Schwere nicht an. Es gab keinen schwefeligen Papier-
mühlengestank. Ich empfand Stolz darüber, dass das Papier
für viele Zeitschriften – voller Fotos von Essen, Dschun-
geln, teuren Inneneinrichtungen aus New York und exklu-
siven Büstenhaltern – genau hier, in Jay, in Maine, hergestellt wurde. Am größten Gebäude stand seitlich in großen
Lettern VERSO.

Wir stellen in unserem ausgehöhlten Land vielleicht
keinen Stahl mehr her, dachte ich, und auch keine Schuhe,
Socken oder Hemden, Fernseher oder Telefone oder überhaupt noch etwas außer Pillen und unbemannten Drohnen – aber sehr schwere Acht-Meter-Rollen sauber rie-
chenden, glatten Papiers, das machen wir noch.

Ich knipste ein paar Bilder von den Lastern, die, be-
laden mit zersägten Holzstämmen, auf einer Zufahrts-
straße Schlange standen. Dann ging ich zum Sicherheits-
pult, meldete mich an und fuhr nach Hause. Ein paar
Tage später erhielt ich einen Anruf von Sondra Dowdell,

einer der Sprecherinnen von Verso. Sie erklärte mir, wie effizient die Fabrik sei – dass sie Wasserkraft, Baumrinde und «Schwarzlauge», das ligninhaltige Abfallprodukt der Papierherstellung, als Energiequellen nutze. Sie schickte mir den Nachhaltigkeitsbericht von Verso, «Ein Klima des Wandels». Ein Schaubild führte Versos Energiequellen auf: Über fünfzig Prozent kam von recycelter Biomasse – also Rinde und Schwarzlauge –, weitere 1,2 Prozent stammten aus hydroelektrischer Kraft. Dowdell hatte einem von Versos Kunden, Quad Graphics in Wisconsin, wo viele Zeitschriftentitel gedruckt werden, einen Besuch abgestattet. «Es ist schon erstaunlich», sagte sie, «das Talent der Graphiker und das technische Wissen der Leute, die hübsche Tinte auf Papier bringen können. Das ist einfach schön anzusehen.»

Am Samstag fuhr ich dann mit meiner Frau wieder nach Jay zu dem Benefiz-Spaghettiessen. Wir brachen zeitig auf, damit wir noch ins Maine's Paper & Heritage Museum konnten, das in einem Herrenhaus in der Church Street in Livermore Falls, in dem einst die Mühlendirektoren mit ihren Familien lebten, untergebracht ist. Der Zugang ist gerade aufgerissen, weil ein neuer Gemeindeweg und Rollstuhlrampen angelegt werden.

Walter Ellingwood und Norman Paradis, dessen Vater und Großvater schon in der Otis-Mühle arbeiteten und dessen Sohn jetzt bei Andro angestellt ist, führten uns durchs Museum. Walter zeigte uns den Berstdruckprüfer, den Opazitäts- und Absorptionstester sowie ein Stück Holz, mit dem man die Geschwindigkeit der Papiermaschine berechnen konnte – und beide wiesen sie uns auf die alte Dampfpfeife aus der Otis-Mühle hin. Walter erzählte, vor langer Zeit habe er sich einmal im Sumpf von Chesterville verlaufen, worauf man für ihn die Dampfpfeife betätigt habe, sodass er wieder nach Hause fand. Norm zeigte uns ein Schaubild von Andro mit Leuchttasten, und er zeigte uns den Orden, den sein Vater für seine vierzig Arbeitsjahre bei International Paper bekommen hatte. Er enthielt vier Diamanten, einen für jedes Jahrzehnt. «Er fand es ganz großartig, das von International Paper zu bekommen. Es brauchte nicht viel, dass die Leute sagten: ‹Mann, schau nur, wie hübsch das ist.›» Auch Norm hatte vierzig Jahre für International Paper gearbeitet, erst als Schulkind und schließlich als Aufsichtführender bei Andro, da hatte er vierhundert Leute unter sich gehabt. «Das sind einige der Spangen, die ich bekommen habe», sagte er und zeigte auf ein paar Metallstücke in einem Glaskasten. Sein Großvater, der aus Quebec gekommen war, habe in der Otis barfuß gearbeitet, sagte er, weil die Chemikalien alle Schuhe, die man trug, ruinierten.

Wir blieben vor einem Luftbild der Otis-Mühle im Winter stehen. Norm zeigte auf den Skiberg der Stadt, gleich auf der anderen Seite des Flusses. Die Wasserkraftanlage der alten Mühle habe immer die Skilifte angetrieben, jetzt, sagte Norm, wisse er nicht, was werden solle. Dann mussten er und Walter los, um bei der Spaghetti-Veranstaltung mitzuhelfen. Auch wir gingen hin, zum Gemeindesaal von St. Rose.

An jenem Abend fanden dort noch zwei weitere öffentliche Spendenaktionen statt, dennoch nahm eine ordentliche Anzahl von Leuten an dem Sieben-Dollar-Essen teil. Es waren zumeist pensionierte Mühlenarbeiter, aber auch einige, die gerade ihre Arbeit verloren hatten. Norm begrüßte jeden – er kannte sie alle. Wir setzten uns neben zwei Frauen, die vor langer Zeit die Büroräume der Mühle gereinigt hatten. «Beim Spaghettiessen darf man sich nicht so anstellen», sagte eine der Frauen – sie war um die siebzig –, als ich mir den Mund abwischte. An den Wänden waren zwei Skulpturen von Heiligen, jede fast lebensgroß.

Sherry Judd, die Gründerin des Museums, eine freundliche Frau mit kurzen Locken in einer blauen Bluse im Westernstil, servierte die Spaghetti. Sherry hatte bei Otis wie auch bei Andro und auch noch in einer Papiermühle in Kalifornien gearbeitet, und ihr Vater war Maurer in der Otis-Mühle. Sie habe vor mehreren Jahren angefangen, Spenden für das Museum zu sammeln, sagte sie. «Eines Tages hatte ich eine Vision, dass in diesen Städten bald kein Papier mehr hergestellt werden würde», berichtete sie. «Jemand muss den Kindern erzählen, was ihre Vorfahren machten, wie hart sie arbeiteten, um diese Gemeinde und die im Umkreis aufzubauen.» Zwei Jahre sammelte sie Spenden für das Museum, indem sie mit dem Nachbau eines Dienstwagens der Bahn voller Artefakte für die Papierherstellung herumzog und Vorträge über die Notwendigkeit hielt, die Vergangenheit zu bewahren. Sie hatte ein Video anfertigen lassen, «Along the Androscoggin», über die Geschichte der Papierherstellung in der Gegend, mit guten Sequenzen von Mühlenarbeitern, darunter auch Norm Paradis und sein Sohn. Sie möchte, dass die Leute ins Museum gehen, das Geräusch der Papiermaschinen hören und sehen, wie sie funktionierten. «Ich habe eine Menge Ideen hier oben» sagte sie und tippte sich an den Kopf, «aber wir brauchen einen Kurator. Und einen, der Subventionen besorgt.»

Wir kauften Lose für die Quilt-Tombola und einen Backstein für den neuen Weg zum Museum, dann fuhren wir nach Hause und unterhielten uns über Sherry, Norm, Walter und den Skiberg am Fluss.

Don Carli vom Institut für Nachhaltige Kommunikation erzählte mir, in diesem Jahr seien in den Vereinigten Staaten achtzehn Papiermühlen geschlossen und über vierunddreißig Papiermaschinen dauerhaft außer Betrieb gesetzt worden. Derweil wächst der Energiebedarf beim Internet massiv. «Wenn Sie eine einfache Hochrechnung des Energieverbrauchs von Datenzentren machen, haben wir eine Krise», sagte Carli. 2006 schätzte die Energy Information Administration, dass Datenzentren rund sechzig Milliarden Kilowattstunden Strom verbrauchten – allein die Zentren, ohne die drahtlosen oder Fiberglas-Netzwerke, die sie mit den Computern verbinden, und ohne die Endverbraucher, die sie bedienen –, wohingegen Papiermühlen fünfundsiebzig Milliarden Kilowattstunden Strom verbrauchten, wovon über die Hälfte grüne Energie aus erneuerbaren Quellen sei. «Und das war 2006», sagte Carli, «als das Gedruckte noch nicht beiseitegefegt und praktisch für tot erklärt war. Da wehrte es sich noch.» Jetzt gebe es nicht nur einen ungefähr vergleichbaren CO_2-Fußabdruck zwischen Serverfarmen und Papiermühlen, vielmehr «metastasiere» die Wachstumsrate beim Energieverbrauch von Server- und Datenzentren, sagte er. «Zwischen 2000 und 2005 hat er sich verdoppelt, und bei der gegenwärtigen Rate wird er sich bis 2010 erneut verdoppeln.» Das ist einer der Gründe dafür, dass jetzt riesige Datenzentren weit entfernt von Städten entstehen», fügte Carli hinzu. «Man kann nicht einfach zu ConEd gehen und weitere zehn Megawatt Energie bekommen. Man kann die Computer kaufen, man kann auch die Server kaufen. Aber man kriegt einfach nicht den Saft dafür, weil das Netz ausgereizt ist.»

«Das ist schon irgendwie erstaunlich», sagte ich.

«Wenn wir daher überlegen, ob wir unsere Kommunikation immer mehr den digitalen Medien überlassen», sagte Carli, «dann müssen wir uns auch wirklich fragen: Woher sollen die Elektronen kommen?»

Ich nickte und schaute auf die Bäume.

(2009)

Googles Erde

Ich mag Google, das muss ich sagen. Ich mag Larry Page, der, jedenfalls nach den YouTube-Videos, die ich gesehen habe, offenbar schüchtern und smart ist und einen grau melierten Pony trägt, und auch Sergey Brin, der weniger schüchtern und witziger, aber ebenfalls smart wirkt. Ken Auletta, der Autor eines fesselnden, krausen, mit berühmten Namen um sich werfenden Buches namens *Googled, The End of the World As We Know It*, mag offenbar keinen der beiden sonderlich – er sagt, Page habe eine Stimme wie «Kermit der Frosch», was nicht nett ist, während er Brin als prahlenden, effizienzbesessenen Streber zeichnet, der in Stanford nur Bestnoten bekam, Schlösser knackte, sich an der Laderampe Computerausrüstung «borgte» und einmal sämtliche Räume im Computerwissenschaftsgebäude umnummerierte. «Die Chefs bei Google sind kalte Ingenieure», schreibt Auletta – aber «kalt» erscheint mir seltsam falsch. Spuren von Aulettas eigener Frostigkeit ließen sich in Brins und Pages Abneigung gegen Interviews finden. «Nachdem ich monatelang gegen die Tür getreten hatte, haben sie sie endlich geöffnet», schreibt er in der Danksagung. «Die Gründer von Google und viele seiner Manager teilen den Eifer, Bücher zu digitalisieren», bemerkt er, «haben aber nur geringes Interesse daran, sie zu lesen.»

In *Googled* werden sie vermutlich mehr als nur flüchtig hineinschauen. Ich habe das Buch in drei großen Happen verschlungen und eine Menge gelernt – über Googles «Kalten Krieg» mit Facebook, über Googles Zänkereien mit Viacom, über Googles Rolle im «Yahoo-Microsoft-Zoff» und über Googles allmähliche Entfremdung von seinem früheren Verbündeten Apple. Auletta gebraucht gern martialische Gleichnisse und Parallelen, von Fürst Metternich im Europa des 19. Jahrhunderts bis zum heutigen Afghanistan: «Fragen zum Datenschutz werden weiterhin wie Predator-Drohnen in der Luft hängen», schreibt er, «in der Lage, eine Rakete abzufeuern, die das Vertrauen zerstören kann, das die Unternehmen brauchen, um als Treuhänder für persönliche Daten zu agieren.» Und er gibt auch noch erhellende menschliche Augenblicke dazu; am Tag von Googles ungeheuer erfolgreicher Aktienausgabe zieht Larry Page sein Handy heraus und sagt: «Jetzt rufe ich meine Mom an!»

Vor allem aber fachsimpelt Auletta mit CEOs, und das ist die große Stärke des Buches. Offenbar hat Auletta jeden Medienchef Nordamerikas interviewt, und die meisten sind über das, was aus Google geworden ist, auf die eine oder andere Weise wenig erfreut. Google ist gefräßig, sagen sie, es hat gigantische Ambitionen, es ist zu reich, es ist zu selbstgefällig, es macht das große Geld mit den IAL – den Inhalten anderer Leute. Ein nicht genannter «prominenter Medienmanager» beugte sich auf Googles Zeitgeist-Konferenz 2007 zu Auletta hin und flüsterte ihm eine rhetorische Frage ins Ohr: Welchen echten Wert, wollte er wissen, erzeugte Google für die Gesellschaft?

Moment. Welchen echten Wert? Na, kommen Sie, mein prominenter Managerfreund. Haben Sie noch nie auf

Streetview in Google Maps geschaut? Haben Sie sich noch nie der bescheidenen Hilfe des Suchfeld-Rechners bedient, sich Googles Kinovorschauen angesehen oder das Quick and Dirty von Google Translate bestaunt? Haben Sie noch keine interessanten, ausgefallenen Entdeckungen aus dem 19. Jahrhundert in Google Books gemacht? Oder mit den unglaublichen Expando-Charts in Google Finance gespielt? Haben Sie noch kein merkwürdiges hohes Haus auf Google SketchUp entworfen, und haben Sie noch keinen jähen Schrei ehrfürchtiger Freude ausgestoßen, als Sie zum ersten Mal sahen, wie der Planet sich auf Google Earth dreht und näher kommt? Und sich nicht für automatische Alerts zu mehreren Themen bei Google News angemeldet? Es würde mich doch sehr wundern, wenn Sie nicht für den einen oder anderen Google Alert angemeldet wären. Bestimmt hat doch keine andere Software-Firma eine Ansammlung von Produkten gebaut, die auch nur annähernd so clever konstruiert sind, sich so schnell herunterladen lassen und mit denen das Herumspielen so viel Spaß macht wie Google, und alles kostenlos. Haben Sie noch nie etwas gesucht?

Denn ich erinnere mich, das möchte ich Ihnen doch sagen, an die alte Zeit, die vorgoogleische Ära. Die war schon okay – jedenfalls keineswegs schrecklich. Es gab AltaVista und Ask Jeeves, HotBot und Excite, Infoseek und Northern Light – mit seinen tiefschürfenden Ergebnissen und dem Logo mit dem eleganten schwebenden Segelschiff –, und wenn man mehrere Ozeane auf einmal abfischen wollte, gab es noch MetaCrawler. Doch der Fang war immer zufällig, und er war nur langsam einzuholen. Man kaute an seinem Erdnussbutterkeks und wartete darauf, dass der Bildschirm sich füllte.

Dann kam 1998 Google, sauber gewischt, unglaublich schnell. Google war wie eine sonnenbeschienene weiße Resopalplatte mit einer einzelnen Strauchtomate darauf. Keine Werbung in Sicht – damals war Google noch Anti-Werbung. Auch war es merkwürdig schlau; so gut wie nie bekam man einen falschen Treffer. Man brauchte nichts über diese beiden Studenten zu wissen, die ihre geheimen Algorithmen aneinander angepasst und aufeinander einge-stellt hatten – die unzertrennlichen Page und Brin –, um zu spüren, dass das zwei brillante junge Software-Typen mit einer unheimlichen, turnschuhunschuldigen Trittsicher-heit waren: Das wurde durch den «I'm feeling lucky»-But-ton auf diesem leeren, weiten Bildschirm deutlich. Google würde uns alle glücklich machen, das war die Verheißung. Und das tat es auch.

Warum also sind die prominenten Medienmanager un-glücklich? Weil Google eine Menge Werbeeinnahmen hat und weil die nur begrenzt vorhanden sind. Im letzten Jahr kamen nahezu alle Einkünfte Googles von der einzigen nervigen Sache, für die das Unternehmen verantwortlich ist: kleine, piefige, dreizeilige Textanzeigen. Diese Ad-Words- oder AdSense-Anzeigen laden sich schnell, und sie sind vermeintlich «höflich», indem sie nicht flackern oder Pop-ups haben, und sie sind jetzt fast überall – auf vielbesuchten Seiten wie der Washington Post, MySpace oder Discovery.com und auch auf Hunderttausenden klei-nen Webseiten und Blogs. «Das macht unsere ganzen Ein-künfte aus», sagte Larry Page auf einer Sitzung 2007, der Auletta beiwohnte.

Die Überschriften sagen Sachen wie «Laser-Haarent-fernung», «Christliche Singles», «Verdienen Sie Geld mit

Clicks», «Personenschaden erlitten?», «Diät gegen Bauchfett», «Wer bloggt, kann Geld verdienen», «Schreiben Sie ein Buch?» und so weiter. Zahllose MFA-, d. h. Made for AdSense-Webseiten sind erschienen; sie benutzen Artikel, die von Sites wie Wikipedia gestohlen, «gekratzt» oder zusammengemanscht wurden, und ihre Ränder sind mit Textanzeigen von Google gerahmt. Die Anzeigen laufen nach einem Cost-per-Click-Schema: Der Werbende zahlt Google nur etwas, wenn tatsächlich auf die Anzeige geklickt wird. Geschieht das, wird ihm ein Vierteldollar, ein Dollar oder (für einige gesuchte Stichwörter wie «personal injury» oder «mesothelioma lawyers») zehn Dollar oder noch mehr berechnet.

Aber überlegen Sie mal – wann haben Sie das letzte Mal auf eine dreizeilige Textanzeige geklickt? Fast nie? Ich auch nicht. Und dennoch hatte Google 2008 Einkünfte von 21,8 Milliarden Dollar, wovon rund 95 Prozent von AdWords/AdSense stammten. (Ein klein wenig brachten Banner- und Videoanzeigen, die von Googles neuer Tochter DoubleClick verkauft wurden, und von anderen Produkten und Diensten.) Diese kunstlosen, aggressiven Ärgernisse – die weder die Schönheit noch den Humor von Fernseh-, Zeitschriften-, Rundfunk- oder Zeitungsanzeigen besitzen – sind, so unglaublich es klingt, das Fundament des Google'schen Finanzimperiums. Ein Imperium, das auf winzigen Körnchen stichwortsuchfähigen Sands gebaut ist.

Durch die Einkünfte aus Anzeigen bleiben die Google-Aktien oben, und das gestattet es dem Unternehmen zu tun, was es will. 2006, als Googles Aktienpaket 132 Milliarden Dollar wert war, schluckte das Unternehmen YouTube für 1,65 Milliarden Dollar, fast achselzuckend.

«Die können kaufen, was sie wollen, oder bei allem Geld verlieren, wie es ihnen passt», sagte Irwin Gotlieb, der Chef von GroupM, einem der größten Konkurrenten von Google auf dem Medienmarkt, zu Auletta. Umwirbt Microsoft DoubleClick, kommt Google angerauscht und kauft DoubleClick für 3,1 Milliarden Dollar. Scheint das Geschäft mit Cloud Computing verheißungsvoll, kann Google 20, 50 oder 70 gigantische Datenzentren an geheimen Orten auf der ganzen Welt errichten, und jedes verbraucht so viel Energie wie eine Kleinstadt. Anfang des Monats gab Google bekannt, es wolle 750 Millionen Dollar für Aktien einer Firma namens AdMob zahlen, um Banneranzeigen auf Handys zu verkaufen. «Hat man erst eine bestimmte Größe erreicht, muss man sich neue Arten des Wachstums überlegen», sagte Ivan Seidenberg, der Vorstandsvorsitzende von Verizon, zu Auletta. «Und dann macht man sich in allen anderen Branchen breit.» Deshalb sind Aulettas CEOs auch alle so sauer.

Gut, es folgen einfach immer neue Wunder: Google Voice, womit man ein Transkript seiner Voicemail-Nachrichten mailen kann, Chrome, ein schneller, schlauer Web-Browser, und Android, das neue Betriebssystem für Mobilgeräte. Eines der jüngsten ist die Vereinbarung, Bücher auf einem On-Demand-Drucker wie am Geldautomaten auszudrucken, die Espresso Book Machine. Aber vielleicht kommen inzwischen zu viele Wunder von nur einem Campus, vielleicht setzt schon eine Markenmüdigkeit ein. Googles berühmter Slogan «Don't be evil» klingt schon ein wenig glockenläutend dystopisch. Als sie noch in Stanford waren, kritisierten Page und Brin Suchmaschinen, die zu «anzeigenorientiert» wurden. «Die beiden waren gegen Werbung», zitiert Auletta Ram Shriram, einen von Googles ersten Investoren. «Die hatten eine puristische Weltsicht.» Jetzt sind sie nicht mehr dagegen. Jetzt müssen sie unablässig Futter für eine hungrige, 180 Milliarden Dollar schwere, anzeigenverrückte Bestie suchen. Auletta beschreibt einen ungewöhnlichen Test bei einem Einstellungsgespräch, dem Sergey Brin einmal eine angehende Firmenanwältin unterzog: «Ich möchte von Ihnen einen Vertragsentwurf», sagte Brin zu ihr. «Der Vertrag soll für mich sein, wenn ich meine Seele dem Teufel verkaufe.» Das war 2002, das Jahr, in dem Google intern an dem arbeitete, was später AdSense werden sollte.

Jetzt fliegen Page und Brin in einer speziell für sie ausgestatteten Boing 767 herum und reden ehrlich über grünes Computing, und gleichzeitig verbrennen die freien Streamings von irgendwelchen Homevideo-Clips auf You-Tube ganze Berggipfel von Kohle. Sie haben noch nicht herausgefunden, wie sie ihren Geld-Malstrom YouTube «monetarisieren» − also damit Profit machen − können, obwohl mir schon aufgefallen ist, dass Coffeemate- und Samsung-Banner inzwischen bei Philip DeFrancos beliebten Video-Monologen auftauchen. «Der Vorteil von gratis ist, dass man 100 Prozent des Marktes bekommt», erklärte Eric Schmidt, Googles Vorstandsvorsitzender, Auletta. «Gratis ist die richtige Antwort.» Eine Zeitlang vielleicht − aber vielleicht ist gratis doch unhaltbar. Für die Zeitungen, schreibt Auletta, «könnte gratis der Totenschein sein». Vielleicht bekommt man letztlich ja sogar im Internet das, was man verdient.

(2009)

Steve Jobs

Neulich bestellte ich bei Apple ein neues Gerät, und kurz vorm Schlafengehen besuchte ich noch die Apple-Webseite, um nachzusehen, wann es in den Versand ging. Dort schaute mich dann statt der normalen Willkommensseite, die das neueste Wunderding des euphorischen Minimalismus ankündigte, ein in Schwarzweiß fotografierter Mann mit runder John-Lennon-Brille, einem durchdringenden Blick und einem gestutzten Bart an. Es war der Steve Jobs von vor einigen Jahren, bevor er krank wurde. Er sah aus, als wollte er mir etwas sagen, nur was, wusste ich nicht. Links von dem Foto auf diesem schlichten weißen Bildschirm – nirgends auch nur ein Fleckchen Farbe – sah ich sein Geburtsdatum: 1955. Dann kam ein Gedankenstrich und: 2011.

Ich war wie vom Blitz getroffen. Jeder, der etwas für Musik, Kunst, Filme, heroische Comebacks und reichen Lohn übrig hat und auch dafür, mehrere Formen von Unendlichkeit in der Hemdtasche mit sich herumzutragen, ist bestürzt über diese plötzliche, gewaltige Auslöschung einer titanischen Präsenz in unserem Leben. Wir haben unseren Technik-Impresario und digitalen Traumspender verloren. Vladimir Nabokov schrieb einmal in einem Brief, wenn er einen Roman abgeschlossen habe, fühle er sich wie ein Haus, nachdem die Umzugsleute den Flügel abtransportiert hätten. So fühlt es sich an, diese welthistorische Persönlichkeit zu verlieren. Der Flügel ist weg.

Am folgenden Morgen nahm ich meinen späten MacBook Pro – ich hatte ihn erst dieses Jahr gekauft, nachdem ich mich zwei Jahrzehnte lang mit einer Software von außerhalb von Apples fruchtbarem Obstgarten herumgeschlagen und sie verflucht hatte – und klappte den Aluminiumdeckel auf. Ich ging wieder auf die Website, und da war er, noch immer Steve, und schaute uns weiterhin an. Er stützte sich irgendwie elegant mit den Fingern das Kinn, wie Fotografen es mögen, weil sie die Hände sehen wollen. Und die Pose war verständlich, da zu den richtig feinen Dingen, die Apple gemacht hat, gehört, die uralte Greifpräzision drückender, gleitender oder tippender Finger für Bildschirme und Touchpads nutzbar gemacht zu haben. Auch andere Marken hatten Touchscreens. Nur bei Apple wirkten sie nicht lächerlich.

Ich habe Steve Jobs lediglich einmal gesehen, letztes Jahr, bei der Enthüllung des ersten iPad in San Francisco. Massen von Journalisten drängten sich in den Saal, und aus der Anlage sang Bob Dylan «How does it feel?». Die Live-Blogger klappten ihre Laptops auf. Joshua Topolsky, damals Chef von Engadget, sagte mir, das hier sei noch größer als das iPhone. «Irgendwie wäre ich im Moment gar nicht gern Apple», sagte er.

Jobs unterhielt sich in der ersten Reihe mit Al Gore – unglaublich, aber Gore schien Kaugummi zu kauen. Dann begann die Vorstellung, und Steve trat auf die Bühne, schmal, aber fit, wie ein alternder, veganischer Langstreckenläufer. Er berichtete uns, soundso viele iPods seien verkauft, soundso viele Menschen hätten die Apple-Stores besucht, wo die Genies in den blauen Hemden warteten, um einem zu helfen. Er sagte, das sei doch irgendwie unfassbar, und das war es auch – ich klatschte freudig und ganz unjournalistisch Beifall. Und dann kam die Verkündigung: «Und wir nennen es – das iPad.»

Unmittelbar danach begann das Genörgel. *Pff*, das iPad sei ja gar nicht magisch, es sei bloß ein großes iPhone, sagten die Journalisten. Ein Experte nannte es «DOA» – «disappointing on arrival», von Anfang an enttäuschend. Doch es war eine Riesensache, und sofort überlegten sich die Leute, wie sie dieses brillante Slipslide-Rechteck privater Freuden nutzen könnten.

Als Steve Jobs noch jung war, hatte er eine erstaunliche Ähnlichkeit mit James Taylor. Als er älter und krank wurde, hingen die Jeans an ihm herunter. Trotzdem dachte ich, dass er es, wie ein echter Marathonläufer, schaffen würde – bis zum iPhone 5, zum iPad 3. Doch dann starb er, am Ende zu schwach, so die *Times*, um in seinem Haus die Treppe hinaufzugehen.

Aber Jobs sah noch die Beatles auf iTunes, sah, dass Tim Cook, Apples neuer CEO, die Ankündigung des neuesten iPhones nicht verpatzte, dann ließ er uns allein. Er starb als der absolute König der Welt für Leute, die miteinander sprechen, ohne im selben Raum zu sein, oder ein Buch lesen, wenn sie kein echtes Buch haben, die Filme bearbeiten und Mails und Musik versenden – der König der Welt für alle, die Gutes besser fließen lassen wollen. Man muss ihn einfach lieben.

(2011)

—— **KRIEG** ——

Warum ich Pazifist bin

Ein halbes Jahr nach dem japanischen Angriff auf Pearl Harbor erhob sich Abraham Kaufman, Generalsekretär der War Resisters League, im Gemeindesaal der Union Methodist Church in Manhattan und sagte etwas, was zu sagen schwer war. Kaufman, ein Mann von dreiunddreißig Jahren, der im Abendstudium das City College absolviert und sonntags in einem U-Bahnhof Zeitschriften und Süßwaren verkauft hatte, forderte, dass wir sofortigen Frieden bräuchten – und dass wir, um diesen Frieden zu bekommen, mit Hitler verhandeln müssten. «Dieser ungeheure Krieg kann mit nur einem Fünkchen Aufrichtigkeit und Vernunft beendet werden», sagte er.

Denjenigen, die meinten, mit Hitler könne man nicht verhandeln, entgegnete Kaufman, die Alliierten verhandelten ja schon mit Hitler und auch mit Japan – über Kriegsgefangene beispielsweise und über Nahrungsmittellieferungen an Griechenland. Es sei wichtig, sich sogleich zusammenzusetzen, glaubte Kaufman, bevor eine Seite verloren habe. Unser Ziel solle sein, was Woodrow Wilson am Ende des Ersten Weltkriegs erhofft habe: einen Frieden ohne Sieg. «Wir bitten um sofortigen Frieden», sagte Kaufman, «solange es noch eine Welt gibt, in der Ziele diskutiert werden können, nicht erst, wenn es zu spät ist.»

Wie erklärte sich Kaufmans Dringlichkeit? Ganz einfach: Er wollte nicht, dass noch mehr Menschen litten und starben. Täglich wurde von Massakern an Zivilisten und militärischen Gräueln berichtet, und Kaufman fürchtete, dass der Krieg sich, wie er zwei Jahre zuvor an die *New York Times* geschrieben hatte, als «so katastrophal [erweisen würde], dass das Abenteuer von 1917 daneben vollkommen harmlos wirken würde». Er verstand genau, was auf dem Spiel stand. Seiner Ansicht nach war einen Frieden mit Hitler auszuhandeln paradoxerweise die beste Chance, die die Alliierten hatten, um die Welt vor dessen letztem verzweifeltem Ausrottungswahn zu schützen.

Kaufman gehörte zur Zeit des Zweiten Weltkriegs einer erstaunlich stimmgewaltigen Gruppe von Pazifisten an – absoluten Pazifisten, die sich jedem Kriegsdienst widersetzten. Nicht alle waren gegen persönliche oder familiäre Selbstverteidigung oder körperliche Gewalt beim Vollzug von Gesetzen. Allerdings meinten sie, der Krieg sei, in den Worten des britischen Pazifisten und Parlamentariers Arthur Ponsonby, «ein Monstrum, aus Heuchelei geboren, mit Falschheit genährt, mit Aberglauben am Leben erhalten, auf Tod und Folter von Millionen gerichtet, bei keinem hohen Ziel erfolgreich, erniedrigend für die Menschheit, die Zivilisation gefährdend und eine scheußliche Brut aus Zwietracht, Konflikten, Krieg und noch mehr Krieg gebärend». Neben Kaufman und Ponsonby – und Tausenden von Kriegsdienstverweigerern, die im Gefängnis saßen, in Arbeitslagern und Krankenhäusern schufteten oder an kontrollierten Hungerstudien teilnahmen – zählten zu den Kriegspazifisten Vera Brittain, Rabbi Abraham Cronbach, Dorothy Day und Jessie Wallace Hughan.

Ich bewundere diese Leute. Sie glaubten an Gnaden-akte statt fäusteschwingender Racheschwüre. Sie dachten an diejenigen, die wirklich in Not waren. Sie litten für das, was sie taten und sagten, manche weniger, manche mehr. Sie waren, glaube ich, ein gutes Beispiel dafür, was es heißt, ein Mensch zu sein. Ich erwarte nicht unbedingt, dass Sie mir darin zustimmen, dass diese Leute mit ihrer prinzipiellen Ablehnung dieses gewaltigen Krieges – des von Hitler begonnenen Krieges – recht hatten, aber ich denke schon, dass Sie ihre Position ernst nehmen und sich selbst ein Bild davon machen sollten, ob sie klug war oder nicht.

Lobt man Pazifisten – gebraucht man das P-Wort in einem positiven Sinn, vor allem in Verbindung mit dem Zweiten Weltkrieg –, so bringt das manche in Verlegenheit, andere macht es wütend. Das merkte ich 2008, als ich ein Buch über die Anfänge des Krieges veröffentlichte. *Men-schenrauch* war ein Mosaik widersprüchlicher Fragmente und Zeitmomente, das hauptsächlich aus Zitaten bestand; es lieferte keine direkten Argumente für irgendeine In-terpretation des Zweiten Weltkriegs. In einem Nachwort widmete ich das Buch allerdings Clarence Pickett – einem Seelsorger der Quäker – und weiteren britischen und ame-rikanischen Pazifisten, weil mich bewegte, was sie sich vor-genommen hatten. «Sie haben versucht, jüdische Flücht-linge zu retten», schrieb ich, «Europa mit Nahrungsmitteln zu versorgen, die USA mit Japan zu versöhnen und den Krieg zu verhindern. Sie sind gescheitert, aber sie hatten recht.»

Sie hatten *was*? In einer Besprechung in *The Nation* schrieb Katha Pollitt, sie habe mein Buch wie besessen gelesen, Stunden am Stück – und es schrecklich gefunden. «Als ich fertig war», schrieb sie, «empfand ich etwas, was ich noch nie zuvor empfunden hatte: Wut auf Pazifisten.» Pollitts Missfallen tat weh, wie schlechte Rezensionen nachdenklicher Leser allgemein. Und trotzdem finde ich, dass die Pazifisten im Zweiten Weltkrieg recht hatten. Ja, je mehr ich über den Krieg erfahre, desto mehr begreife ich, dass die Pazifisten in dieser Zeit katastrophaler Gewalt als Einzige wiederholt Vorschläge machten, die überhaupt eine Chance hatten, ein bedrohtes Volk zu retten. Sie waren nicht naiv, sie waren nicht unrealistisch – sie waren psychologisch scharfsinnige Realisten.

Wer war denn in Europa in Not? Die Juden natürlich. Hitler hatte von Beginn seiner politischen Laufbahn an öffentlich von der Vernichtung der Juden fantasiert. Sie müssen weg, sagte er, sie müssen ausgerottet werden. Das sagte er in den zwanziger Jahren, das sagte er in den dreißiger Jahren, das sagte er während des gesamten Krieges (als sie tatsächlich ausgerottet wurden), und noch 1945 in seinem Bunker, vor ihm das Zyanid und die Pistole, die Hände zitternd von Parkinson, schloss er sein Testament mit einer paranoiden Erklärung, in der er «den Weltvergifter aller Völker, das internationale Judentum» verdammte.

Während seiner gesamten Regierungszeit stellte sich daher für den Rest der Welt die Frage, wie man mit einem Mann umging, der a) gewalttätig, b) höchst irrational, c) vehement rassistisch, d) erklärtermaßen selbstmordgefährdet war und e) über ein expandierendes Reich herrschte. Eine Möglichkeit war, Waffen zu konstruieren und Armeen zu formieren, Forderungen zu stellen und mit Sanktionen, Embargos und anderen Strafen zu drohen. Sollte

Hitler sich dem nicht fügen, konnten wir sagen: «Das geht jetzt zu weit», und ihm den Krieg erklären.

Die Pazifisten glaubten, dass das genau die falsche Reaktion war. «Die Regierung schlug den Weg ein, der, wie ich damals voraussah, Hitler stärken würde: Sie erklärte Deutschland den Krieg», sagte Ponsonby 1940 im Oberhaus. Die Schriftstellerin Vera Brittain, die alle vierzehn Tage einen *Letter to Peace Lovers* veröffentlichte, stimmte ihm zu. «Der Nazismus gedeiht, wie wir immer wieder sehen, mit jeder Maßnahme, die Widerstand provoziert, wie Bombardierungen, Blockaden und Androhung von ‹Vergeltung›», schrieb sie 1942 in ihrem Meisterwerk *Humiliation with Honour*.

Die Juden brauchten Einreisevisa, keine Fliegenden Festungen. Und wer waren die Leute, die taten, was sie nur konnten, um ihnen Visa zu beschaffen, aber auch Nahrung, Geld und Unterschlupf? Die Pazifisten. Die Quäker-Pazifistin Bertha Bracey war an den Kindertransporten beteiligt, die rund 10 000 jüdischen Kindern das Leben retteten, die Pazifisten Runham Brown und Grace Beaton von den War Resisters International organisierten die Entlassung von Juden und anderen politischen Gefangenen aus Dachau und Buchenwald, die Pazifisten André Trocmé und Burns Chalmers versteckten jüdische Kinder bei Familien in Südfrankreich, und die Pazifistin Eva Hermann verbrachte wegen ihrer Taten als «Judenhelferin» zwei Jahre im Gefängnis. «Ich bin mir sehr bewusst, dass mein verstorbener Mann und ich nichts Besonderes gemacht haben», sagte Hermann später, als sie von Yad Vashem ausgezeichnet wurde. «Wir haben einfach versucht, inmitten von Unmenschlichkeit menschlich zu bleiben.»

«Wir müssen das Hitlertum bekämpfen» klingt gut, weil Hitler so ein augenscheinliches Schrecknis war. Was die Bekämpfung des Hitlertums in der Praxis aber vor allem bedeutete, war das fünf Jahre währende Experiment Churchills, die deutsche «Moral» zu untergraben, indem man Magnesium-Brandbomben und 900 Kilogramm schwere Sprengbomben über Stadtzentren abwarf. Der Bombenkrieg tötete und vertrieb eine Vielzahl Unschuldiger – darunter Juden in ihren Verstecken – und machte ganze Viertel dem Erdboden gleich. Damit sollte ein Aufstand gegen die Nazis ausgelöst werden, doch der fand nicht statt. «Das ‹Experiment› hat bislang nur gezeigt, dass Flächenbombardements keine Revolte auslösen oder die Moral brechen», schrieb Vera Brittain 1944:

Die Opfer sind gelähmt, erschöpft, apathisch, auf die nächstliegenden Aufgaben fixiert, Nahrung und Obdach zu finden. Doch wenn sie sich erholen, wer mag daran zweifeln, dass, jedenfalls bei der Mehrzahl, der Wunsch nach Rache entsteht und ein Verhärtungsprozess einsetzt, selbst wenn der eine Zeitlang von Furcht unterdrückt wird.

Wirft man Leuten Sachen auf den Kopf, werden sie wütend, und sie versammeln sich hinter ihrem Anführer. Das Gleiche geschah übrigens auch während des Blitz in London.

«Trotzdem», mögen Sie sagen, «mag ich das Wort ‹Pazifist› nicht. Ginge jemand auf mich los oder auf jemanden, den ich liebe, würde ich mir einen Baseballschläger oder eine Schusswaffe nehmen und ihn bekämpfen.» Natürlich würden Sie das. Ich auch. Und genau das habe ich auch am

College zu meiner Freundin – die heute meine Frau ist – gesagt, als sie erklärte, sie sei Pazifistin. Ich sagte auch: Und Hitler? Sie machte zwei Bemerkungen: Dass ihr Vater im Zweiten Weltkrieg gekämpft habe und als Pazifist zurückgekehrt sei und dass es nicht die richtige Art sei, sich Hitler entgegenzustellen, eine Masse Achtzehnjähriger loszuschicken, um andere Achtzehnjährige zu töten oder zu verwunden. Ich sagte: Na gut, aber was könnte man denn sonst tun? Gewaltfreien Widerstand leisten, erwiderte sie. Das überzeugte mich nicht. Dennoch, ihre Bereitschaft, ihre Haltung zu verteidigen, schlug eine dauerhafte Kerbe, eine Bresche in mein Ethos.

Danach folgte meine kurze, unerträgliche Phase als Junger Republikaner. Ein Jahr lang arbeitete ich, frisch vom College, in der Wall Street, in einer Firma namens L. F. Rothschild, Unterberg, Towbin. (Die gibt's inzwischen nicht mehr.) Ich wurde ein wirrer, aber großspuriger Neokonservativer. Ich abonnierte *Commentary*, verzückt von seiner brillanten Kampfeslust. Ich las F. A. Hayek, Irving Kristol, Jeane Kirkpatrick, Karl Popper, Robert Nozick und Edmund Burke.

Kriege interessierten mich nicht, weil Kriege traurig und verschwenderisch sind und einen fertigmachen und weil Schlachtschiffe und goldene Epauletten lächerlich wirken. Doch mich begeisterten der Gedanke des freien Marktes, die informationshaltigen Feinheiten der täglichen Preisanpassungen, und ich dachte, Mensch, wenn *Commentary* in Sachen F. A. Hayek recht hat, dann haben sie wohl auch recht in Sachen Kampf gegen den Kommunismus. Sicher brauchten wir da ausgehärtete Raketensilos, Star-Wars-Satelliten und Bataillone mit Abrams-Panzern. Und der Sieg im Zweiten Weltkrieg war doch fraglos eine Feder an unserem Hut? Wir hatten uns in den Kampf gestürzt, wir hatten die Schlacht zu unseren Gunsten gewendet. Zu dem Zeitpunkt gab ich das politische Denken vollständig auf. Es war mir zu hoch. Es produzierte schlechte Prosa. Ich konzentrierte mich darauf, über Dinge zu schreiben, die ich lustig und wahr fand.

Dann kam der Golfkrieg. Ich hatte gerade einen heiteren Roman über Telefonsex beendet. Meine Frau und ich sahen die Operation Desert Storm im Fernsehen, in Echtzeit. Peter Arnett und Bernard Shaw waren auf dem Dach des Hotels Al-Rasheed in Bagdad. Wir sahen die Leuchtspurgeschosse über dieser riesigen, komplizierten grünen Stadt mit ihrem alten Namen aufsteigen, und wir sahen den Funkturm, der aussah wie die Space Needle in Seattle, langsam umkippen, und dann zeigte man uns binnen Stunden (jedenfalls meiner Erinnerung nach) körnige Schwarzweißclips von präzisionsgelenkten Bomben, die sich auf Dinge herabsenkten, die wie nackte Gussbetonbunker aussahen. Dann folgten lautlose Explosionen. Von all dem schien der Moderator Wolf Blitzer unbeeindruckt.

Ich dachte: Wahrscheinlich sterben da Leute. Das kann doch nicht sein. Es war schrecklich, Zeuge der tatsächlich stattfindenden gewaltsamen Zerstörung einer Stadtlandschaft werden zu können – zu wissen, dass große Dinge, die nicht kaputt gewesen waren, nun kaputt waren und dass Menschen, die heil gewesen waren, nun verstümmelt waren und stöhnten – und zu begreifen, dass ich, einfach indem ich ein willfähriger Beiträger zum Steueraufkommen meines Landes war, diese durch nichts zu rechtfertigenden Verwüstungen in Nachtsichtoptik mitbezahlte.

Später erfuhren wir, dass einige dieser ersten «chirurgischen» Schläge danebengegangen waren und eine große Zahl unschuldiger Zivilisten getötet und verwundet hatten. Ebenso erfuhren wir, dass es viele tausend Bombeneinsätze oder «sorties» [wörtlich: Ausflüge] – so ein sauber klingendes Wort – gegeben habe und dass nur in zehn Prozent der Einsätze «intelligente» Waffen verwendet worden seien. Wie sich zeigte, waren die meisten Bombardierungen des Irak in jenen Jahren genauso blind und dumm wie die Flächenbombardements im Zweiten Weltkrieg. Allerdings war eine neuartige Brandwaffe im Einsatz: Geschosse mit abgereichertem Uran, abgefeuert aus Gatling-Kanonen und Kampfhubschraubern, die zu unlöschbar brennenden Speeren wurden, bei Kontakt Metall verdampften und einen Flugstaub hinterließen, der Geburtsschäden und Krebs auslösen sollte. Dann kam die medizinische Blockade, sie währte Jahre, und es kamen Strafbombardements. Was Präsident Bush begann, setzte Präsident Clinton fort. Ich dachte: Nein, tut mir leid, das ist doch sinnlos. Mir egal, was *Commentary* dazu sagt: Das ist nicht richtig.

Noch später sah ich auf PBS den Dokumentarfilm «America and the Holocaust: Deceit and Indifference [Amerika und der Holocaust: Täuschung und Gleichgültigkeit]» über die verachtungswürdige Verweigerung von Visa für jüdische Flüchtlinge durch das Außenministerium, was mein Vertrauen in Franklin Roosevelt nachhaltig erschütterte. Dann bombardierte Bill Clintons Air Force Belgrad, und zwar mit der Graphitstreubombe BLU-114/B, einer sogenannten «weichen Bombe», die Fettuccineladungen Kurzschlüsse auslösender Fäden über Kraftwerke

schleuderte, um so massive Verdunkelungen herbeizufüh-
ren; zudem warf sie eine Menge konventioneller Spreng-
stoffe aus großer Höhe ab, womit sie Hunderte Menschen
tötete. Und dann, 2002, bombardierten wir Afghanistan,
unter anderem mit knapp sieben Tonnen schweren *Daisy
cutters,* und brachten noch mehr Menschen um. Schließlich bombardierten wir erneut den Irak, zerstörten noch
mehr Kraftwerke und töteten noch mehr Menschen –
Hochzeitsgesellschaften, Behinderte, die im Bett schliefen.
Und während wir die Vorzüge eines jeden dieser Angriffe
diskutierten, bezogen wir uns zwangsläufig immer auf unseren Maßstab, unser Musterbeispiel: den Zweiten Weltkrieg.

Der Krieg ist eben schmutzig, sagen wir. Er ist nicht
schön, aber seien wir mal realistisch – manchmal muss man
ihn eben führen. Schnitt zum Bild eines attraktiven, unra-
sierten GI irgendwo in Italien oder Frankreich, der Helm
ist ramponiert, im Mund steckt eine Zigarette. Der Zweite
Weltkrieg, die tödlichste Gewalteruption der Geschichte,
ist das große rauchende Gegenbeispiel des Pazifismus. Wir
«mussten» in Korea, Vietnam und sonst wo einmarschie-
ren, denn siehe Zweiter Weltkrieg. 2007 zog Norman Pod-
horetz in *Commentary* in einem Artikel mit dem Titel «The
Case for Bombing Iran [Was für die Bombardierung des
Iran spricht]» eine Parallele zwischen Verhandlungen mit
dem iranischen Präsidenten Mahmoud Ahmadinedschad
und Verhandlungen mit Hitler: Wir müssen den Iran jetzt
bombardieren, meinte er, denn siehe Zweiter Weltkrieg.

Ja, gut, die Alliierten töteten Millionen Zivilisten und
unsinnig junge Wehrpflichtige, und sie verwüsteten weite
Teile Europas und Japans – das war wirklich traurig. Aber

was ist mit dem Holocaust? Gegen dieses Grauen mussten wir doch was unternehmen.

Und das haben wir getan. Aber *was* man unternimmt, darauf kommt es an.

Der Holocaust war unter vielem anderen die größte Geiselnahme aller Zeiten. Geiselnahme war von Anfang an Hitlers bevorzugte Methode. 1923 führte er eine Gruppe Ultranationalisten in einen Münchner Bierkeller und hielt, mit einer Waffe fuchtelnd, Regierungsbeamte gefangen. 1938, nach der «Kristallnacht», ließ er Tausende Juden verhaften und setzte sie erst wieder frei, nachdem die jüdische Gemeinde ein hohes Lösegeld bezahlt hatte. Im besetzten Frankreich, Holland, Norwegen und Jugoslawien wurden Juden als Geiseln genommen und häufig als Vergeltung für lokale Partisanenaktionen exekutiert.

1941, als der Kongress das Lend-Lease-Gesetz debattierte, die Grundlage der Militärhilfe für Großbritannien und andere Alliierte, wurde jedem, der eine Zeitung lesen konnte, das gewaltige Risiko klar, wenn es nicht schon vorher klar gewesen war. Am 28. Februar 1941 brachte die *New York Times* einen beunruhigenden Bericht aus Wien: «Viele Juden hier glauben, dass die Juden ganz Europas mehr oder weniger Geiseln gegen den Kriegseintritt der Vereinigten Staaten sind. Manche befürchten, dass selbst eine nennenswerte Hilfe der Vereinigten Staaten für Großbritannien jedwede Pläne, die der Reichsführer im Sinn hatte, als er unlängst in Reden von der Auslöschung der Juden in Europa ‹unter gewissen Umständen› sprach, beschleunigen werde.»

Was war die beste Antwort auf diese Erpressung?

The American Hebrew, eine ehrwürdige Wochenzeitung, brachte auf der ersten Seite einen trotzigen Leitartikel. «Verständlich gemacht, warnt diese Botschaft, die offenbar aus offiziellen Quellen stammt, davor, dass die Juden in Deutschland, sollte Amerika nicht einlenken, abgeschlachtet werden», so das Blatt. Einverstanden. Der Leitartikel weiter:

> Wir werden mit unseren Anstrengungen fortfahren, nein, wir werden sie steigern, um den Fall dieses mörderischen Regimes herbeizuführen, das die Welt tyrannisiert, und wir verkennen nicht den Preis, den wir vielleicht für unsere Entschlossenheit bezahlen müssen. Doch kein Opfer darf zu groß, kein Preis zu hoch sein, wenn wir dazu beitragen können, die Welt von dem österreichischen Messias und seinem Stamm und allem, wofür sie stehen, zu befreien.

Andere Juden, eine Minderheit, stimmten dem nicht zu. («Im Krieg hat im Allgemeinen die Minderheit recht», sagte Ponsonby einmal.) 1941 begann Rabbi Cronbach vom Hebrew Union College in Cincinnati Gespräche mit Rabbi Isidor B. Hoffman, einem freundlichen, glatzköpfigen, schwer aus der Ruhe zu bringenden Studienberater an der Columbia University, und Rabbi Arthur Lelyveld aus Omaha, Nebraska, über die Bildung einer jüdischen Friedensunion. Die Gesellschaft wollte jüdische Kriegsdienstverweigerer unterstützen, die zu der Zeit in Ersatzdienstlagern oder Gefängnissen saßen, und sie wollte, der ersten Ausgabe ihres Mitteilungsblatts *Tidings* zufolge, «die Hingabe anständiger, loyaler Juden an den Pazifismus stärken».

«Crony» Cronbach wurde der Ehrenvorsitzende der Jewish Peace Fellowship. Er war ein feingliedriger Mann, stets in Anzug und Krawatte, und er fand Rache als Instrument der Staatspolitik grässlich. Er hatte gesehen, was im Ersten Weltkrieg passiert war. «Freundliche, wohlerzogene und idealistische Menschen wurden in der Atmosphäre des Krieges zu Hyänen, die in ihrem wilden Zorn bereit waren, nicht bloß den fremdländischen Feind, sondern auch die eigenen andersgesinnten Landsleute anzugreifen und umzubringen», erinnerte er sich in seinem 1937 erschienenen Buch *The Quest for Peace*. Indem sie in diesen Kampf eingriffen, meinte er, hätten die amerikanischen Juden «nur dazu beigetragen, dem Nazi-Grauen den Weg zu ebnen, das uns nun überrollt».

Die amerikanische Mittelschicht, die sich noch dunkel an die Schützengräben, den Schlamm, die Ratten, den Typhus und die allgemeine obszöne Sinnlosigkeit des Ersten Weltkriegs erinnerte, stand Cronbachs Pazifismus vielleicht sogar ein wenig näher als Roosevelts Interventionismus – jedenfalls bis zum 7. Dezember 1941. Als die amerikanischen Kriegsschiffe in Pearl Harbor brennend versanken, schrie das Land nach der Einäscherung Tokios. Abraham Kaufman erzählte 1974 in einem Brief an einen Historiker seine Version des Geschehens: «Roosevelt», schrieb Kaufman, «nutzte die natürliche jüdische Opposition gegen Hitler, um die öffentliche Meinung Amerikas für seine Kriegsmaßnahmen zu gewinnen (hatte jedoch beim Land als Ganzem damit keinen Erfolg) – und schaffte es letztendlich, uns mit den übelsten Tricks, deren Geschichte erst noch aufgeschrieben werden muss, dazu zu bringen. Schalom, Abe.»

Als das Land nach Rache schrie, lösten sich die unter falscher Flagge segelnden «Friedens»gruppen wie America First schnell auf; die absoluten Pazifisten hielten an ihren Prinzipien fest. «Unser Land schreitet vom nicht erklärten zum erklärten Krieg; wir hingegen bleiben unbeugsam in unserem Pazifismus», schrieb Dorothy Day in ihrem *Catholic Worker*. Sie zitierte Jesus Christus: «Liebet eure Feinde, tut denen wohl, die euch hassen, segnet die, die euch verfluchen, betet für die, die euch beleidigen.» Eine katholische Zeitung warf Day daraufhin vor, sie sei sentimental und verweichlicht. Day, die ihr Leben in Armut verbrachte und sich um Obdachlose kümmerte, schrieb zurück: «Sollen jene, die von Weichheit, von Sentimentalität reden, zu uns kommen und in kalten, ungeheizten Häusern in den Slums leben.» Sie sagte: «Sollen sie ihre Nasen vom Geruch von Abwässern, Verfall und fauligem Fleisch beschämen lassen. Ja, und vom Geruch des Schweißes, des Blutes und der Tränen, von denen Mr. Churchill so ungeniert gesprochen hat und die von wohlsituierten Menschen so weithin und kühn zitiert werden.»

In der Zentrale der War Resisters League in Manhattans Stone Street veröffentlichten die Vorstandsmitglieder, darunter Kaufman, Jessie Hughan, John Haynes Holmes, Sidney E. Goldstein, Isidore Hoffman, Frieda Lazarus, A. J. Muste und Edward P. Gottlieb (ein Lehrer, der seinen Mittelnamen zu «Pacifist» geändert hatte), die Post-Pearl-Harbor-Flugschrift *Our Position in Wartime*. «Wir respektieren den Standpunkt unserer Mitbürger, für die der Krieg sich als patriotische Pflicht darstellt», hieß es darin; dennoch könne die Gesellschaft ihre Prinzipien nicht aufgeben. «Die gewählten Methoden bestimmen die erreich-

ten Ziele», schrieben sie. Sie versprachen, bei Rettungsein-
sätzen zu helfen, Kriegsdienstverweigerer zu unterstützen,
für wirtschaftliche Gerechtigkeit zu arbeiten – und auch,
zu einem frühzeitigen Friedensschluss aufzurufen. «Irgendwann muss der Krieg aufhören, und es ist richtig, dass
wir zum Wohle und zur Befreiung aller Völker der Welt auf
ein früheres und nicht späteres Ende drängen.» Die Reak-
tionen auf die Flugschrift waren gut, auch gab es neue Auf-
nahmeanträge; nur wenige Schmähbriefe trafen ein, einer
auf Toilettenpapier geschrieben. Das FBI stattete dem Büro
mehrere Besuche ab und zog «erschöpfende Erkundigungen» ein, wie Kaufman sich ausdrückte.

Unterdessen hatte Hitlers Antisemitismus ein Endsta-
dium der Götterdämmerungspsychose erreicht. Während
Güterwaggons mit kriegsversehrten, halb erfrorenen deutschen Soldaten von der russischen Front heimkehrten und
es für jedermann klarwurde, dass die USA in den Krieg
eintreten würden, stieß Hitler, dessen Armtremor für seine
Mitstreiter nun deutlich war, in kurzer Abfolge eine nie
dagewesene Anzahl ätzender Drohungen gegen das europäische Judentum aus – teils in Reden, teils bei privaten
Begegnungen. (Der Jude, so Hitler jetzt, sei ein «Welt-
brandstifter».) Etliche Holocaust-Historiker – darunter
Saul Friedländer, Peter Longerich, Christian Gerlach und
Roderick Stackelburg – haben diese Konzentration von
«Vernichtungserklärungen» (ein Wort Friedländers) man-
gels eines schriftlichen Befehls zur Datierung von Hitlers
Entscheidung benutzt, die Endlösung radikal zu beschleu-
nigen.

Der Wandel sei, so Friedländer, Ende 1941 gekommen,
ausgelöst von einem Ereignis, das einen paneuropäischen

Krieg zu einem Weltkrieg machte: «dem Eintritt der Vereinigten Staaten in den Konflikt». Roderick Stackelburg fasst zusammen: «Obwohl die ‹Endlösung›, die Entscheidung, alle Juden im deutschen Herrschaftsbereich zu töten, schon lange vorher geplant gewesen war, dürfte ihre volle Durchführung bis zum Kriegseintritt der USA hinausgezögert worden sein. Jetzt aber hatten die Juden im deutschen Herrschaftsbereich ihren potenziellen Wert als Geiseln verloren.» Am 12. Dezember 1941 bekräftigte Hitler seine Absicht in einer Rede vor Goebbels und weiteren Parteigrößen. In seinem Tagebuch fasst Goebbels Hitlers Bemerkungen zusammen: «Der Weltkrieg ist da. Die Vernichtung der Juden muss die notwendige Folge sein.»

Chelmno, die erste Tötungsfabrik, hatte ihren Betrieb schon am 8. Dezember 1941 aufgenommen: Juden aus dem Ghetto der Stadt Kolo wurden in abgedichteten Lastwagen mit Autoabgasen erstickt. Anfang März wurde das Ghetto im polnischen Lublin aufgelöst: Zu Tausenden wurden Juden in ein zweites Vernichtungslager gebracht, nach Belzec, und dort vergast. Mehr Juden, darunter Waisenkinder und Alte, die bis dahin von den Lagern verschont geblieben waren, wurden Anfang Juni in Wien abgeholt. Leonhard Friedrich, ein deutscher Quäker, der im Mai verhaftet wurde, weil er Juden geholfen hatte, schrieb später: «In den sechs Monaten, nachdem die Vereinigten Staaten in den Krieg eingetreten waren, kannte die Gestapo keine Hemmungen.»

In den USA war das ein offenes Geheimnis. Am 2. Juni 1942 brachten viele amerikanische Zeitungen einen Artikel über Hitlers Plan. Verfasst hatte ihn Joseph Grigg, ein Journalist von UPI, der fünf Monate lang von den Deutschen interniert gewesen war und dann, zusammen mit anderen Amerikanern, im Zuge von Verhandlungen freigelassen wurde. «Anscheinend gab es Bemühungen, bis zum 1. April ein ‹judenreines› Reich zu schaffen, als Geburtstagsgeschenk für Hitler», schrieb Grigg, «doch aufgrund von Transportproblemen und anderen Schwierigkeiten konnte der Zeitplan nicht eingehalten werden.» Die Massaker in Russland, Polen und dem Baltikum waren, so Grigg, «die furchtbarste Rassenverfolgung in der modernen Geschichte».

Unterdessen, in jenem Juni, «kämpften» die Vereinigten Staaten gegen Hitler, nur wie? Indem sie Schlachten gegen die japanische Marine führten, große Bomber bauten und Kriegsparaden abhielten. Am 13. Juni 1942, die Landung der Alliierten in Europa war noch zwei Jahre entfernt, ließ Bürgermeister Fiorello LaGuardia in Manhattan eine gigantische Kriegsparade abhalten. Sie dauerte den ganzen Tag. Es kamen Panzer, Flugzeuge und pittoreske internationale Kostüme zum Einsatz, aber auch Umzugswagen, die Feindschaft und Furcht wecken sollten. Ein Wagen namens «Death Rides» [der Tod reitet] zog langsam vorüber: Es war ein riesiges animiertes Skelett, das zwei rote, mit Hakenkreuzen verzierte Trommeln schlug. Es gab eine große schnurrbärtige Figur mit Preußenhelm und Brustharnisch, die auf einem Disney-artigen Dinosaurier ritt und achtlos über Leichen schritt – der Wagen hieß «Hitler, das Kriegsmonster der Achse». Ein weiterer Wagen hieß «Tokio: Wir kommen!», darauf setzten amerikanische Flugzeuge die Stadt in Brand und verscheuchten einen Schwarm großer gelber Ratten. Der Reporter der *New York Herald Tribune* schrieb, das Einzige, was der Parade fehle, sei Subtilität. Das machten die Vereinigten Staaten in dieser Frühphase des Holocaust: auf der Fifth Avenue große rote Spielzeug-Todestrommeln schlagen.

In jener mittigen Phase des Krieges überschritten die Angriffe der Royal Air Force auf deutsches Zivilleben eine neue Schwelle der Intensität. Die militärisch bedeutungslose Stadt Lübeck mit ihrer Fülle an architektonisch wertvollen Fachwerkhäusern war, in der Nacht des 28. März 1942, das Ziel der ersten wirklich erfolgreichen Massenbombardierung mit Brandbomben; ein Großteil der Altstadt brannte nieder, und auch der «Lübecker Totentanz», eine berühmte Bilderfolge aus dem 15. Jahrhundert, wurde zerstört. «Sprengen und bomben, Angriff auf Angriff, bis nichts mehr übrig ist», hieß es im *Sunday Express*. «Auch wenn das ‹Lübecking› die Moral der Deutschen nicht bricht, hebt es doch unsere Stimmung», schrieb die *Daily Mail*. «Wir zögern nicht wegen irgendwelcher humanitärer Bedenken, die gesamte Landkarte Deutschlands umzuschreiben, wie wir es in Lübeck und Rostock getan haben: ‹Das war einmal eine Stadt.›» Vera Brittain rief aus, nachdem sie einen Haufen solcher Ausschnitte gelesen hatte: «Wir sind gadarenische Säue, von unseren selbstgeschaffenen Teufeln besessen, und wir rasen einen steilen Hang hinab ins Meer.»

Der nächste großflächige Feuerüberfall der RAF war die «Operation Millennium» Ende Mai. Fast 1000 Bomber flogen nach Köln, wo sie binnen einer halben Stunde rund 1600 Tonnen Bomben abwarfen – mehr Brand- als Sprengbomben – und so Zehntausende Häuser und Wohnungen sowie über zwanzig Kirchen zerstörten. Das Gebiet um den

Dom war eine einzige geröstete Ruine. «Sie haben keine Vorstellung von der Begeisterung und Ermutigung, die das Bombardement der Royal Air Force uns allen hier gegeben hat», schrieb Roosevelts persönlicher Referent Harry Hopkins an Churchill. Weiter schrieb er: «Ich könnte mir denken, die Deutschen wissen nun allzu gut, worauf sie sich freuen können.»

Zweifellos wussten das die Deutschen – jedenfalls gaben sie prompt den Juden die Schuld dafür. Im Rundfunk sagte Goebbels, die Deutschen kämpften nun um die eigene Haut. Dann folgte erneut die offene Drohung: «Die Juden treiben in diesem Kriege ihr frevelhaftestes Spiel, und sie werden das mit der Ausrottung ihrer Rasse in Europa und vielleicht weit darüber hinaus zu bezahlen haben.» In den amerikanischen Zeitungen wurde über Goebbels' Rede ausführlich berichtet. «GOEBBELS: DIE JUDEN WERDEN FÜR DIE RAF-ANGRIFFE STERBEN», titelte die *New York Herald Tribune*. «NAZIS GEBEN JUDEN DIE SCHULD AN BOMBENANGRIFFEN», schrieb die *New York Times*. «JUDEN ERWARTET MASSENVERNICHTUNG DURCH WÜTENDE NAZIS», lautete die Schlagzeile im *Altoona Mirror*. «GOEBBELS DROHT MIT VERNICHTUNG DER JUDEN», schrieb die *Pittsburgh Press*.

Auch die jüdische Presse nahm die Drohung ernst. «Die Juden sollten, wie Hitler oft versprach, als Geiseln dienen, um das Wohlverhalten der Demokratien zu gewährleisten», stand in *Opinion: A Jewish Journal of Life and Letters*. «Die schrecklichen Bombardements der RAF von Köln, Essen, Emden, Rostock und anderen deutschen Städten werden von den Nazis mit Rachedrohungen beantwortet – gegen die Juden.» Und Rabbi Louis L. Newman vom Tempel Rodeph Sholom widmete an jenem Samstag einen Teil seiner Predigt der Rede Goebbels'. «Die niederträchtige Drohung Goebbels', die Nazis würden die Juden vernichten, falls die RAF ihre Bombardierung deutscher Städte fortführt, sollte ein deutlicher Hinweis darauf sein, dass die Juden in Deutschland und den besetzten Gebieten bloße Geiseln in den Händen von Briganten und Gangstern waren und sind», sagte Newman, wie von der *New York Times* berichtet. «Die Juden waren in den Annalen der Menschheit schon früher Märtyrer, und sollte ihre Ermordung nötig sein, um die Menschheit vom Mehltau des Nazismus zu befreien, so werden diejenigen, die dem zum Opfer fallen, erneut beweisen, aus welchem Stoff der Prophet und die Märtyrerrasse geformt sind.»

Im Warschauer Ghetto las Emanuel Ringelblum in jenem Juni 1942 die Berichte und erinnerte sich an eine alte Geschichte über einen lasterhaften Edelmann. Shlomo, der Geldverleiher des Edelmanns, versteigerte zur Begleichung von Schulden dessen Land. Erzürnt kaufte sich der Edelmann einen Hund, nannte ihn Shlomo und schlug ihn täglich. Dasselbe, schrieb Ringelblum, geschehe nun mit den Deutschen. «Sie erleiden Niederlagen, ihre Städte werden zerstört, also rächen sie sich an den Juden.» Ringelblum und seine Freunde, wenngleich unterschiedlicher Ansicht über die Notwendigkeit von Vergeltung, waren sich in einem einig: «Nur ein Wunder kann uns noch retten: ein sofortiges Ende des Krieges, sonst sind wir verloren.»

Ein sofortiges Ende des Krieges, sonst sind wir verloren. Das also war der Hintergrund von Abraham Kaufmans Redebeitrag am 16. Juni 1942 in der Union Methodist Church. Erst Leben retten, war seine Logik – alles andere ist sekun-

där. Im Juli begann die SS mit der Liquidierung des Warschauer Ghettos; täglich wurden 6000 Menschen in Gü-
terwagen verladen. Der Vorsitzende des Judenrates, Adam
Czerniaków, beging lieber Selbstmord, als sich zu fügen;
die Deutschen hielten seine Frau als Geisel. Wären wir mit
unserem heutigen Wissen nicht alle aufgestanden und hätten gesagt, was Kaufman sagte?

Eine Bestätigung der Endlösung fand in der Presse des
Westens erst im November 1942 weitere Verbreitung, als
Rabbi Stephen Wise nach unerklärlichen Verzögerungen
eine Pressekonferenz einberief, um den Inhalt eines drin-
genden Telegramms mitzuteilen, das er im August aus der
Schweiz erhalten hatte. Die *Associated Press* berichtete:
«Dr. Stephen S. Wise, der Präsident des Jüdischen Welt-
kongresses, sagte heute Abend, er habe aus Quellen, die
vom Außenministerium bestätigt worden seien, erfahren,
dass ungefähr die Hälfte der geschätzten 4000000 Juden
im nazibesetzten Europa in einer ‹Vernichtungskampagne›
ermordet worden seien.»
  Nachdem Wise sein Schweigen gebrochen hatte, gab
es zahllose Presseberichte. Präsident Roosevelt versprach
Vergeltung und zitierte, wie Churchill nicht lange davor,
Longfellow: «Gottes Mühlen mahlen langsam, mahlen aber
trefflich klein.» Jiddische Zeitungen hatten schwarze Trau-
erbalken. Und im Dezember verlas Anthony Eden, Churchills Außenminister, im Parlament eine Verurteilung der
Alliierten: «Die deutschen Behörden», verkündete Eden,
«nicht zufrieden damit, Personen jüdischer Rasse in allen
Territorien, auf die sich ihre barbarische Herrschaft aus-
gedehnt hat, die elementarsten Menschenrechte zu ver-

weigern, setzen nunmehr Hitlers häufig wiederholte Absicht, das jüdische Volk in Europa zu vernichten, in die Tat um.» Wie Roosevelt versprach Eden, die Schuldigen würden «der Vergeltung nicht entkommen». Als Eden endete, herrschte ein Augenblick Stille: eine, zwei Minuten Trauer um die Juden Europas. «Das ganze versammelte Haus erhob sich unaufgefordert – was beispiellos war – und stand in stummer Ehrerbietung für jene, die bald sterben sollten», erinnerte sich der Abgeordnete Sydney Silverman nach dem Krieg. «Wir konnten nicht viel tun, um ihnen zu helfen. Niemand wünschte, dass wir in unseren Kriegsanstrengungen in irgendeiner Weise nachließen oder in unseren Kriegsbemühungen in irgendeiner Weise schwächer würden, um jenen bedrohten Menschen Beistand zu leisten.»

Die Gräuel seien so gewaltig, schrieb *The Nation* eine Woche später, dass man die Perspektive der Geschichte abwarten müsse, um sie zu begreifen. Auch hier wurde gefragt – was tun? «Frieden mit Hitler, um Geiseln zu retten, ist ausgeschlossen», behaupteten die Redakteure. «Eine solche Kapitulation wäre für die Welt eine Katastrophe, vor allem für die Juden. Doch je härter wir kämpfen, je näher der Untergang der Nazis rückt, desto wilder wird ihre Mordmanie. Man muss in allem Ernst zugeben, dass es aus diesem grausigen Dilemma kein Entrinnen gibt.» Man konnte eben nur weiterkämpfen.

Nein, es gibt etwas Besseres, dachte Jessie Wallace Hughan, die Begründerin der War Resisters League. Hughan, eine sanfte Frau Ende sechzig mit einem breiten Lächeln, war Dichterin und Highschool-Lehrerin (sie war Kaufmans Englischlehrerin an der Textile High School gewesen). Am 27. November 1942 schrieb sie zwei anderen Pazifisten einen Brief, in dem sie sie bat, mit ihr eine Kampagne zu lancieren.

> Es scheint, die einzige Möglichkeit, Tausende und vielleicht Millionen europäischer Juden vor der Vernichtung zu bewahren, wäre die, dass unsere Regierung das Versprechen eines raschen und günstigen Waffenstillstands aussendet unter der Bedingung, dass die europäischen Minderheiten nicht weiter belästigt werden. Ich weiß, wie unwahrscheinlich es ist, dass unsere US-Regierung dies akzeptieren würde, doch wenn es die einzige Möglichkeit ist, sollten unsere pazifistischen Gruppierungen dann nicht etwas unternehmen?

Hughan hielt Vorträge über die Notwendigkeit der Rettung, sie schrieb Briefe ans Außenministerium und ans Weiße Haus, und sie und Abraham Kaufman verteilten mit Hilfe von Freiwilligen Tausende Flugblätter für den Waffenstillstand. «Wir müssen über Slogans wie ‹bedingungslose Kapitulation› hinausschauen», schrieb Hughan. «Die europäischen Juden, hilflose Opfer des Nazismus, den wir bekämpfen, werden, solange der Krieg anhält, rücksichtslos massakriert. Der Sieg wird sie nicht retten, denn eine bevorstehende Niederlage könnte das Signal zu ihrer Vernichtung sein: Nur ein Waffenstillstand kann sie retten, indem man zu seinen Bedingungen die sofortige Entlassung aller Juden in alliierte Obhut hinzufügt.» Ein unverzüglicher Frieden unter der Bedingung, die Juden und die anderen politischen Häftlinge freizulassen, könne das Ende von Hitlers Regime herbeiführen, meinte sie: «Im Reich gibt es viele Nazigegner, und Hoffnung ist eine stärkere revolutionäre Kraft als Verzweiflung.» Zu diesem Thema schrieb sie einen unverblümten Brief an die *New York Times*: «Wir müssen jetzt handeln, denn Tote können nicht mehr befreit werden.» Die *Times* druckte ihn nicht ab.

Andere Pazifisten unterstützten sie öffentlich. In einem Friedensbrief schrieb Vera Brittain, die Rettung der Juden erfordere «die Beendigung oder die Unterbrechung des Krieges und nicht seine zunehmend erbittertere Fortsetzung.» Dorothy Day schrieb im Mai 1943 im *Catholic Worker* auf der ersten Seite unter der Überschrift «FRIEDEN JETZT, OHNE SIEG, WIRD JUDEN RETTEN»:

> Wenn wir mit unserem gegenwärtigen Krieg um die bedingungslose Kapitulation fortfahren, wenn wir nur Exekutionen, Vergeltung, Bestrafung, Teilung, Schadenersatz, aber keine freundliche Teilnahme an einer gemeinsamen Nachkriegswelt versprechen, dann berauben wir nicht nur das deutsche Volk aller Hoffnung, sondern unterzeichnen auch das Todesurteil für den noch lebenden Rest der Juden. Fordern wir dagegen die Freilassung aller Juden aus den Ghettos des besetzten Europas, arbeiten für einen Frieden ohne Sieg und bieten Hoffnung, wie Wilson es in seinen vierzehn Punkten getan hat, dann besteht die Möglichkeit, die Juden zu retten.

In der nächsten Ausgabe legte Day einen detaillierten Plan vor: Einwanderungsquoten lockern, an staatenlose Juden Nansen-Pässe ausgeben, in neutralen Ländern Rückzugsorte bereitstellen und diejenigen mit Lebensmitteln unterstützen, die nicht wegkönnen: «Im Lichte dessen, dass massenhafter Hungertod der Plan des Nazi-Regimes ist, sollten die vereinigten Nationen unverzüglich geeignete Schritte unternehmen, um ein System zur Versorgung jener Opfer der Nazi-Unterdrückung zu entwickeln, die außerstande sind, den Zuständigkeitsbereich und die Kontrolle des Geschehens zu verlassen.» Die Jewish Peace Fellowship rief zu einem Waffenstillstand auf, um die Vernichtung der Juden zu verhindern und «dem weltweiten Gemetzel ein Ende zu machen».

Selbst ehemalige oder Beinahe-Pazifisten – darunter die Unterhausabgeordnete Eleanor Rathbone und der Verleger Victor Gollancz – schlossen sich dieser Ansicht an: Wenn wir Hitler kein direktes Angebot für ein freies Geleit der Juden anbieten, tragen wir eine Mitverantwortung an ihrem Schicksal. Gollancz verkaufte eine Viertelmillion einer außergewöhnlichen Flugschrift mit dem Titel «Let My People Go», in der er das Versprechen der Regierung Churchill einer Vergeltung nach dem Krieg in Frage stellte: «Diese ‹Politik›, das muss man ganz klar sagen, wird keinem einzigen Juden das Leben retten», schrieb er.

Wird der Tod, nach dem Krieg, eines lettischen oder litauischen Verbrechers oder eines jungen Nazis, der zehn Jahre lang speziell und bewusst darin ausgebildet wurde, seine Menschlichkeit zu verlieren – wird der Tod dieser Menschen die Qualen eines jüdischen Kindes, das vielleicht in diesem Augenblick, da ich an Weihnachten, drei Stunden, nachdem vor den Sieben-Uhr-Nachrichten das schöne, kindliche Kirchenlied ‹O come, all ye faithful› ausgestrahlt wurde, in einem abgedichteten Omnibus in den Tod geht, die Lungen vergiftet mit dem Ätzkalk, womit der Boden bestreut ist, um es herum Tote, stehend, weil kein Platz vorhanden ist, dass sie umfallen, auch nur um ein Jota verringern?

Jetzt, so Gollancz, komme es darauf an, und das setzte er kursiv, Leben zu retten. Die deutsche Regierung müsse umgehend gebeten werden, die Juden ausreisen zu lassen. Mit einem solchen Vorschlag würden die Alliierten nichts verlieren. «Würde er abgelehnt, dann beraube das Hitler des Vorwands, dass er es sich nicht leisten kann, unnütze Mäuler zu ernähren», schrieb Gollancz. «Würde er angenommen, wäre die Wirtschaftsblockade damit nicht gescheitert, denn Hitlers Alternative ist nicht Ernährung, sondern Vernichtung.»

Kein Verantwortlicher in Großbritannien und den Vereinigten Staaten hörte auf diese Stimme. Anthony Eden, der britische Außenminister, von Churchill mit der Flüchtlingsfrage betraut, sagte, jede Anstrengung, von Hitler die Freilassung der Juden zu erreichen, sei «absolut unmöglich». Bei einer Reise in die USA sagte Eden seinem amerikanischen Amtsgenossen, Cordell Hull, die wahre Schwierigkeit, Hitler um die Juden zu bitten, liege darin, dass «Hitler ein solches Angebot vielleicht am Ende annehmen könnte, dass es dafür aber auf der Welt schlicht nicht genügend Schiffe und Transportmittel gäbe». Churchill war derselben Ansicht. «Selbst wenn wir die Erlaubnis erhielten, alle Juden herauszuholen», schrieb er in einer Antwort auf einen Bittbrief, «stellte allein der Transport ein Problem dar, dessen Lösung schwierig wäre».

Nicht genügend Schiffe und Transportmittel? Die Marine der Vereinigten Staaten zählte über drei Millionen Mann, und die amerikanische Luftwaffe verfügte über viele tausend neuer Flugzeuge. Zwei Jahre zuvor hatten die Briten in gerade neun Tagen fast 340 000 Mann vom Strand von Dünkirchen evakuiert. Selbst bei einem kurzen Waffenstillstand hätten die Alliierten Flüchtlinge in sehr großer Zahl aus dem deutschen Machtbereich ausfliegen und transportieren können.

In der amerikanischen Presse verhallten Aufrufe zu einem Verhandlungsfrieden praktisch ungehört. Die einzige nennenswerte Aufmerksamkeit, die eine amerikanische Friedensinitiative nach 1942 erhielt, war negativ – in einem Fall vernichtend negativ, und das zu Recht. Sie entstand in Verbindung mit der Gründung eines sogenannten Peace Now Movement, das sein Büro im Juli 1943 in Manhattans East 40th Street einrichtete. Abraham Kaufman blieb der Gruppierung gegenüber misstrauisch, auch wenn er die Antikriegsschriften des neuen Vorsitzenden der Gruppierung, George Hartmann, bewunderte, und zwar nicht nur, weil sie in ihrem Namen den bewegendsten und nützlichsten Slogan seiner eigenen Organisation übernommen hatte. Ihn beunruhigte, dass das Peace Now Movement (anders als die War Resisters League) bereit war, die Unterstützung von Profaschisten und Antisemiten oder selbst vom «Teufel persönlich», so Hartmann, anzunehmen, um dem Krieg ein Ende zu machen.

Zweifel hatte Kaufman auch aufgrund der Vergangenheit eines der Organisatoren der Gruppe, John Collett, der wegen einer Geisteskrankheit eingewiesen worden war und dessen norwegisches Visum ihm ein Rüchlein des Faschistoiden verlieh. Collett jedenfalls schadete sich auf einer Vortragsreise selbst, indem er sich in Cincinnati verhaften ließ, nachdem er in die Dusche einer Studentinnenvereinigung geschaut hatte. Er wurde zu einem Bußgeld von hundert Dollar verurteilt.

Nach Colletts Rücktritt setzte eine weitere Mitarbeiterin von Peace Now, Bessie Simon, ihre freundlichen Angebote an prominente Isolationisten und Nazi-Apologeten, darunter Charles Lindbergh, fort. Auch stellte Simon eine hübsche blonde Sekretärin ein, die sich als Spitzel mit falschem Namen («Virginia Long») herausstellte und deren gestohlene Sammlung belastender Korrespondenz schon bald ihren Weg zur *New York Post* fand. PEACE NOW WIRBT JETZT BUNDISTEN AN!, lautete die Schlagzeile der Titelseite eines Enthüllungsberichts, der über eine Woche lang ging. *Life* nannte das Peace Now Movement «nicht nur gefährlich, sondern auch subversiv». Das Komitee für unamerikanische Umtriebe verurteilte eines der Rundschreiben der Gruppe, in dem Kirchenleute ermuntert wurden, ihre Gemeinde aufzufordern, Christus zu folgen und die Waffen niederzulegen. Es sei, so das Urteil des Dies Comittee, «ein Plan zum Massenverrat, in seiner Konzeption wahrhaft kolossal».

Wie von Kaufman vorausgesehen, überlagerte der Skandal um Hartmanns Peace Now Movement vieles von der Arbeit, die er und seine Kollegen geleistet hatten. Wenn man jetzt öffentlich sagte, das Morden müsse aufhören, war man nicht nur ein harmloser Einfaltspinsel, sondern ein faschistischer Trittbrettfahrer. David Lawrence zufolge, einem weithin publizierten konservativen Kolumnisten und Herausgeber von *U. S. News*, minderten Friedens-verhandlungen den Kampfeseifer der alliierten Soldaten. «Diese Waffe ist mehr wert als jede andere im Kampf gegen den Feind», beharrte er. «Daher ist es wesentlich, jedwede ‹Peace Now›-Aktivitäten bereits im Keim zu ersticken.»

Dennoch formierten sich Kaufman, Hughan und die anderen Pazifisten – die echten – neu und machten weiter. Im März 1944, als noch Tausende dem Untergang geweih-te Juden lebten, veröffentlichte die War Resisters League eine aktualisierte Forderung, die Alliierten sollten eine Friedenskonferenz einberufen und darin die Auslieferung der Juden verlangen. «Das Kriegsglück hat sich gewendet und damit auch die Verantwortung für den Krieg», schrieb Hughan. «Die Schuld liegt so lange bei uns, bis wir unse-ren Feinden eine ehrenvolle Alternative zum Gemetzel bis zum bitteren Ende anbieten. Kämpfen wir um den bloßen Sieg oder wie aufgeklärte Erwachsene um Menschlichkeit und Zivilisation?»

Anscheinend kämpften wir bloß um den Sieg. Es war undenkbar, dass wir aufhören konnten, auch wenn ein Ende der Kämpfe das Mittel war, das den dicken Leim der Furcht, der Hitler und Deutschland zusammenhielt, schneller als alles andere hätte auflösen können. 1944 ver-schlechterte sich Hitlers Gesundheit. Er war böse, aber nicht unsterblich. Ob die deutsche Opposition ihn in der jähen Ruhe eines bedingten Waffenstillstands von der Macht hätte entfernen können oder nicht, irgendwann wäre er tot gewesen. Und einige seiner Millionen Opfer hätten überlebt.

Ruhe und Frieden, das brauchte die Welt damals drin-gend. Zeit, nachzudenken und zu trauern. Zeit, ohne Angst zu schlafen. Zeit, aus den Trümmern zu kriechen, wo man auch war, und sich umzuschauen und sich daran zu erinnern, was Menschsein überhaupt bedeutet. Doch was taten wir? Bomben, brennen, sprengen und verhungern, auf die bedingungslose Kapitulation warten, die erst kam, als die Rote Armee in Berlin war. Wir erfanden ein neuartiges «klebriges, brennendes Zeug», wie die *New York Times* es nannte, das später als Napalm bekannt wurde. Alliierte Flugzeuge verbrannten die Kathedrale von Rouen, sodass die Steine bei Berührung zerbröselten, zerstörten Monte Cassino und töteten bei einem einzigen Bombenangriff auf Mailand 200 Schulkinder. Der konservative Unterhausabgeordnete Reginald Purbrick, der gefordert hatte, die Royal Air Force solle eine große Bombe in den Krater des Vesuv werfen («um den Praxistest durchzuführen, ob die dadurch ausgelösten Erschütterungen zu schweren Erdbeben und Ausbrüchen führten»), fragte bei seinem Premierminister an, ob die Royal Air Force nicht Dresden und andere Städte im Osten Deutschlands bombardieren könne. Churchill tat ihm schließlich den Gefallen. Reue funktioniert gut, aber nur in Friedenszeiten.

Als Vera Brittain in ihrer 1944 erschienenen Broschüre *Massacre by Bombing* gegen das alliierte Programm der Auslöschung der Städte argumentierte, fiel das Writer's War Board, ein von der Regierung finanziertes amerikanisches Propagandabüro, hemmungslos über sie her. MacKinlay Kantor (später der Co-Autor von Curtis LeMays Memoiren, desjenigen, der meinte, man solle Vietnam «in die Steinzeit zurückbomben») veröffentlichte einen Brief in der *Times*, in dem er Brittains «ängstliches Gefasel» abtat. Die Japaner und die Deutschen verstünden die «Sprache der Bomben» sehr wohl, so Kantor. «Mögen wir sie weiter sprechen, bis sich jede Notwendigkeit für eine solch grausame Redekunst erledigt hat.»

Einige Historiker, die noch immer glauben, Bombardieren habe eine magische Kommunikationskraft, folgern aus diesem traurigen Abschnitt der Geschichte, die Alliierten hätten die Gleise bombardieren sollen, die zu den Todeslagern führten, oder die Lager selbst. Doch Bombardieren hätte rein gar nichts bewirkt, außer noch mehr Juden zu töten (und Juden starben schon, wenn alliierte Kampfflugzeuge routinemäßig fahrende Güterzüge unter Beschuss nahmen). Ein Waffenstillstand – «eine Pause im Wahn der Feindseligkeiten», wie Vera Brittain es in einem ihrer Mitteilungsblätter nannte – war die einzige Chance, die den Alliierten blieb, um Juden das Leben zu retten, und die Pazifisten forderten ihn regelmäßig unter Nutzung aller Mittel, die ihnen zur Verfügung standen.

Sie wurden ignoriert. Der Holocaust ging weiter, die Brandbomben fielen weiter: Zwei parallele, unvereinbare, aus dem Krieg geborene Leviathans sinnloser Böswilligkeit, die einander nährten und die beide hätten aufgehalten werden können, lange bevor es endlich geschah. Die Mühlen Gottes mahlten die Städte Europas – ganz langsam – zu Pulver, und dann bissen die Obernazis auf ihre Zyanidpillen oder wurden in Nürnberg hingerichtet. Auf der ganzen Welt starben sechzig Millionen Menschen, nur damit Hitler, Himmler und Göring Selbstmord begehen konnten? Wie unfassbar lächerlich und tragisch.

Der Pazifismus in seiner besten Form ist, so Arthur Ponsonby, «ungemein praktisch». Sein oberstes Ziel ist es, Leben zu retten. Zu diesem vorrangigen Zweck stellten sich die Pazifisten gegen die kontraproduktive Barbarei des alliierten Bombardements und machten aktiv Vorschläge zur Rettung der Juden. Rückzugsorte schaffen, einen Waffenstillstand ausrufen, einen Frieden aushandeln, der das freie Geleit der Flüchtlinge garantierte. Wir hätten es versuchen sollen. Wäre der Waffenstillstandsplan gescheitert, dann wäre er eben gescheitert. Den Kampf hätten wir danach immer noch wiederaufnehmen können. Es nicht versucht zu haben, macht uns schuldig.

Bei einem Treffen der Jewish Peace Fellowship in Cincinnati einige Jahre nach Kriegsende wurde Rabbi Cronbach gefragt, wie man als Pazifist nur gegen den Zweiten Weltkrieg habe sein können. «Der Krieg war Hitlers Nahrung», antwortete Cronbach. «Als die Alliierten begannen, Deutsche zu töten, drohte Hitler, für jeden getöteten Deutschen würden zehn Juden getötet, und diese Drohung wurde wahr gemacht. Wir in Amerika sind nicht frei von Verantwortung für diese jüdische Katastrophe.»

Wenn wir Pazifisten wie Cronbach, Hughan, Kaufman, Day und Brittain nicht ernst nehmen – die Leute, die über Kriege und ihre Folgen ebenso ernsthaft nachdachten wie Politiker, Generäle oder Mitarbeiter von Thinktanks –, bleiben wir für immer in einem lähmenden, zähen Papp aus Euphemismus und Selbstbetrug stecken. Wir werden über Intervention, Präemption und Flugverbotszonen sprechen, und wir werden Kinder tötende Drohnen in fernen Ländern herumfliegen lassen. Wir werden die Welt bewaffnen, und immer mal wieder werden wir uns gerechtfertigt fühlen, einige unserer Stealth-Bomber aus ihren klimatisierten Hangars herauszuholen und teure Bomben abzuwerfen. Iran? Pakistan? Nordkorea? Und wenn wir «die Flughäfen zerbomben», wie Senator Kerry vorschlug, um Gaddafi aufzuhalten? Während ich dies schreibe, haben die Vereinigten Staaten einen neuen Krieg gegen Libyen begonnen und werfen den Leuten im Namen der humanistischen Intervention weiter Sachen auf den Kopf.

Wann werden wir diese wesentliche Wahrheit begreifen? Der Krieg funktioniert nie. Er hat noch nie funktioniert. Er macht alles nur noch schlimmer. Kriege müssen, wie Jessie Hughan 1944 schrieb, «als wirkungsloses und unmenschliches Mittel zu jedem Zweck, wie gerecht auch immer», aufgegeben, abgelehnt, verurteilt werden, immer wieder. Das, würde ich sagen, ist die Lektion, die uns die Pazifisten des Zweiten Weltkrieges zu erteilen haben.

(2011)

Die Sprache, die wir nicht können, kennen wir nicht

Letzten Monat ging ich an einem Samstag in den Lafayette Park in Washington, D.C., gleich gegenüber vom Weißen Haus, um gegen mehrere Kriege zu protestieren. Die Eichhörnchen waren unterwegs und machten jahreszeitgemäße Sachen. Ein Baum balancierte große Knospen auf den Fingerenden seiner geschwungenen Zweige; die braunen Knospendeckel, die aussahen wie Geckohaut, zogen sich zurück, um Innenblätter von fleischigem Magnolienpink zur Schau zu stellen. Ein Polizist mit Sonnenbrille, auf dem Kopf einen blau-weißen Helm, saß auf einem Clydesdale-Pferd, und zwei Touristen, Vater und Tochter, schauten dem Pferd in die Augen. Die fahle Vorfrühlingsperfektion des Tages brachte mich zum Blinzeln; ich lächelte.

Die Demonstration sollte offiziell erst um Mittag beginnen, doch in der Ferne hatten sich schon ein paar hundert Leute vor einem Podium versammelt, das mit einer Reihe schwarz-weißer *Veterans for Peace*-Fahnen geschmückt war. Es war der 19. März, der achte Jahrestag der ‹*Shock-and-Awe*›isierung des Irak, und Erwartungen lagen in der Luft: An dem Tag würde es zu Verhaftungen kommen. Ich setzte mich auf eine Bank und sah zu, wie Freiwillige Lautsprecher aufstellten. Die Vögel tschilpten, so viel sie nur konnten, bevor der menschliche Lärm begann. Eine Frau,

den Arm voller schwarz-rot-schwarzer Schilder, ging vorbei. Auf den Schildern stand:

SCHLUSS MIT DEN KRIEGEN

DIE LÜGEN ENTLARVEN

FREIHEIT FÜR BRADLEY MANNING

Jay Marx, Leiter von Proposition One, einer Gruppierung,
die sich für nukleare Abrüstung einsetzt, trat ans Mikrophon. Er trug eine Strickmütze. «Test, eins, zwei, drei»,
sagte Marx ins Mikrophon. «Unsere Geduld testen, vier,
fünf, sechs, sieben, acht Jahre Krieg testen. Acht Jahre Lügen! Und wir sind live! Dieser Park ist live! Die Vets for
Peace im Lafayette Park sind live!» (Jubel.)

Code Pink, eine Antikriegs-Frauengruppe, war für die
Abläufe am Vormittag verantwortlich. Jodie Evans, die
Gründerin von Code Pink, sang «When we make peace
instead of war» nach der Melodie von «Oh when the saints
go marching in». Sie trug einen schwarzen Hut und eine
pinkfarbene Weste. Sie stellte eine pensionierte Oberstin
vor, Ann Wright, die ihre Stelle im Außenministerium
2003 gekündigt hatte, weil sie den Einmarsch in den Irak
nicht billigen konnte. «Ich sage euch, wenn Code Pink im
Haus ist, dann wisst ihr's!», sagte Wright unter beifälligem
Gejohle. Sie zeigte über die Straße. «Und das Weiße Haus
weiß es auch!» Wright erzählte uns, sie sei gerade aus Afghanistan zurückgekehrt, wo die Regierung Obama einen
Botschaftskomplex für 500 Millionen Dollar baue. «Das
wird die größte Botschaft der Welt – noch größer als die in
Bagdad», sagte sie. «Als pensionierte Oberstin, als ehemalige Mitarbeiterin im Außenministerium und als Bürgerin

sage ich, dass es unsere Pflicht ist, Krach zu schlagen! Lärm zu machen! Damit es aufhört mit diesen endlosen Kriegen und wir uns um Amerika kümmern!» (Großer Jubel.)

Ich lief noch schnell weg, um A A-Batterien für mein Aufnahmegerät zu kaufen, und als ich zurückkam, sang gerade eine Gruppe namens Songrise eine herzzerreißende A-cappella-Version von John Lennons «Imagine». Die Menge war jetzt größer geworden, ungefähr achthundert Leute. Auch mehr Polizei war präsent.

Caroline Casey, eine weitere Förderin von Code Pink, trat aufs Podium, um mit kräftiger Altstimme zu erklären, was es bedeute, in einer Zeit der Frühlingstagundnachtgleiche und des Mond-Perigäums für den Frieden einzutreten. Sie forderte uns auf, das Beste von uns in die «Memosphäre», wie sie sagte, zu schleudern. Auch zitierte sie Hafiz, einen persischen Dichter: «Der kleine Mann baut für jeden, dem er begegnet, Gefängnisse, die weise Frau jedoch duckt sich unter den Mond und wirft den schönen und groben Gefangenen die Schlüssel zu.» Sie selbst warf dem jungen Wikileaker Bradley Manning, der in Quantico in Einzelhaft sitzt, einen bildlichen Schlüssel zu, und einen zweiten Präsident Obama, damit er das Unrecht von Mannings Haft erkenne. Obama selbst sei, sagte sie, «ein Gefangener des Imperiums».

Eine Schar Code Pinker stellte sich in einer Reihe auf und öffnete siebzehn pinkfarbene Schirme, auf denen zu lesen war: «BRINGT UNSERE KRIEGS-$ $ HEIM». Inzwischen waren rund fünfzehnhundert Menschen da. Eine kleine, aber engagierte Gruppe Pro-Verteidigungs-Demonstranten – meiner Zählung nach acht – stand auf der Straße und hielt Fahnen hoch. Einige ihrer Plakate schienen aus einer anderen Zeit zu stammen: CHE IST TOT, KOMMT DRÜBER WEG (gehalten von einer Frau mit Sonnenbrille) und JANE FONDA VERRÄTERIN (von einem Mann in einer schwarzen Biker-Jacke). Eine Frau mit einem riesigen roten Hut mit roter Schleife hielt ein Plakat mit der Aufschrift:

ICH STEHE FÜR
CODE ROT, WEISS & BLAU
NICHT PINK & GELB

Ich ging wieder näher zum Podium, um mir einige der Vets-for-Peace-Redner anzuhören. Mike Ferner, der während des Vietnamkrieges in einem Marinelazarett gearbeitet und *Inside the Red Zone* geschrieben hatte, gab den Conférencier – man mochte ihn auf den ersten Blick, und sein ergrauender Haarschopf wuchs stark asymmetrisch. Er stellte Debra Sweet vor, die Direktorin von World Can't Wait, einer weiteren Antikriegs- und Anti-Besatzungs-Gruppe, die ihre Anfänge in der Ära Bush gehabt hatte. «Wir müssen uns gegen diese unmoralischen, unrechtmäßigen Kriege und die Folter, die in unserem Namen begangen wird, zur Wehr setzen», sagte sie. «Bis gleich vor dem Weißen Haus!» (Riesiger Jubel.)

Caneisha Mills, die gegen die Stadt Washington erfolgreich prozessiert hatte, weil diese in armen Vierteln militärisch wirkende Polizeikontrollpunkte eingerichtet hatte, sagte: «Der Präsident der Vereinigten Staaten, Barack Obama, hat gesagt, er wolle in den Vereinigten Staaten etwas ändern. Aber die Änderungen, die wir gesehen haben, sind nur zum Schlechteren.» Obama und die Regierung behaupteten – fälschlicherweise –, es gebe kein Geld für

Bildung und Gesundheitsfürsorge, meinte Mills – und jetzt verlange er eine Militärintervention in Libyen, sogar noch nachdem Libyen einen Waffenstillstand verkündet habe. «Wir sehen, dass ihn nur Besatzungskriege und massives Gemetzel interessieren», sagte Mills.

Zach Choate, im Irak verwundet, verlas einen Brief an den lieben Mr. Obama, dann rollte er ihn auf und steckte ihn in ein Pillenfläschchen, das eines der Medikamente enthalten hatte, die er seit dem Krieg nehmen muss. «Sie haben gesagt, Sie wollten meine Brüder und Schwestern nach Hause holen, aber sie sind immer noch dort», las er. «5938 meiner Kumpel sind gestorben. Ich bin heute hier, um friedlich in zivilem Ungehorsam meine Ablehnung dieser Kriege zu bekunden.»

Ich schlenderte durch die Menge und fotografierte das einen Meter achtzig lange maßstabsgetreue Modell einer Reaper-Drohne. Sie war grau angemalt, hatte breite Flügel mit Geschossen darunter, die rote und orangefarbene Spitzen hatten, und sie hing über unseren Köpfen an einer Stange. Wie wäre unser Alltag, veranlasste sie uns zu fragen, wenn wir in einem Land lebten, in dem echte Drohnen weit über uns herumflögen und per Fernsteuerung morden könnten? Das würde uns extrem radikalisieren und den Terror befördern – ganz klar.

Eine Frau hielt ein weißes Tuch mit Parolen darauf: «How Many Lives Will You End? How Many Billions Will You Spend? Before You End This Madness? [Wie viele Leben wirst du beenden? Wie viele Milliarden ausgeben? Bevor du diesen Wahnsinn beendest?]» Unterdessen sprach jemand – seinen Namen kriegte ich nicht mit – über den dichten «F. O. G. [Nebel]» bzw. die «Forces of Greed [Kräfte der Gier]», die uns umgäben. «Präsident Obama – mit seinem ganz reizenden Lächeln und seiner reizenden Familie und der schönen Rhetorik – täuscht die Menschen manchmal. Jetzt wissen wir, dass er ein Teil des F.O.G. ist. Der F.O.G. muss gelichtet werden.»

Eine Frau schüttelte mir die Hand und sagte: «Du kommst mir so bekannt vor – sind wir schon mal zusammen verhaftet worden?» Ich sagte, nein, ich sei noch nie verhaftet worden.

Später kam auch noch Ralph Nader. Er begann mit ein paar mitfühlenden Worten für die Opfer der Katastrophe in Japan. Dann sagte er: «General Petraeus hat gesagt, in Afghanistan gebe es schätzungsweise fünfzig al-Qaida-Leute. Warum zerschlagen wir dieses Land? Warum schicken wir Tag für Tag Verwundete und Kranke nach Hause?» Auch den Irak haben wir zerschlagen. Er zitierte eine Wortschöpfung aus dem unlängst erschienenen Buch *Erasing Iraq*: «Soziozid».

Ein Mensch mit gelb gefärbten Haaren, der in meiner Nähe stand, drehte Nader abrupt den Rücken zu und sagte: «Ich bin auf dieses Arschloch immer noch wegen Florida sauer.» Aber alle anderen klatschten. Wie es komme, fragte Nader, dass fünfundzwanzig- oder fünfzigtausend Taliban-Kämpfer ohne Luftwaffe, ohne Marine, ohne Panzer – bewaffnet lediglich mit Kalaschnikows, Selbstmordgürteln und raketengetriebenen Granaten – der mächtigsten Armee der Geschichte Widerstand leisten können? «Weil sie», so Nader, «für eine Sache kämpfen, die da sagt: ‹Vertreibt den Eindringling.› Den Eindringling zu vertreiben, wird auf immer die Sache eines jeden sein, der überfallen wird.»

Nun ging ein mit Isoband umwickelter Eimer mit Spenden für Vets for Peace herum, und auch ich stopfte etwas Geld hinein. Dann nahm sich Brian Becker von der Answer Coalition, einer sozialistischen Gruppierung, die vor dem Irakkrieg einige der größten Friedensdemonstrationen organisiert hatte, die Intervention Libyens vor, die am Morgen mit dem Abschuss von hundert Marschflugkörpern begonnen hatte. «Wir müssen die Lektionen lernen, die kristallklar sind, während Obama, das Pentagon, Frankreich und Großbritannien in den nächsten Stunden Vorkehrungen treffen, um den Menschen in Libyen im Namen der Demokratie Bomben auf den Kopf zu werfen», sagte Becker. «Das müssen wir wissen: Libyen ist Afrikas größter Erdölproduzent, und es ist völlig ausgeschlossen, dass die USA, wenn sie nach Libyen reingehen, je wieder rauskommen.» Libyen müsse sein Schicksal selbst bestimmen können, fuhr er fort. «Wir weisen die Vorstellung zurück, die uns wieder mal eingetrichtert wird, dass der US-Imperialismus mit all seinen Gewehren, Bomben und Raketen einem unterdrückten Volk hilft. Die einzige Hilfe, die wir den Menschen in Libyen, Ägypten, Tunesien und dem Jemen leisten können, ist, dass wir hier unsere eigene Revolution machen!» (Gejohle und Jubel.)

Watermelon Slim, ein zerfurchter Country-Blues-Sänger und Vietnamveteran in einem Tarn-T-Shirt, forderte Präsident Obama auf, zuzuhören: «Mr. Obama, diese Kriege waren Bushs Kriege», sagte er. «Es sind nun Ihre Kriege. Ich sage das nicht gern, aber es ist so.» Vietnamveteranen, sagte Slim, stünden nun vor dem Weißen Haus, um ihre Opposition kundzutun, so wie sie es schon 1971 getan hätten: «Mr. Obama, das haben Sie mit Mr. Nixon gemeinsam.

Wir achten darauf, was Sie tun. Wir sagen: Holen Sie unsere Brüder und Schwestern nach Hause, sofort!»

Jemand gab mir ein Flugblatt für den nächsten Protest, am 9. April in New York. Jemand anderes gab mir ebenfalls ein Flugblatt: «Wie wirkt sich die Kriegswirtschaft auf Sie aus?» Es war von der Smedley D. Butler Brigade der Veterans for Peace. Darauf stand ein Zitat von General Smedley Butler vom Marine Corps (1881–1940): «Ich war 33 Jahre als erstklassiger Muskelmann für die Großindustrie, die Wall Street und die Bankiers bei den Marines», schrieb Butler. «Die furchtbare Rechnung an Leben, zerrüttetem Geist und zermürbenden Steuern wird auf Generationen der Öffentlichkeit aufgebürdet.»

Dann kam Daniel Ellsberg, ehemaliger Kompaniechef beim Marine Corps und Verbreiter von Geheimnissen über den Vietnamkrieg. Er trug einen blauen Blazer, ein blaues Hemd und eine nüchterne Krawatte. Er stand nur wenige Wochen vor seinem achtzigsten Geburtstag. Er sah großartig aus. «Kann ein Mensch etwas ausrichten?», fragte Ellsberg. «Ich würde sagen, hätte Bradley Manning nicht die Telegramme, die zum Aufstand in Tunesien führten, durch Wikileaks bekanntgemacht – dazu die Selbstopferung eines Tunesiers namens Muhammad Bouazizi, der sich aus Protest gegen die Unterdrückung dort verbrannte –, ohne diese beiden Personen wäre Ben Ali, de dortige Diktator, den wir unterstützten, noch immer da. Und Mubarak wäre noch in Ägypten. Ein Mann kann also doch etwas ausrichten.»

Ellsberg fragte uns, ob wir die beiden Sprachen Afghanistans kennen würden. Fast keiner im Publikum kannte sie. «Die beiden Sprachen sind Dari – was Ost-Farsi oder

Persisch ist – und Paschto», sagte er. «In Vietnam hat keiner von uns deren Sprache gesprochen, doch wir kannten die Sprache, die wir nicht konnten – wir wussten, dass es Vietnamesisch war. Jetzt kämpfen wir in einem Land, in dem wir die Sprache, die wir nicht können, nicht kennen.»

Könige, sagte Ellsberg, sperrten einst ihre Kritiker in Verliese, bis sie vergessen waren. Die Franzosen, erinnerte er uns, bezeichneten diese Verliese als *oubliettes*. Könige erklärten Kriege auch ohne Zustimmung durchs Parlament. Bradley Manning sei nun in einer *oubliette* in Quantico, weil er Amerikas Kriegsverbrechen offengelegt habe, und die Intervention in Libyen sei, wie die Koreas, ein illegitimer Krieg, der ohne Zustimmung des Kongresses geführt werde. Präsident Obama glaube, er sei im Oval Office in einem Thronsaal, sagte Ellsberg, mit einer Krone auf dem Kopf. Es liege an uns, ihm diese Krone herunterzuschlagen. (Wilder Jubel, auch trillerndes Indianer-Kriegsgeschrei.)

Ellsberg sagte: «Eine der Gruppen auf dem Tahrir-Platz, die einige Zeit lang gegen Mubarak gekämpft hat, nennt sich Kifaja, ‹genug›. Wir brauchen eine ‹Genug›-Bewegung: Genug mit dem Imperium, genug mit imperialen Kriegen, genug mit *oubliettes*.» Und er endete mit: «Dies ist ein guter Tag, um vor dem Weißen Haus verhaftet zu werden, und morgen in Quantico.» (Tosender Beifall.)

Mike Ferner trat ans Mikro. «Falls ihr vorhabt, euch verhaften zu lassen, und dazu Fragen habt, hier hinter der Bühne ist Matt Daloisio. Kommt rauf und besucht Matt.» Sei man verhaftet worden, müsse man hundert Dollar bezahlen, um freizukommen, sonst habe man später vor Gericht zu erscheinen, riet Ferner. Er stellte Chris Hedges vor, einen Kolumnisten von *Truthdig*, der sagte: «Wenn ihr den

Terrorismus stoppen wollt, müsst ihr erst aufhören, Terrorakte zu begehen.» Dann gab Ferner uns Anleitung für den Marsch. «Das wird ein Schweigemarsch», sagte er. «Wir müssen uns daran erinnern, weswegen wir hier sind, nämlich um den achten Jahrestag des Einmarschs im Irak zu begehen. Wir sind zu einem ernsten Zweck hier. Also verhalten wir uns auch entsprechend, seien wir auf unserem Marsch zielbewusst und überlegt.» Er dankte uns fürs Kommen und sagte dann: «Ich möchte dem noch eine persönliche Sache anfügen, die mir schon länger auf den Nägeln brennt.» Die Menschen in Afghanistan und im Irak seien die Hauptleidtragenden der militärischen Aggression, sagte Ferner, während unsere Städte, unsere Veteranen und unsere öffentlichen Einrichtungen alles Kollateralschäden seien. «Unsere Infrastruktur und öffentlichen Einrichtungen werden zwar nicht bombardiert, aber man lässt sie langsam verrotten. Und das muss aufhören.»

Der letzte Redner war Ryan Endicott, ein Marine-Veteran aus dem Irak. Er war mächtig empört und redete so laut, wie seine Lungen es nur hergaben. «Als wir zur Armee gingen, hoben wir die rechte Hand, und wir schworen, dieses Land gegen alle äußeren und inneren Feinde zu verteidigen», sagte er. «Und die größten Feinde des Volkes dieses Landes leben nicht im Sand des Irak. Sie leben nicht in den Höhlen Afghanistans.» Er zeigte aufs Weiße Haus. «Sie leben hundert Meter entfernt!» (Zustimmendes Brüllen.)

Endicott sagte: «Wir kennen die Wirklichkeit dieser brutalen Besetzungen, und wir wissen, dass diese Leute nicht unsere Feinde sind. Tatsache ist, dass diese Kriege das amerikanische Volk mehr als nur Leib und Leben gekostet haben.» Die Kriege hätten Billionen Dollar gekostet – Billionen, die in kostenlose Bildung und Gesundheitsfürsorge hätten fließen können, die Millionen davor bewahrt hätten, ihr Haus zu verlieren, und die Tausenden obdachloser Veteranen geholfen hätten, von der Straße wegzukommen. «Und deshalb sind wir hier heute auf den Straßen! Den Straßen, die wir gebaut haben! Mit unserem Schweiß, unseren Tränen und unserem Blut!»

Revolutionärer Wandel sei möglich, glaubte Endicott: Harvey Milk, Martin Luther King, das Volk von Tunesien, das Volk von Ägypten, alle hätten sie einen revolutionären Wandel herbeigeführt. «Wir werden unsere Arbeitsplätze verlassen. Wir werden unsere Fabriken und unsere Schulen schließen. Und wir werden dieser Regierung sagen: Keinen Dollar mehr! Keine Kugel mehr! Keine Bombe mehr! Keinen Tag des US-Imperialismus mehr!» (Beifallskakophonie.)

Die Leute machten sich nun daran, ihre Transparente und Plakate herzurichten und sich für den Marsch aufzustellen. «Solange alle noch warten, wollt ihr bitte die Kopfbedeckungen abnehmen?», sagte Watermelon Slim. «Außer denjenigen, die chemische Geräte tragen.» Dann ging er in Habachtstellung. «Präsentiert – das Gewehr!» Er spielte auf seiner Mundharmonika den Zapfenstreich, mit langsamem, schwermütigem Vibrato. «Wir müssen trauern, wir müssen aber auch unsere Wut zeigen», sagte er. «Wir müssen die Last dieses Krieges gleichmäßig verteilen. Geben wir auch ihnen etwas davon zu tragen. Kommt.»

Dann setzten wir Marschierenden uns in Bewegung, angeführt von einem Veteranen aus dem Zweiten Weltkrieg, 90. Infanteriedivision der Dritten Armee. Schweigend gingen wir durch mehrere Straßen westlich des Weißen Hauses (offenbar wollte die Polizei nicht, dass wir es umrundeten), und dann, eine halbe Stunde später, versammelten wir uns wieder da, wo wir losgegangen waren, vor dem schwarzen, spitzen Zaun des Weißen Hauses.

Jetzt waren viele Polizisten da: auf Motorrädern, Parkpolizei, Berittene, K-9-Polizisten und finstere SWAT-Teams in schwarzen Kappen und schwarzer Uniform, deren Hosen in hohe schwarze Stiefel gestopft waren. Es war eine seltsam vielfältige Vorführung von Polizei«schutz». Sie schleppten Teile eines metallenen Absperrzauns herbei. Sie hakten sie aneinander und sperrten damit eine große Fläche öffentlichen Gehwegs und Straße ab. (Die Straße, die Pennsylvania Avenue, ist normalerweise für Fußgänger geöffnet und für Autos gesperrt.) Und dann verkündeten sie, wenn man auf der falschen Seite des provisorischen Zauns stehe, werde man verhaftet. Mit anderen Worten, die Polizei schuf einen potenziellen Verstoß, wo kein Verstoß sein sollte. Stand man nun auf einem öffentlichen Gehweg, an einer Stelle, wo noch Augenblicke zuvor Leute ungestört herumgelaufen waren, konnte man wegen «Ungehorsams gegen eine offizielle Aufforderung» verhaftet werden. Ich fand das lächerlich und wollte mich verhaften lassen. Doch nachdem ich meine Geldbörse befragt hatte, wurde mir klar, dass ich, weil ich den Veterans for Peace vierzig Dollar gespendet hatte, nicht mehr genug Bargeld besaß, um mich auszulösen. Nächstes Mal, dachte ich.

Über tausend von uns standen vor dieser neuen Barrikade und brüllten, zusammen mit dem heiseren Megaphonisten: «So sieht Demokratie aus!» Und: «Geld für Jobs und Bildung, nicht für Kriege und Besetzung!» Und: «Schluss mit den Kriegen! Freiheit für Bradley Manning!»

Und: «Von Wisconsin zum Irak, steht auf, wehrt euch!»
Und: «Die sagen, mehr Krieg, wir sagen, keinen mehr!»
Auf einmal spürte ich die wachsende Macht einer empör-
ten Menge. Sie hatte eine andere Überzeugungskraft als jedes verbale Argument. Ich sah einen Blinden im Rollstuhl,
dem mehrere Finger fehlten und der rief: «USA raus aus
Nahost. Keine Gerechtigkeit, kein Frieden.»

Schließlich wurden an jenem Nachmittag vor Präsident Obamas Weißem Haus hundertdreizehn Demons-
tranten verhaftet. (Obama war derweil in Südamerika, um
Brasilien F-18-Kampfflugzeuge zu verkaufen.) Die Verhaftungen zogen sich über Stunden hin. Jemand rief: «Ihr
verhaftet die Falschen! Verhaftet Bush I, verhaftet Bush II,
verhaftet Obama!» Eine der Frauen stieß, als sie im Haftzelt
angekommen und nicht mehr zu sehen war, eine Reihe von
Protestschreien aus, dass einem das Blut gerann. «Mal sehen, was passiert», rief jemand. Als ein Gefangenenwagen
abfuhr, rief jemand: «Der Wackelpudding im Knast taugt
nichts, esst den bloß nicht.»

Letztendlich musste das SWAT-Team zusätzlich zu den
Wagen zwei Stadtbusse anfordern, um die Verhafteten ab-
zutransportieren. Auf beiden Bussen war eine Werbung
von McDonald's: «PUTS THE A. M. BACK IN AMAZING.»
Die Polizei parkte die Gefängniswagen und die Busse so,
dass die Menge die Verhaftungen nicht zu Gesicht bekam.
Als ein Mann mit einem Pferdeschwanz hinten in einen
Gefangenenwagen gestoßen wurde, las eine Frau in unserer Menge den Teil aus der Verfassung, nach dem der
Kongress das Recht des Volkes, «sich friedlich zu versammeln und die Regierung zu einer Beseitigung von Miss-
ständen aufzufordern», nicht einschränken könne. Ich ap-

plaudierte ihr. Es stand außer Frage, dass die Polizei der Öffentlichkeit das Recht auf eine friedliche Versammlung verweigerte.

Jubel erscholl, als Daniel Ellsberg, vierzig Jahre nach der Anklageerhebung gegen ihn wegen der Verbreitung der Pentagon-Papiere, zu einem Arrestzelt geführt wurde. Er wandte sich zum Weißen Haus und ließ sich von einem Polizisten fotografieren. Man fesselte ihm die Hände mit Kabelbinder auf den Rücken. Er machte uns mit den gefesselten Händen ein doppeltes Peace-Zeichen.

Als alle Verhaftungen getätigt waren, sammelte ein Cop ein paar «Freiheit für Bradley Manning»-Plakate ein und steckte sie im Kofferraum seines Streifenwagens in einen Müllsack.

(2011)

Painkiller Deathstreak

Bis letzten Herbst hatte ich noch nie den Controller eines Videospiels in der Hand gehabt. Was ein ziemlich trauriges Geständnis ist, ungefähr so, als hätte ich 1966 gesagt, ich hätte noch nie *Bonanza* gesehen oder einen Song von den Rolling Stones gehört. Mein sechzehnjähriger Sohn und seine Freunde – allesamt höfliche, lustige, gutherzige Jungs – spielen praktisch täglich Videospiele. Sie sehen nicht viel fern, dazu haben sie keine Zeit. Die meisten spielen sie auf einer Xbox-360-Konsole – nicht auf dem Wii oder der PlayStation 3 –, und in den meisten wird getötet und gestorben. Das Größte in der ersten Hälfte des letzten Jahres war *Nazi Zombies*, ein Mini-Game, das bei dem Bestseller *Call of Duty: World at War* dabei war. Darin verstecken Sie und Ihre Freunde sich in einer Ruine, und gelbäugige Zombies in Naziuniform kriechen grummelnd und fuchtelnd auf Sie zu und wollen Ihren Kopf fressen. Sie müssen Sie erschießen, erstechen oder in Brand setzen, und es kommen einfach immer mehr davon. Haben sie einen umzingelt, ruft man «He, sie haben mich!», dann kämpft sich ein Freund heran und rettet einen. Ist man dem Tode nahe, ruft man «He, beleb mich wieder!», dann setzt ein Freund einem eine wiederbelebende Spritze. Es wird viel und heftig gelacht.

Nazi Zombies habe ich noch immer nicht gespielt. Aber seit letztem Herbst habe ich mir einige der größten neuen Spiele gekauft und sie ausprobiert. Ich sage «probiert», denn als Erstes habe ich gelernt, dass Videospiele – zumal die heftigen, brutalen – ungeheuer schwer zu spielen sind. Sie demütigen einen. Sie machen einen fertig. Sie bringen einen immer wieder um. Irgendwann lernt man dann, wie man durch Gras robbt und kriecht und sich hinter Kisten versteckt. Man kämpft sich durch eine bestimmte Tür und steigt zum nächsten Level auf. Auf einmal findet man sich clever und wird euphorisch. Man lädt mit einem beruhigenden metallischen Klicken nach und macht weiter.

Erst einmal muss man den Controller beherrschen. Auf dem der Xbox 360, der aussieht wie ein Katamaran, gibt es siebzehn mögliche Kontaktpunkte. Es gibt den linken Trigger und den rechten Trigger, den linken Bumper und den rechten Bumper, zwei pilzförmige Joysticks, ein rundes, in vier Richtungen bewegbares Pad, zwei kleine weiße Tasten, jede mit einem Dreieck darin, und in der Mitte eine silberne Kuppel, die grün leuchtet, wenn man sie drückt. Dann gibt es die äußerst wichtigen Farbtasten: das blaue X, das grüne A, das rote B und das gelbe Y. Auf dem ein wenig kleineren Controller der Sony PlayStation 3 sind die Tasten ähnlich, nur dass man statt der bunten Lettern das grüne Dreieck, das rosa Viereck, das rote O und das blaue X hat. (Die blaue X-Taste der PlayStation 3 ist an einer anderen Stelle als die blaue X-Taste auf der Xbox 360 – Irrsinn.) Zum Rennen, Sich-Ducken, Zielen, Feuern, Innehalten, Springen, Sprechen, Stechen, Packen, Treten, Zerstückeln, Aufschließen, Kriechen, Klettern, Parieren, Rollen oder um einen gefallenen Kameraden wiederzubeleben, muss man diese verschiedenen Tasten drücken, antippen oder damit wackeln, einzeln oder kombiniert, und winzige, genaueste Vorgänge initiieren, die bei jedem Spiel wieder anders sind. Es ist ein wenig, als spielte man «Blue Rondo à la Turk» auf der Klarinette, wechselte dann zum Tenorsaxophon, dann zur Oboe und wieder zur Klarinette.

Als Zweites lernte ich bei Videospielen, dass sie lang sind. Sehr, sehr lang. Ein Spiel zu spielen, ist nicht wie einen neunzig Minuten langen Film ansehen, vielmehr die gesamte Staffel einer Fernsehserie – und das im Zustand starrender Konzentration und zusammengebissener Zähne. Ist man gut, kann es bei einem durchschnittlichen Spiel fünfzehn Stunden dauern, bis man durch ist. Ist man nicht gut, wie ich, und stößt ständig gegen Wände oder springt auf, wenn man angegriffen wird, dauert es mehr als doppelt so lang.

Andererseits können diese Spiele auch schön sein. Die «Karten» oder «Level» – also die dreidimensionalen physischen Räume, in denen die eigene Figur sich bewegt und handelt – sind manchmal wahre Wunder an erforschbarer Spezifität. Man sieht an einer Reihe halb zerstörter Gebäude ein an den Rändern erhelltes, satt schimmerndes Licht wie zur goldenen Stunde, und man möchte ein paar Minuten innehalten, nur um es zu genießen. Aber Achtung – gerade da kann man von einem Heckenschützen erwischt werden. Also kühl bleiben.

Das erste Spiel, das ich kaufte, war *Halo 3: ODST*, von Bungie entwickelt und letzten September bei Microsoft Game Studios erschienen. Es ist keines der richtig schönen Spiele, aber es ist lehrreich. Das *Halo* war Microsofts erster Hit auf der Xbox, 2001 war das, und dieses ist das neueste

Angebot dieser langen Serie. Es spielt im Jahr 2552, und im Weltraum ist Krieg. ODST steht für «Orbital Drop Shock Troopers» – Leute, die Sachen wie «Ihr kennt die Musik, Zeit zu tanzen» sagen und dann durch die Atmosphäre in die Schlacht hinabspringen. Ich sprang nach New Mombasa, in Afrika, das aussah wie ein düsteres Parkhaus aus Gussbeton, aber mit prachtvollen Treppenhäusern. Eine Allianz aus bösen Wesen namens Covenant hatte Milliarden Menschen getötet, und dieser Sprung konnte eine Chance sein, die Menschheit zu retten.

Zumeist glitt ich Rampen und Treppen hinauf und hinab und schoss auf Feinde, wobei frostige Elektronikmusik lief. Ich spielte das Spiel im «leichten» Modus im Gegensatz zu «normal», «heroisch» oder «legendär» – die Menüoption lautet: «Lache, wenn hilflose Opfer in Panik vor ihrer unausweichlichen Abschlachtung fliehen» –, aber mir erschien es alles andere als einfach. Häufig tauchten kleine, stämmige Aliens namens Grunts in feindlicher Absicht auf – sie hatten Zwergenstimmen, kicherten gemein und sagten Sachen wie: «Stirb, Häretiker!» Von denen musste ich viele töten. Andere feindliche Aliens, genannt Brutes, sagten: «Ich werde deine Knochen spalten.» Sie klangen, als hätten sie sich die Stimmbänder mit Steroiden zerfetzt. Ich tötete sie mit mehreren verschiedenen Waffen, darunter dem Nadler, der explodierende Nadeln verschoss, und ich nahm toten Aliens ihre Gewehre samt Munition ab. Die Grunts und die Brutes johlten und versuchten, mich um die Ecke zu bringen. Ich verlief mich, geriet in Sackgassen, sagte schlimme Wörter und hüpfte neben einem brennenden Auto auf und ab. Manchmal starb ich.

Wird man verwundet, wird der Bildschirm rot, und

man hört sich ächzen. Rote Pfeile weisen in Richtung der Angreifer. Ist das Ende nah, ächzt man schneller und japst und keucht vor Schmerzen. Schließlich stirbt man, worauf sich die Kamera hebt. Zum ersten Mal in New Mombasa – denn das Spiel ist ein Ego-Shooter – sieht man sich selbst von außen: Ein Frischling mit Helm, der aufs Pflaster fällt. Wieder ein verbrauchtes Leben in diesem endlosen Krieg. Doch sogleich «respawnt» man – das heißt, man erscheint wieder, um es noch einmal zu versuchen, an einer etwas früheren Stelle im Spiel.

Das Gute an *Halo 3: ODST* ist … keine Ahnung. Stünde ich mehr auf die Gussbeton-Architektur der Siebziger, dann hätte mir das Ganze wohl besser gefallen. Das Spiel erschien mir trostlos und auch repetitiv, und dazu noch die unverständlichen biblischen und Rassenkriegs-Anspielungen. Ich blätterte in der Anleitung, die bei einem Imprint von Random House erschienen war, und studierte die Liste einiger Orden, die man bekommen kann. Den Killtacular bekommt man, wenn man fünf Feinde in rascher Abfolge im Firefight-Modus tötet, Killtrocity, wenn ein sechster dazukommt, Killimanjaro, wenn man sieben erreicht. «Schleudere den Schwerkrafthammer herum», las ich, «und töte große Gruppen von Feinden in langen Tötungsketten und Hammerläufen, bevor du zum Magnum wechselst und zur nächsten Feindgruppe rennst, Grunts und Jackals in den Kopf schießt, damit sich die Tötungskette fortsetzt.» Vergiss es.

Uncharted 2: Among Thieves, eine Produktion des Naughty-Dog-Studios in Santa Monica, war mein nächstes Spiel, und es ist gut. Es war ausschließlich für Sony, was bedeutete, dass ich dafür eine PlayStation 3 brauchte, die ich aber nicht hatte. Rein zufällig entwickelte die Xbox meines Sohnes im Oktober den berühmten roten Ring des Todes, ein totaler Hardware-Fehler, der von einem Warnlicht um die An/Aus-Taste herum angezeigt wird. Das erschien mir als ein Zeichen der Kriegsgötter, mir eine PS3 anzuschaffen, also tat ich es.

Uncharted 2 dreht sich um das jeanstragende männliche Model Nate, das mit frischem Blut an den Händen aufwacht und in einem kalten Zugwrack herumklettert, das über einem Abgrund hängt. Es ist also buchstäblich ein Cliffhanger. Nate (den wir sehen können, weil es ein Third-Person-Spiel ist) kann erstaunlich gut auf Dinge klettern, und seine Hände bleiben nie an kaltem Metall kleben, weil er ein Actionheld ist. Er ächzt realistisch, wenn er sich auf etwas hochwuchtet oder über einen Abgrund springt – die Stimme hat er von dem Schauspieler Nolan North, und der ist ein inspirierter Ächzer, und der Soundtrack liefert bestimmt hundert verschiedene Anstrengungsgeräusche.

Dann wird der Bildschirm weiß, und wir sind in einer Rückblende. Wir erfahren, dass Nate, der mittellateinische Prosa vom Blatt übersetzen kann, auf der Suche nach Marco Polos verlorenem Schatz ist und dass er in ein Museum in Istanbul einbrechen und dabei taschenlampenschwingende Wächter betäuben, schlagen oder erwürgen muss. Sein Ziel ist es, eine alte, kostbare grüne Lampe zu finden, die einen Hinweis enthält. Er findet sie, und da er ein amerikanischer Actionheld ist, zerbricht er sie sogleich wie ein Sparschwein auf dem Boden. Der Hinweis darin führt ihn in den Dschungel von Borneo, wo er Söldner mit russischem Akzent erschießt – in Videospielen werden immer Russen erschossen –, und dann wird es Zeit, ins sonnige Nepal zu eilen, wo es Gebetsfahnen gibt, weitere Söldner und unglaubliche Ausblicke. Die Darstellung ist oft gut und enthält auch ein paar lustige Improvisationen – nicht nur von Nolan North, sondern auch von Richard McGonagle, der einen raubeinigen Zigarrenpaffer spielt. In dem Spiel erscheinen zwei Frauen – eine sonnengebräunte Australierin mit schwarzem, ungebärdigem Pony, die ein rotes bauchfreies Top trägt, wovon wir einiges sehen, und eine alte Flamme von Nate, eine amerikanische Journalistin mit zurückgebundenen Jennifer-Aniston-Haaren – beide witzig und liebenswert.

Das Spiel ist ein einziges visuelles «Glory Hallelujah». Nie haben Zebraschatten auf Blättern und Steinen besser ausgesehen, auch sonnenbestrahlte Zwiebeltürme nicht oder ausgebombte Waschsalons mit Pfützen darin – und die Hemden der Wachleute, die in dem pflaumenlilafarbenen Halblicht des Istanbuler Palastmuseums schimmern, sind ein Anblick für sich. Ich wünschte nur, es müssten nicht so viele Ausländer erschossen, so viele historische Stätten kommentarlos beschädigt werden, aber offensichtlich muss das so sein, sonst gäbe es das Spiel ja nicht, und es ist unterhaltsam, auf steinernen Buddhas herumzuklettern und räumliche Rätsel zu lösen (oder oftmals eben nicht). Stirbt man, entfärbt das Bild sich zu Schwarzweiß, und es folgt ein taktvoller Augenblick mit trauervoller Dudelsackmusik.

Den meisten Spaß hatte ich mit *Uncharted 2* (das mehrfach als Spiel des Jahres ausgezeichnet wurde), als ich mir, ein Baguette kauend, die Making-of-Videos ansah, die bei der Spiel-DVD dabei waren, und darüber fantasierte, als Nachmittagslicht-Designer oder Spezialist für Felsvorsprünge bei Naughty Dog zu arbeiten. Diese Leute wissen, was Spaß macht. Sie haben sogar einen optionalen Null-Schwerkraft-Modus dazugetan, in dem Söldner, wenn sie erschossen worden sind, wie Stoffpuppen in die Luft sausen und dann dort treiben. Nach einer Schlacht hingen zwei Schutzschilde und sechs Tote mit kugelsicheren Westen friedlich wie Sperrballons vor einem Tempel in der Luft.

Nach *Uncharted 2* kam die größte Neuerscheinung des Jahres – *Call of Duty: Modern Warfare 2*, von Infinity Ward entwickelt und am 10. November bei Activision erschienen. Mein Sohn und seine Freunde gingen um Mitternacht zu einem GameStop in der Nähe, um ihr reserviertes Spiel abzuholen; sie spielten es die ganze Nacht durch und schliefen dann bei der Schulversammlung ein. *Modern Warfare 2* verkaufte sich schnell – angeblich spielte es in den ersten vierundzwanzig Stunden mehr ein als *Titanic* oder *Avatar*. Millionen spielen es täglich. In weniger als einem Jahr ist es zum bestverkauften Videospiel aller Zeiten nach *Wii Play* geworden.

Ich erzähle Ihnen, worum es dabei geht. Es geht ums Töten und ums Sterben. Auch darum, Schusswaffen zu sammeln. Und es ist moderne Kriegführung, was bedeutet, dass es an Orten wie Afghanistan stattfindet. Wie in *Halo* ist man eine Waffe, die sich bewegt – ja, man ist viele Waffen, denn mit einem Druck auf die Y-Taste kann man von einer zur anderen Waffe umschalten. Aber dieses Spiel wirkt viel knackiger, heller als das trübe *Halo*, auch die Grafik-Engine ist besser, und es ist eine wahre Freude, durch die teleskopischen Zielfernrohre, deren Linsen blassblau sind und gekrümmt reflektieren, hindurchzuspähen. «Die Feinde von gestern sind die Rekruten von heute», sagt der Erzähler, General Shepherd, der voller solcher kleiner Weisheiten steckt, bis er auf die dunkle Seite überwechselt.

Als Erstes muss man zielen und schießen lernen, und dafür absolviert man in Afghanistan eine Ausbildung mit aufspringenden Holzfiguren als Ziel. Einige Ziele stellen Feinde dar – sie furchen wütend die Stirn, tragen ein Kopftuch und sehen aus wie Chomeini –, andere Zivilisten: Jungen in blau gestreiften Polohemden, kleine Mädchen in Kleidern und ein fülliger Mann in einem Button-down-Hemd. In der Ausbildung wird festgehalten, wie viele Zivilisten und wie viele zornige Chomeinis man getötet hat, während ein Corporal einen anbrüllt, dass man sich beeilen soll: «Go, go, go!»

Man macht es als Private Allen beim Erschießen von Arabern in Kabul so gut, dass man zur Unterstützung der CIA rekrutiert wird, die in Russland nichts Gutes im Schilde führt. Dann ist man Teil von etwas namens Task Force 141 und beginnt, richtig zu sterben. Ich weiß nicht, wie oft ich getötet wurde, während ich mich zum nordöstlichen Abschnitt einer Startbahn vorarbeitete, um dort eine Bombe zu deponieren. (Das war auf einer Militärbasis in Kasachstan.) Angespannt lief ich durch kalte Nissenhütten. Jedes Mal hielt dann draußen ein Jeep, und plötzlich wurden russische Stimmen laut, dann zielten Männer auf mich und erschossen mich. Auch ich erschoss sie. Während dieser Phase des Spiels hieß ich Roach. «Roach, suchen Sie den nordöstlichen Teil der Startbahn nach der Betankungsanlage ab!», sagte mein Kommandant, Soap MacTavish, wiederholt mit seinem schottischen Geknarze.

Ballerte ich einem in den Kopf, sagte MacTavish: «Hübsch gemacht» oder «Gut erlegt». Schoss ich schlecht, sagte er: «Das war schlampig.» Es ging mir immer besser, wenn MacTavish mir sagte, was ich tun sollte.

Wird man in *Modern Warfare 2* getroffen, machen die Kugeln «zing» und dann «fump». Dann ruckt das Blickfeld und bekommt verstörende Blutströpfchen an den Rändern. Man keucht. Der Ton wird hohl, als horchte man in eine lange Röhre, der Controller vibriert, und dann weiß man, dass man nur noch einen Augenblick zu leben hat. Schlägt man mit dem Kopf auf dem Boden auf, rutscht das Bild des Bildschirms plötzlich in die Diagonale und verschliert. Man hat ein Wusch in den Ohren, gefolgt von einem kurzen Geräusch wie von einem pfeifenden Wasserkessel. Als Letztes hört man dann noch einmal MacTavish von weit weg brüllen: «Roach, durchsuchen Sie die nordöstliche Ecke der Startbahn!»

Dann, im blutverschwommenen Augenblick des Todes, wird man mit literarischen Zitaten belohnt. Die können von Einstein, Voltaire, Zora Neale Hurston, Edward R. Murrow, Churchill, Machiavelli oder Dick Cheney sein – von allen möglichen passenden Leuten –, und sie sind verwirrend widersprüchlich. Manche sind zynisch, manche pazifistisch, manche ganz ernsthaft für den Krieg. Cheney sagt: «Es ist einfach, die Freiheit für gegeben zu nehmen, wenn sie einem nie genommen worden ist.» Gandhi sagt: «Auge um Auge führt nur dazu, dass die ganze Welt blind wird.» Diese säuberlich verschnürten Wörterpäckchen, die man sieht, wenn man gerade erschossen oder von einer Granate zerfetzt worden ist, verhöhnen die Vorstellung, es könnte einen Fundus aphoristischer Weisheiten geben, der sich auf ein tödliches Feuergefecht anwenden ließe. Man liegt im Schnee und ist tot. Da nützen goldene Worte auch nichts mehr.

Aber natürlich ist man nicht richtig tot. Fast auf der Stelle wird man respawnt. Man erhält noch eine Chance. Man erhält viele, viele Chancen, weil *Modern Warfare 2* so ungefähr das sterbigste Spiel überhaupt ist. Meiner Ansicht nach ist das keine Glorifizierung der modernen Kriegführung. Man spielt drei Stunden, und man denkt: Das? Unter dieser chaotischen, plappernden Absurdität, Panik und vergeudeten Begeisterung verstehen wir einen «Truppeneinsatz»? Es ist ein unchauvinistischer, vielleicht total zynischer Zeitvertreib. Die CIA, die heimlich alles schlimmer macht, ist in Russland an Gräueln auf einem Flughafen beteiligt, woraufhin Russland ein Wohngebiet im nordöstlichen Virginia, nicht weit vom Pentagon und der CIA-Zentrale (beide in Flammen), mit Fallschirmjägern und Kampfhubschraubern angreift. «Ramirez», schreit ein Sergeant, gesprochen von Keith David, «gehen Sie mit Ihrer Truppe zu Burger Town und sichern Sie es!» Auch: «Beim Taco-Imbiss wurden mehrere feindliche mobile Einheiten gesichtet, over!»

Ich hatte allein gespielt, doch die «Einzelspieler-Kampagne» mit ihrer idiotischen Handlung ist eher nicht der Sinn von *Modern Warfare 2*. Die meisten wollen online gehen und auf andere, echte Menschen schießen, nicht auf Software-Soldaten, die von künstlicher Intelligenz gesteuert werden. «Einzelspieler ist wie Spanischunterricht», erklärte mein Sohn. «Mehrspieler ist wie nach Spanien fahren.» Im Mehrspieler-Modus wählt man sich eine Spielumgebung – beispielsweise eine U-Boot-Basis – und einen Wettbewerbsstil. Es gibt Team Deathmatch, Capture the Flag, Domination und andere. Und dann rennt man los und schießt und legt Claymore-Minen, wo andere Spieler sie nicht sehen, wenn sie einen Raum betreten. Tötet man drei Leute, ohne zu sterben, bekommt man eine UAV – eine Predator-Drohne. Hat man neun hintereinander getötet, bekommt man einen Luftschlag mit einem Stealth-Bomber. Bei fünfundzwanzig auf einmal erhält man eine taktische Atomwaffe, dann ist das Spiel vorbei. Häufig bekommt man Boni und Auszeichnungen – neue Waffen, neue Munition, neue Sucher, neue Tarnung, neue Fähigkeiten. «Es ist, als hinge man am Zuckertropf», sagte mein Sohn. «Das nächste Tröpfchen kriegt man erst, wenn man noch ein bisschen länger spielt.»

Beim Mehrspieler tötet und stirbt man so oft, dass eine Einzelstatistik sehr wichtig wird: das Verhältnis Töten-Sterben. Wenn man besser wird – man kann sich die eigenen Tode gleich auf der «Killcam» ansehen, damit man weiß, wer einen erwischt hat –, steigt dieses Verhältnis auf eins und dann auf über eins. Bei einem Freund meines Sohnes, einem guten Schüler, liegt dieses Verhältnis bei 1,65 zu eins. In 219 Spielstunden hat er 32 884-mal getötet und ist 19 956-mal gestorben. Mein Sohn, der glaubt, dass Krieg keinem Zweck dient, hat 96 Stunden gespielt und ein Verhältnis Töten-Sterben von 1,17 zu eins; als er täglich spielte, stieg es auf 1,4. Meines liegt bei 0,08 zu eins.

Um mir eine Vorstellung vom Mehrspielerwahnsinn zu vermitteln, während ich Schießen und Rennen übte, stellte mein Sohn uns allein in eine Umgebung namens Rust – ein Ort in Afghanistan mit einer alten Ölanlage. Wir saßen nebeneinander, beäugten unsere Figuren auf dem geteilten

Bildschirm und installierten uns in Rust, und dann lief er immer um mich herum. Seine Füße machten im Sand «tapp tapp tapp», dann veränderte sich das Geräusch und wurde hohl, denn er rannte auf einer Röhre. Ich schaute mich um, versuchte, ihn zu entdecken – und dann sah ich, dass er nur ein, zwei Meter entfernt war und mir die Waffe auf den Kopf richtete. Seine Figur war, wie mir auffiel, ein amerikanischer Soldat. Meine war, als ich auf seinen Bildschirmteil blickte, ein böser Dschihadist mit arabischer Schrift auf dem Kopftuch.

Anfangs gingen wir sehr rücksichtsvoll miteinander um. Mein Sohn hätte mich oft erschießen können, tat es aber nicht. «Na los!», sagte ich. «Nein, Dad», sagte er, «ich erschieße dich nicht.» Er folgte mir und wartete, dass ich ein paarmal schoss. Diese besondere Ritterlichkeit hielten wir eine Viertelstunde lang durch, manchmal mit Hilfe von Schutzschilden, deren Glas unter wiederholtem Feuer realistisch zerbricht. Schließlich verwundete ich ihn, und er traf mich mit dem Messer, dann wurden wir lockerer und schossen und feuerten und rannten und lachten, genau wie er mit seinen Freunden über die Sofa-zu-Sofa-Headsets. Wir wechselten auf eine andere Karte, Afghan, deren Mittelpunkt eine C-130 bildet, ein Transportflugzeug, das irgendwo in den afghanischen Bergen abgestürzt ist. In der Sonne wuchs Mohn mit dicken Blüten, darüber Bewässerungsröhren aus PVC. Wieder hörte ich die rennenden Schritte meines Sohnes – er hatte einen Mehrspieler-Vorteil, der ihm gestattete, endlos zu rennen, ohne zu ermüden. Er wusste, wie man auf den Rumpf kam – ich konnte ihn das Metall entlangrennen hören – und auch aufs Heck und von dort auf einen hohen Felsvorsprung. Ich feuerte im Halbkreis, aber dann kam ein einziger schneller Heckenschützenschuss, und ich war tot. Er entschuldigte sich. «Tut mir leid, Dad, ich wollte dich nicht töten, nur verwunden.» Ich starb so oft, dass ich einen vorübergehenden Gesundheitsschub bekam, einen *painkiller deathstreak*. Am Ende war ich besser geworden – wie er meinte – und hatte ihn ein paarmal mit dem MG niedergemäht. Dann gingen wir in eigenartiger Kameradschaft zum Abendessen.

Insgesamt dauerte es erstaunliche vierundzwanzig Stunden, bis ich mit der Einzelspielerversion von *Modern Warfare 2* durch war – dreimal so lang wie der Durchschnittsspieler. Aber ich habe mir auch viele Notizen gemacht, und das hat Zeit gekostet. Am meisten faszinierten mich die Momente während eines heftigen Feuergefechts, wenn man die Chance hat, ein *intel* zu finden – etwa im ersten Stock eines Hauses an der russischen Grenze, wo sich angeblich Makarov, der paläo-sowjetische Terrorist, versteckt hält. Während dieser tranceartigen Ruheperioden konnte man, wie ich fand, ganz ruhig von einem Zimmer ins andere gehen, während die Staffelkameraden herumstanden und darauf warteten, dass man etwas unternahm. Dabei neigten sie den Kopf hin und her und kratzten sich, wie untätige Männer es unter Anleitung einer künstlichen Intelligenz offenbar immer tun.

Ich stieß bei meinem Streifzug durch das Haus auf viel Interessantes und hatte keine große Lust, ins Kampfgeschehen zurückzukehren und erneut getötet zu werden. Oben im Flur lagen einige Russen in Blutlachen. Im Schlafzimmer standen Bücher in einem Regal, darunter das *Dschungelbuch*, eine juristische Abhandlung und etwas, anscheinend eine Biographie, über den niederländischen Maler Gerard van Honthorst. Dieselben Bücher hatte ich schon in Nord-Virginia gesehen, in einer Pause der heftigen Kämpfe, vor dem Blutbad bei Burger Town. Im Badezimmer lagen Teile unleserlicher Zeitungen, und ein Teddybär war mit einem Messer durch die Nase an die Wand geheftet. Ich ging in ein kleineres Zimmer.

Darin lagen sieben oder acht Schlafsäcke, entrollt, leer, und eine Menge Rollkoffer. Auch ein Pin-up von einer bekleideten Frau, die ein Maschinengewehr schwang. Das Tableau der Schlafsäcke hatte etwas Anrührendes, denn ich wusste, dass die Soldaten, die dort geschlafen hatten, tot waren. Wenn ich mich auf den Bauch legte, konnte ich mitten durch die Schlafsäcke kriechen, eine interessante Erfahrung – die Unterseite des Gewebes zu sehen. Sogar durch eine Leiche konnte ich kriechen und tat es auch einmal – denn alles in einem Videospiel ist nur eine verzerrt trianguliert, unendlich dünne Oberflächendecke. Was wohl in den Koffern ist, fragte ich mich.

Ich kannte nur eine einzige Methode, in einen beliebigen Gegenstand hineinzuschauen, nämlich auf ihn zu schießen. Also schoss ich auf einen Koffer. Ein schmuddeliges Streifenhemd flog heraus. Ich schoss auf einen weiteren Koffer: wieder ein schmuddeliges Hemd. Und da erinnerte ich mich: Die hatte ich an einer Wäscheleine in der brasilianischen Favela gesehen, der Umgebung einer früheren Schlacht. Im Schlafzimmer schoss ich auf ein paar Pappkartons. Tüten mit Kartoffelchips und Beef Jerky flogen heraus, auch kleine Kirschkuchen. In der Küche fiel mir eine alte Kiste mit Kartoffeln auf – dazu Säcke mit Mehl und Basmatireis. Auch die hatte ich in der Favela gesehen.

Ich dachte nun häufiger an die hart arbeitenden Set-

Designer, die so schlau waren, dieselben Requisiten in unterschiedlicher Weise in anderen Ländern einzusetzen. Was war die Lehre daraus – dass sich die Leute im Grunde überall glichen? Dass das Leben im Wesentlichen daraus bestand, morgens aufzustehen, sich anzuziehen und Basmatireis zu essen? Dass Krieg, selbst für Soldaten, die Abweichung war? Oder waren sie einfach nur sparsam oder verspielt?

In dem Moment wirkte *Modern Warfare 2* wahrer, realer als fast alle Kriegsfilme – obwohl es ihnen natürlich viel verdankt, besonders *Black Hawk Down*. Und als ich *The Hurt Locker* sah, spürte ich sogar den Zielfernrohr-Einfluss der gesamten *Call of Duty*-Serie – wie in der langen, ruhigen Duellszene in der Wüste mit der winzigen Gestalt am Fenster. Wegen der Xbox denken Kameraleute und Regisseure jetzt mehr wie Heckenschützen. Ich ging in dem russischen Haus nach unten und kämpfte weiter. Als ich erschossen wurde und starb, wurde mir ein Zitat von Konfuzius angeboten: «Bevor du dich auf Rachefahrt begibst, hebe zwei Gräber aus.»

Als Nächstes auf meiner Hauptliste kam das megaklandestine, silberkapuzige *Assassin's Creed II*, das im Florenz und Venedig der Renaissance spielt; es sollte am 17. November erscheinen. (Diese Liste habe ich übrigens mit Hilfe meines Sohnes erstellt. Er liest Computerspiel-Webseiten und hört jede Woche das herrlich geschwätzige Giant Bombcast, das wie «Car Talk» ist, nur mit vier ungeheuer kenntnisreichen Gamern.) In *Assassin's Creed II* ist man Ezio, ein Mann mit vielerlei Missionen. Man überbringt Briefe, läuft springenden Schrittes durch die Stadt und erklimmt die Fassaden von Palazzi und Kirchen, wenn einem danach ist. Man springt von Dach zu Dach, und manchmal springt man in die falsche Richtung und stürzt ab, und wenn man zu tief fällt, stirbt man, worauf der Bildschirm erst rot und dann weiß wird und sich mit vielen schematischen Linien überzieht, und dann steht da «desynchronisiert» – weil man in der Rahmenhandlung der Spiels gar nicht richtig im Italien der Renaissance ist, vielmehr ist man ein Mann des einundzwanzigsten Jahrhunderts (wieder von Nolan North gesprochen) und liegt in einer bequemen Virtuelle-Realitäts-Maschine auf einem orangefarbenen Kissen.

Manchmal muss man ein Attentat auf jemanden verüben – schließlich ist das Ihr Credo –, was man mit einem verborgenen Messer am Handgelenk, mit vergifteten Klingen oder Schwertern oder gar einer frühen Schusswaffe erledigt, und manchmal muss man nur jemanden zusammenschlagen. Eine der ersten Aufgaben ist auch die Suche nach einem Flegel, der Ihre Schwester betrügt. Sie beschimpfen ihn als mieses Schwein, und wenn Sie ihn verprügeln, machen Sie Geld. Sie können Diebe anheuern, Leichen plündern, Fußgängern Florins stehlen (obwohl sie dann Ärger machen), Sie können an einem kleinen Kunststand Renaissance-Gemälde kaufen. Sie können sogar eine Gruppe murmelnd kokettierender Kurtisanen mieten, die tief ausgeschnittene Pastellkleider tragen und aufreizend gurren, und falls Sie sich plötzlich entschließen, wieder auf dem Dach herumzulaufen, warten sie unten auf Sie.

Das Spiel, hergestellt von Ubisoft Montreal, hat schöne Momente, beispielsweise den weiten Blick, den man von einem Ausguck hoch über Venedig auf die sfumatierte Stadt erhält. Die Farben sind brauner Stein, verwitterte

Ziegel, gelegentlich ein flatterndes rotes Banner und helles Mittelmeerblau. Der Wind klingt so, wie Wind klingen sollte. Ansonsten geschieht in diesen liebevoll nachgebauten Städten nicht viel Nobles, Geistvolles oder Rührendes. Bleibt man viele Stunden dabei, kann man nachts mit Leonardo da Vincis fledermausgeflügeltem Gleiter herumfliegen. Aber meistens geht es um Tod, Tod und noch mal Tod – und um Faustkämpfe und die Anhäufung von Reichtum durch brutales Vorgehen. Man springt mitten in der Messe auf den Borgia-Papst hinunter und schlägt ihn k. o. Ständig drückt man das rosa Viereck, um zuzustechen. (Oder auf der Xbox das blaue.) «Es wird viel in Gesicht und Hals gestochen, wenn man Typen gern ins Gesicht und in den Hals sticht», erklärte Ryan Davis auf Giant Bombcast. «Es gibt da eine richtig gute Bewegung, bei der man einen fünf-, sechsmal superschnell absticht, so dolchmäßig, *ah ah ah ah ah*, man sticht einfach zu – und das ist merkwürdig befriedigend.» Am meisten Spaß machte es mir, von einem Gebäude auf einen Heuhaufen hinabzuspringen. Mein Sohn zeigte mir, wie man außen auf den Turm von San Marco hinaufklettert und dabei immer Ausschau nach den etwas dunkleren Backsteinen hält, wo die Handgriffe sind. Das war ein Vergnügen.

Um die direkte Konkurrenz mit *Modern Warfare 2* zu vermeiden, hielten sich viele Spieleproduzenten bedeckt und verschoben ihre Präsentationen, daher lief nach *Assassin's Creed II* bis Ende Januar nicht mehr viel. Aus Neugier spielte ich das Demo von *Bayonetta*, einem japanischen Spiel, in dem eine Frau, deren Kleidung die eigenen Haare sind, Kickbox-Kämpfe mit furchterregenden Wesen besteht. Sie trägt eine hippe Brille und sieht aus wie Tina

Fey. Vollführt sie eine wilde Kickkombination, fliegen ihre Haare plötzlich herum und formen sich zu einer tödlichen Kraft, die ihr hilft, ihre Feinde zu besiegen. Auch bekämpfte ich, in *Left 4 Dead 2*, Zombies mit einer Bratpfanne und einem Brecheisen. Eine Zombiefrau mit Namen Spitter besprengte mich mit ätzender Magensäure, die wie ein Wildbach aus ihrem riesigen Mund mit den riesigen Zähnen schoss. Das war das einzige Spiel, nach dem ich einen Albtraum hatte: Darin hockte ich mit meiner Familie in einem Düsentriebwerk, wo wir uns vor bösen Menschen auf der Startbahn versteckten, und ich wünschte, ich hätte eine Bratpfanne.

Unterdessen arbeiteten sich mein Sohn und seine Freunde mühevoll die Mehrspielerleiter von *Modern Warfare 2* hinauf. Ziel ist es, die oberste Ebene zu erreichen, Rang 70, auf der man ein AK-47 entsichert. Danach beginnt man wieder bei Rang eins, allerdings mit einem schicken Stern neben dem Namen, damit jeder weiß, dass man «Prestige» erreicht hat. An der Stelle hörte mein Sohn dann auf – viele seiner Freunde spielten weiter.

Dann folgte *Mass Effect 2*, das gigantische Werk von BioWare, es erschien am 26. Januar 2010. Commander Shepard (nicht verwandt mit General Shepherd von *Modern Warfare*) befehligt ein elegant geschwungenes Raumschiff, die *Normandy*, in dem es Kojen, Aquarien und einen klugscheißerischen Messemaat gibt, der auch die Klos putzt. «Das hier ist kein Luxusliner», sagt er. «Ich fange auf, was durch die Ritzen fällt, hi-hi.» Junge Leutnants flirten unverschämt mit Shepard, wenn sie ihm Nachrichten überbringen, und manchmal begleitet Sie Miranda, eine Brünette mit «umfangreicher genetischer Modifikation»

(d. h. Brustimplantaten), auf Ihren Reisen. Sie besuchen ein Striplokal, in dem ein blauer Alien für Sie tanzt und ein Barmann Sie vergiften will. Sie wenden eine Seuche ab, indem Sie mittels eines großen Ventilators ein Gegengift verbreiten.

Mass Effect 2 ist das romanhafteste Spiel, das ich gespielt habe. Es ist eine aufwendig katalogisierte Ausbreitung von Welten, in denen man sich mit Hilfe von Mass-Effect-Generatoren, die einen auf Lichtgeschwindigkeit bringen, herumschleudert. Man begegnet vielen farbenfrohen Humanoiden, mit denen man sich unterhält, indem man mit dem Steuerknüppel Dialogfetzen auswählt. Das klingt merkwürdig, aber es funktioniert. Nach einer Schlacht begegnet Shepard einem jungen Kroganer, der in einer Ecke steht. Der Kroganer, ein massiges Monster mit einem riesigen Reptilienhals, war eine Woche zuvor in einem Tank geboren worden. «Du bist anders», sagt der Kroganer. «Du riechst nicht wie diese Welt. Nach sieben Nachtzyklen habe ich nur den Drang zu töten verspürt. Aber du – bei dir bringt mich etwas zum Sprechen.»

«Wir kannst du sprechen, wenn du erst eine Woche alt bist?», fragt Commander Shepard, vorausgesetzt, man löst diese Frage mit dem Steuerknüppel aus.

«In meinem Kopf war ein Kratzgeräusch, und das ist meine Stimme geworden», erwidert der Kroganer. «Es hat mich Dinge gelehrt, die ich brauchen würde – Gehen, Reden, Schlagen, Schießen.» Gehen, Reden, Schlagen, Schießen – darauf läuft es letztlich hinaus. Computerspiele wollen den tankgeborenen Kroganer in uns allen finden und pflegen.

Ich spielte eine Weile, besuchte Planeten und schoss

Brandgeschosse auf Wellen giftiger Kontrahenten ab. Dann hörte ich auf. Es sind zwei DVDs. Das ist richtig viel. Um alle Missionen und Nebenmissionen von *Mass Effect 2* auszuführen, muss man leicht fünfzig Stunden oder länger spielen, besonders wenn man, wie ich, alle Dialogoptionen ausprobiert. Ich wollte, dass mehr Sonne durch die Helmvisiere floss, wollte mehr Laubschatten, mehr Wind, mehr Luft − vielleicht ein paar kleine, fahrradfahrende Kroganer. Schließlich gab ich auf. Ich starb zu oft, und wenn man stirbt, macht die Musik *bomm-bomm-bomm-bomm-bomm-bomm-bomm*, wobei schreckliche rote und schwarze Retinaadern von den Bildschirmrändern hereinwuchern.

Inzwischen war es Ende Februar, Zeit also, das Spiel auf der Liste mit dem größten künstlerischen Anspruch zu spielen: *Heavy Rain* von Quantic Dream, einem Studio in Paris, das Entwicklungsgelder von Sony erhalten hatte. Sony war so freundlich, mir in einem künstlich ramponierten Schuhkarton ein Vorausexemplar zu schicken. Als ich den Deckel hob, fragte eine Frauenstimme in einem Audioclip: «Sind Sie bereit, für die Rettung Ihres Sohnes zu leiden?» David Cage, der Gründer von Quantic Dream, nennt das Spiel ein interaktives Drama. In einem Interview mit dem *Independent* sagte Cage, er fühle sich Orson Welles nahe, indem er eine Kunstform weiterbringe. Und er hat recht.

Während der ersten halben Stunde haut einen das Spiel um. «Das ist total genial, Dad!», rief mein Sohn, als er anfing. Die Gesichter haben komplizierte Augen und Lider, und man selbst, ein trauriger Vater mit einer starken Ähnlichkeit mit David Duchovny, macht nette Sachen mit den Kindern und der Frau. Dann kommt der Kummer: Einer der

Söhne stirbt einem vor den Augen. Worauf man das düstere *Heavy Rain*-Universum betritt und zwischen verschiedenen Figuren wechselt, von denen eine möglicherweise ein Serienmörder ist, der gern Origami macht. Man ist eine Frau mit einer ungeheuer guten Haltung und einem teilnahmslosen Gesicht, die in ihrer Wohnung in Unterwäsche herumstöckelt. Man ist ein Privatdetektiv mit großem Magen und großem Herzen. Man ist ein FBI-Agent mit Virtueller-Realität-Sonnenbrille. Es regnet immerzu, und die Musik ist satt, und jedes Gesicht ist traurig und leer, bis man das Ploppen der Tropfen nicht mehr aushält und man im Rinnstein an der Straße herumplatscht und sich fragt, ob die Wolken denn jemals wieder aufreißen. Nein, sie bleiben geschlossen.

Ob es ein gutes Spiel ist? Die Augen blinzeln realistisch, und es gibt Momente ekstatischer Alltäglichkeit, wie wenn man für den fernsehenden Sohn (der bald entführt werden wird) mit dem Controller eine tiefgefrorene Pizza in die Mikrowelle stellt und sie danach auf einen Teller legt. Es ist auch vorausschauend darin, wie es die Kontrolltasten einsetzt: In Augenblicken höchster Spannung muss man mehrere gleichzeitig gedrückt halten, wie Lon Cheney, wenn er ein Bach-Arpeggio spielt, bis man ein schwieriges Manöver ausgeführt hat – beispielsweise einen Angreifer abgewehrt oder sich einen Finger abgehackt hat. Doch Handlung und Gesprächstropen werden Freunden von Krimis vertraut sein – zu vertraut. Es ist eine Hommage an Folgen der Serie *NYPD Blue* und den Film *Seven*: Cops, die sich im Brooklyner Akzent zoffen, ein paar Serienmorde, ein paar gespaltene Persönlichkeiten, ein wenig Amnesie, weitere satte Musik – nichts, was in einem

Leben irgendwo auf der Erde denkbar wäre. Die verschiedenen Schlüsse hängen davon ab, was man getan hat – das Skript ist über zweitausend Seiten lang –, doch mein Sohn und ich sind unabhängig voneinander bei einem ähnlichen Schluss angelangt, bei dem sich die Figur, die wir am liebsten mochten, als der Origami-Mörder entpuppte. Was uns unglücklich machte und in dramatischer Hinsicht völlig sinnlos war. In meiner Version der Geschichte starb auch noch mein zweiter Sohn. Klar, ich litt, aber ich schaffte es nicht, ihn zu retten.

Heavy Rain ist wie eine klinische Depression, die man im Schuhkarton serviert bekommt. Möglich, dass David Cage das beabsichtigt hat – und das Spiel hat sich über eine Million Mal verkauft, also ist es eine erfolgreiche Depression.

Das nächste Spiel auf meiner Liste war ein weiteres sehnlichst erwartetes Paradestück der PlayStation 3: *God of War III*, ein Einzelspieler-Spiel, das auf dem Olymp und an dessen Fuß spielt. Ich spielte rund acht Stunden, in denen ich der Chimäre den Schwanz abschnitt, Helios den Kopf abriss und jemandem das eigene Horn ins Auge stieß. Ich krallte mich in das Fleisch nackter mittelalter Vogelfrauen, die als Harpyien herumflogen. Ich verletzte ein Pferd und sah seine Gedärme herausquellen. Ich schnitt Hades den Brustmuskel ab und sah, wie er wie eine Kröte auf der Erde herumhüpfte; ich musste den Muskel zerstören, bevor der riesige Höllenhund ihn aufheben und wieder zurücktun konnte. Ich packte das Auge des Zyklopen wie einen Strandball und zog daran, bis es am Sehnerv baumelte.

Warum machte ich das alles? Weil ich der Muskelmann Kratos war, ein Held aus Sparta, der viel Augen-Make-up trägt und die Mythosphäre mit einem ganz finsteren Gesicht durchwandert. Kratos ist wütend, er ist auf einem Rachefeldzug, weil einer der Götter ihn dazu gebracht hat, seine Familie zu töten. Er hat einen Flammenpfeil und Bogen, Klauen, die er Hades abgenommen hat, ein langes blaues Schwert und zwei große Klingen, und jedes Mal, wenn er herumwirbelt – und er wirbelt häufig, denn so kämpft er –, schlitzt er etwas auf oder ab. Schlitzt er gut, erscheinen die Worte «Brutal erlegt!» auf dem Bildschirm. Einmal stößt er gegen einen Zivilisten in einer Toga auf einem Fenstersims des Olymps. «Verflucht seien die Götter und ihr Krieg», sagt der Zivilist weinend, was völlig vernünftig ist. «Mein Zuhause – mein ganzer Besitz – zerstört!» Kratos knallt den Zivilisten mit dem Kopf gegen die Wand und schmeißt ihn den Berg hinunter.

Das Spiel ist keine Satire. Es ist ein Schlitzerfilm, den man selbst kontrolliert. Es benutzt die griechischen Geschichten, um Sie oder Ihre Eltern (nur wenige Familien halten sich an das Bewertungssystem) auf ein Niveau partizipativen Gemetzels zu zwingen, das im unterhaltenden Massenmarkt sonst unmöglich wäre. Man denkt, es ist sicher in Ordnung, wenn man seinen Helden Kratos jemandem langsam den Kopf abreißen lässt, indem man auf die O-Taste hämmert, weil dieser Jemand ja ein griechischer Gott ist und jeder weiß, dass die griechischen Mythen düster, brutal und ödipal sind. Schließlich geschieht doch alles im Namen der klassischen Kultur, nicht wahr? Nein – es ist nur ein Trick.

Trotzdem, *God of War III* hat in nahezu jeder Szene visuell Erstaunliches zu bieten. Man läuft auf Gaias gigantischem Steinkörper herum. Man sieht ihre riesenhafte steinerne Brust. Man klettert in ihre Brusthöhle und sieht ihr steinernes Herz schlagen. Man schneidet ihr das Handgelenk durch, worauf sie aufgibt. Das Spiel dreht sich in einem überraschenden Ausmaß darum, auf halbnackte Frauen oder nackte Halbfrauen einzuhacken. Sieht man weibliche Brüste, kann man sich gleich vorstellen, dass die damit versehene Person einen furchtbaren Tod stirbt, und zwar bald. *God of War III* ist eine wirre Konfektionsware, und die brillanten, lächelnden, witzigen Designer, die es entworfen haben, sollten beschämt die Klauen hängen lassen, weil sie ihre offensichtlichen Talente so falsch eingesetzt haben.

Das letzte große Spiel, das ich spielte, war ein Western namens *Red Dead Redemption* von Rockstar, den Leuten, die *Grand Theft Auto* erschaffen haben. Ich kaufte es am Erscheinungstag, dem 19. Mai 2010. Man ist John Marston, ein höflicher, aber fieser Cowboy mit tugendhaften Instinkten, der in seiner Vergangenheit schlimme Dinge gemacht hat. John kann gut mit dem Lasso umgehen und hat schmutzige Haare, wie übrigens jeder in dem Spiel. Er sammelt Heilkräuter wie Fieberkraut, er bewahrt Kühe davor, in einem Sturm in Panik auszubrechen und in einen Abgrund zu rennen, er schießt und häutet Stinktiere, Wölfe, Bären, Waschbären, Geier und Kojoten – «Iiih, was hast du denn da gefressen?», sagt er zu dem toten Kojoten, während Blut auf den Bildschirm spritzt –, und er bereist das trockene Grenzgebiet von Texas und Mexiko, wo er unschuldigen Menschen hilft oder sie verletzt: Das entscheidet man selbst. Als er die Leiche eines Kopfgeldjägers fleddert, sagt er: «Ich weiß, das ist nicht schön.» Eine freundliche Frau namens Bonnie will ihn aus der Reserve locken, doch er mag nicht plaudern. «Statt eine Persönlichkeit zu entwickeln, tust du bewusst obskur», sagt Bonnie, als sie und John auf ihrer Ranch herumreiten.

In *Red Dead Redemption* tötet und stirbt man natürlich auch – zielt man mit dem *dead eye*, kann man zu Pferde mehrere Schüsse in Zeitlupe aneinanderreihen –, und wenn man stirbt, erscheint in fetten, roten, gebrochenen Lettern das Wort *dead* auf dem Bildschirm. Doch nach einem anstrengenden Tag mit Schießen, Häuten, Fleddern und Sterben zeigt sich die wahre Größe des Spiels: Sie stehen draußen, abseits der Pfade, beim Hanging Rock, vollkommen allein, Insekten zirpen in der kühlen Weite des Buschlands, Sie empfinden Reue angesichts der vielen Verbrechen, die Sie begangen haben, und ein riesiger Mond versilbert vor dem Morgengrauen die Kakteen, und auf ihren Kopf ist eine Belohnung von mehreren hundert Dollar ausgesetzt. Einer Landkarte zufolge ist in der Nähe ein Schatz verborgen, und irgendwann wird man ihn finden, doch der beste Schatz ist der frühe Sonnenaufgang. *Red Dead Redemption* hat mit die besten Sonnenauf- und -untergänge aller Filme. Kein Albert Bierstadt konnte das Morgenlicht so gut aussehen lassen. Spaziert man schließlich in die Stadt zurück, sagt eine Prostituierte: «Ich ertrage es nicht, wenn ein Mann mit so einer trockenen Rute in der Stadt rumläuft. Kann ich behilflich sein?»

Das also waren die Spiele, die ich ausprobiert habe. Sie haben mir vieles gezeigt, worüber ich froh war, aber manches hätte ich lieber nicht gesehen. Am besten hat mir *Uncharted 2* gefallen, aber *Red Dead Redemption* hat die besten Wolken und die schreiigsten Eulen, das schweigsame *Modern Warfare 2* hingegen hat die tiefsten moralischen Schneeverwehungen. Mein Sohn probiert noch *Crackdown 2* aus, wo man durch eine Stadt läuft und freakige Mutanten erschießt und Energie aus grünen Kugeln zieht. Aber er spielt jetzt weniger, er wartet auf das Erscheinen von *Halo: Reach* im September, in dem die Spieler Schlachtkonstruktionen mit komplexen Rampensystemen bauen, die über Felsenküsten hängen. Ich glaube, ich brauche mal eine Pause. Keine Kriege, keine Götter, keine Tötungsketten, keine Rache. Keine Konvois in Afghanistan. Nur Schluss damit. Vielleicht versuche ich mal ein Spiel wie *Flower* für die PlayStation 3, eine Art Motocross-Spiel für Wind und Blütenblätter. Oder ich gehe vielleicht sogar mal raus, die Hosenbeine in die Socken gestopft, damit die Mittsommer-Zecken mir nicht die Beine heraufkrabbeln. Ich vermisse Gras.

(2010)

—— **LETZTER ESSAY** ——

Mähen

Manchmal sieht alles ganz einfach aus. Heute Morgen, es war ein Samstag im Juli, langte ich zu den Büchern neben meinem Bett hinab und holte eine Dover-Sammlung alter Kolumnen von Robert Benchley herauf. Ich schaute auf die Copyright-Seite und sah die Daten – 1930, 1931. Diese Daten bedeuteten mir etwas. Ich kannte Leute, die zu dieser Zeit gelebt hatten. Ich wusste, wer Robert Benchley war, und ich wusste, was Dover Books waren. Ich ging hinunter und wollte mir eine Tasse Kaffee eingießen. Die Kaffeekanne war leer, aber kaum hatte ich gemerkt, dass die Kanne leer war, wusste ich auch schon, dass meine Frau so freundlich gewesen war, den Kaffee in die rote Thermoskanne zu gießen, damit er heiß blieb. Und tatsächlich, er war in der roten Thermoskanne. Meine Frau war gerade mit dem Hund draußen. Es war halb zehn. Schon an vielen Samstagen vor diesem war es halb zehn gewesen. Alle Geräusche, die ich hörte, waren mir vertraut: die Reifen, die hin und wieder vorbeirauschten, die Vögel – die schnellen Tschilper in der Nähe und die Kreischer weiter weg – und die einzelne Grille, die sich gerade für den Tag warm machte. Ich verstand die Tischdecke in der Küche vollkommen – ein weißes Tischtuch mit verblassten blauen und gelben Streifen. Sie war draußen auf dem Wäschetrockner getrocknet, den wir in einen Fahnenmastsockel im Garten gesteckt hatten.

Ich fand, dass ich auch die *New York Times* auf dem Tischtuch verstand, warum sie dalag, und als ich durchs Esszimmer in den Flur ging und vor dem Bücherregal dort stehen blieb, schaute ich mir alle Titel an. Jeder Titel in dem Regal bedeutete mir etwas. Die meisten Bücher hatte ich schon mehrfach ein- und ausgepackt. Ich hatte schon eine Stelle im Kopf, wo jedes dieser Bücher gespeichert war. Alle wollte ich sie auf diese unaufdringliche Weise in meinem Leben haben, in dem Regal vorn im Flur, wo niemand sie weiter beachtete. Die Tür war offen, und die kühle Luft von draußen drückte sanft durch die Fliegentür bis zu mir. Ich war barfuß. Noch nie hatte ich einen solchen besonderen Frieden erlebt.

Und so dachte ich wieder: Manchmal sieht alles ganz einfach aus. Heute werde ich einen Teil des Rasens mähen. Ich mähe den Rasen gern – ich kenne ihn gut, und beim Mähen singe ich dann leicht obszöne Lieder und denke darüber nach, wie Gras aussieht. Mein Sohn wird auch einen Teil des Rasens mähen. Für den Teil, den er mäht, werde ich ihn bezahlen. Ich verstehe, wie Geld funktioniert, grüne Dollarscheine – sie sind in meiner Brieftasche. Meine Tochter wird sich auf dem gemähten Rasen bei der Spargelpflanze in die Sonne legen und ein Buch lesen. Welches Buch liest sie gerade? Nabokovs *Pnin*. Nur zu verständlich! Auch ich habe Nabokovs *Pnin* gelesen, mehr als einmal. Meine Frau schrieb am College in einem Russisch-Seminar ein Paper über *Pnin*. Sie und ich haben häufig über *Pnin* gesprochen. Alles um mich herum ist auf die eine oder andere Weise in einer vertrauten Vergangenheit verankert.

Pnin ist Gelehrter, «vollkommen kahlköpfig». Er ist eine lustige Figur. Welchen Sinn hat Gelehrsamkeit? Warum möchte ich manchmal, ja oft, von vielen Dingen umgeben sein, die ich nicht verstehe? Warum möchte ich zu einer historischen Gesellschaft fahren, um Einsicht in die Papiere eines Toten bitten und sie dann langsam durcharbeiten und Hunderte neuer Namen lernen? Weil ich für ein Stück Leben, für das niemand sonst verantwortlich ist, verantwortlich sein will? Weil ich will, dass eine bis dahin nicht festgehaltene Episode aus den Tiefen der Zeit mir fast so vertraut ist wie die Umgebung meines Lebens, damit ich um das Bonsai-Arrangement, das ich aus Briefen, Gästelisten und Memos habe aufleben lassen, herumlaufen kann und von dessen Teilen genauso wenig überrascht bin wie von meiner roten Thermoskanne und dem Bücherregal? Eigentlich weiß ich gar nicht, warum ich mich zu Gelehrsamkeit in dieser altmodischen Art und Weise hingezogen fühle. Ich weiß, ich finde gern Dinge heraus – ich mag rationiertes Chaos. Reporter, die nur einen oder zwei Tage haben, um eine Geschichte zu recherchieren, tun mir leid. Jede Geschichte verdient fünf Jahre. Nicht zehn – nach zehn Jahren wird die Geschichte schal. Aber fünf.

Dinge herausfinden: Es gibt eine Unendlichkeit von Dingen, die man nicht kennt, aber es ist keine besonders interessante Unendlichkeit, weil sie nicht gemasert ist. Nur manche der unbekannten Dinge, eine viel kleinere Teilmenge, sind Dinge, von denen man weiß, dass man sie nicht kennt, und in dieser Teilmenge ist eine noch kleinere Menge enthalten – das sind die Unbekannten, die an einem zerren. Neugier ist eine Art und Weise, die Wildnis der Welt zu ordnen, ja, zu beschränken. Von all den ungemähten Feldern, allen Themen, über die ich nichts weiß, möchte ich dasjenige gern verfolgen. Warum? Weil niemand sonst es tut, und weil es zufällig da ist und mich anzieht. Ich werde zum Ganzen einen sehr effizienten Beitrag leisten, wenn ich dieses Thema verfolge, und ich weiß, dass es so obskur ist, dass niemand so töricht wäre, meine Bemühungen zu wiederholen. Ich werde meinen Rasen sowieso mähen, jedenfalls einen Teil davon.

Aber manchmal habe ich einen ganz anderen Ehrgeiz. Dann möchte ich ein kurzes Buch mit dem Titel *So geht's* schreiben. Es soll ein Buch für Kinder und Erwachsene werden, das alles erklärt, Geschichte, Schönheit, Bosheit, Erfindung, den Sinn des Lebens. Die ganze ungebührliche, pralle Wachskugel. Eines jener Bücher, die Dover Books wieder auflegt und dabei die originale Typographie übernimmt wie in *Growth and Form*. Dieser Ehrgeiz packt mich am stärksten, wenn ich wie jetzt das Gefühl habe, dass alles einfach ist. Ich weiß, eigentlich ist es gar nicht einfach, und ich weiß auch, dass ich das Buch nie schreiben werde, und trotzdem spüre ich, dass ich kurz davor bin, die Regeln, Gesetze, die Taschenspielertricks, die jedes menschliche Tun bestimmen, zu verstehen. Ich weiß, warum die Menschen wütend sind, warum sie lachen, warum sie andere Menschen verklagen, warum sie bestimmte Hüte tragen, warum sie dick werden, warum sie sagen, was sie sagen – oder ich weiß es beinahe. Noch eine halbe Stunde stirnfurchend sorgfältiges Nachdenken, dann habe ich es heraus. Warum bin ich der Glückliche, der das alles beinahe weiß? Weil ich ein paar vergessene Gebiete geduldig erforscht habe. Ich habe die Bestellzettel ausgefüllt und die säurefreien Kartons mit den Archivmappen bestellt. Ich

habe mehrere isolierte Rasenstücke der Geschichte gemeis-
tert, und ich weiß auch ein wenig über meine eigene geleb-
te Welt, und mit diesen diversen Pflöcken zur Abstützung
kann ich mein moralisches Zelt aufstellen.

Das Gefühl wird vorübergehen, es ist ja schon dabei.
Aber das ist in Ordnung. Der Kopf ist endlich. Man gießt
immer mehr Sachen hinein – Nachnamen, Chronologien,
Verbindungen –, und er packt sie weg in Tunnel, und irgendwann merkt man, dass man ein Buch über etwas zu-
sammenhat, das man dann veröffentlicht. Danach kann
man die meisten Details vergessen – sie auswerfen, die
Labyrinthe säubern, Raum für mehr schaffen. Und immer
mal wieder, an einem perfekten Vormittag wie diesem jetzt,
hat man die glückselige Illusion, dass alles, was man weiß,
sich fügt.

(2004)

Quellen

Die Essays in diesem Buch sind erstmals in den folgenden Publikationen erschienen, manchmal unter einem anderen Titel.

ZEITSCHRIFTEN

The American Scholar: «Schnur», «Eng liniert», «*No Step*», «Ich sagte mir» und «Mähen».

Areté: «Das Nicken».

Columbia Journalism Review: «Defoe sagt die Wahrheit».

Duke University Libraries: «Wenn Bibliotheken es nicht tun, wer dann?».

Granta: «*La Mer*».

Harper's Magazine: «Warum ich Pazifist bin».

Literaturen: «Sonntags auf der Müllkippe» (in deutscher Übersetzung).

Married Woman: «Wie ich meine Frau kennengelernt habe».

McSweeney's, San Francisco Panorama Issue: «Papierhersteller».

The New Yorker: «Münzen», «Der Kindle 2», «Bring mir eine Gondel», «Immer weiter für die Zukunft», «*Painkiller Deathstreak*» und «Steve Jobs».

The New York Review of Books: «Der Charme von Wikipedia».

The New York Times: «Die *Times* 1951».

The New York Times Book Review: «Von A bis Zyxt», «*Sex and the City*, um 1840» und «Googles Erde».

NYRblog: «Die Sprache, die wir nicht können, kennen wir nicht».

Papers of the Bibliographical Society of America: «Zeitung lesen».

Port Magazine: «David Remnick».

Washington Post Magazine: «Eines Sommers».

BÜCHER

«Tintenlast», Einleitung zu *A Book of Books* von Abelardo Morell.

«Sieh mal das Luftschiff da!», Einleitung zu *The World on Sunday* von Nicholson Baker und Margaret Brentano.

«Thorin, Sohn des Thrain», in: *The Most Wonderful Books: Writers on Discovering the Pleasures of Reading*, hrsg. von Michael Dorris und Emilie Buchwald (Milkweed Editions 1997).

«Was am 29. April 1994 geschah», in: *240 Ecrivains Racontent une Journée du Monde: l'Album Anniversaire; 1964–1994*, hrsg. von *Le Nouvel Observateur* (in französischer Übersetzung).

«Warum ich das Telefon mag», in: *Once upon a Telephone: An Illustrated Social History*, von Ellen Stock Stern und Emily Gwathmey.

«Mit Ohrstöpseln schreiben», in: *How I Write: The Secret Lives of Authors*, hrsg. von Dan Crowe und Philip Oltermann.

ZITIERTE ÜBERSETZUNGEN

S. 89–90 Lew Tolstoi, *Anna Karenina*, aus dem Russischen von Rosemarie Tietze, München 2009.

S. 93 James Joyce, *Ulysses*, aus dem Englischen von Hans Wollschläger, Frankfurt/M. 1996.

S. 94 William Faulkner, *Licht im August*, aus dem Englischen von Helmut Frielinghaus und Susanne Höbel, Reinbek bei Hamburg 2008.

S. 95 Saul Bellow, *Herzog*, aus dem Englischen von Walter Hasenclever, überarbeitet von Bärbel Flad, Köln 2009.

S. 95 Margaret Drabble, *Gold unterm Sand*, aus dem Englischen von Ann Anders, Reinbek bei Hamburg 1978.

S. 96 A. A. Milne, *Pu der Bär*, aus dem Englischen von Harry Rowohlt, Zürich 1987.

S. 117 John Updike, «Die Stadt», in: *Spring doch*, aus dem Englischen von Uwe Friesel und Hannelore Gauster, Reinbek bei Hamburg 1990.

S. 377 Vladimir Nabokov, *Pnin*, aus dem Englischen von Dieter E. Zimmer, Reinbek bei Hamburg 1994.

Alle hier nicht näher bezeichneten Übersetzungen stammen von Eike Schönfeld.

Nicholson Baker bei Rowohlt und rororo